郑州西亚斯学院学术专著出版基金资助
国家社科基金项目（13BTY057）

少林武术文化的历史流变与社会互动发展研究

张振东　著

人民体育出版社

图书在版编目（CIP）数据

少林武术文化的历史流变与社会互动发展研究 / 张振东

著. -- 北京 ：人民体育出版社，2024（2025．6重印）

ISBN 978-7-5009-5514-6

Ⅰ.①少… Ⅱ.①张… Ⅲ.①少林武术－文化研究

Ⅳ.①G852

中国版本图书馆CIP数据核字(2018)第301107号

少林武术文化的历史流变与社会互动发展研究

张振东 著

出版发行：人民体育出版社

印　　装：北京建宏印刷有限公司

开 本：787×1092　16开本　　印 张：17　　字 数：304千字

版 次：2024年10月第1版　　印 次：2025年6月第2次印刷

书 号：ISBN 978-7-5009-5514-6

定 价：75.00元

　　中原腹地为华夏文明的发祥之所，三代京畿曾设于此，三代以后仍为文物隆盛之地。少林寺居于其中，因北魏孝文崇佛而立，其时恰在魏晋南北朝。彼时中华文明在后汉颓废中又获新生，胡汉杂糅，中西相荡，往来之中成就中华文明又一高峰，加之拓跋鲜卑倾心汉化，故少林寺能因势利导，被奉为禅宗祖庭。至于明季，已有寺僧习武之传。是以禅武结合，寺渐以武显，促成中国佛教历史上一大奇观。嗣后少林武术的发展，屡受时局拨弄，跌宕起伏，或败或兴。至 20 世纪 80 年代，在政府政策和文化产业的助推下，再获新生。此种局面，前辈学者已从不同角度论及。其间，屡有创见，事功甚大。研阅之后，受益匪浅。但前辈多集中对具体问题的研究，而少有从整体社会视域论述少林武术文化流变的前后因果。

　　本书以少林武术文化在历史中的流变过程，以及在这一过程中少林武术文化与社会的互动情况为研究对象，通过广泛搜集有关资料，参考古碑铭文等文物，以二重证据法对少林武术文化的历史流变与社会互动情况进行考证、梳理。同时，结合专家访谈法，走访相关领域的专家学者，对所涉及的文化、宗教等问题进行咨询，以获得客观、全面的学术信息与研究的理论依据，进而从宏观和微观两个层面研讨少林武术文化的历史流变过程。

　　通过对搜集到的资料的整理和分析，结合专家的建议，本研究从少林武术文化发展的历史溯源、明代少林武术文化的流传与发展、清代少林武术文化的兴衰与抗争、民国时期少林武术文化的沉沦与进步、经典少林武侠小说与少林功夫电影的社会贡献、改革开放背景下少林武术文化的国际化传播、市场经济条件下少林武术文化大繁荣，共计 7 个方面展开研究，并得出如下结论。

第一章，少林武术文化发展的历史溯源。从文化信仰的角度来说，将菩提达摩视为少林武术创立者是可以理解的，但是，从历史考证的情况来看，达摩传授《易筋经》与客居少林传授佛法等说法皆不足信。

少林寺僧在隋末助唐一事应为历史事实，但其中无有武术、棍僧等记载，"少林十三棍僧救唐王"应为后来历史发展过程中被夸大和演绎的民间传说，但这一传说因为多少与"武"有关，故成为少林武僧构建信仰体系的方向。

紧那罗王实于元代方才在寺中塑像，且为藏传佛教之"秘密佛"，与创立少林武术并无直接关联，但由于文化信仰，同样成为少林武僧构建信仰体系的方向。

第二章，明代少林武术文化的流传与发展。从明代当时的政治、经济、文化等方面分析得出少林僧兵是确实存在的，并且僧兵的活动范围除了抗击倭寇保家卫国之外，还参与了戍边、军队训练、平定边陲的叛乱等方面。通过这些军事活动稳定了明王朝的统治，保护国家不受外敌侵害、百姓安居乐业，明代僧兵名声大噪，少林寺也由此名声在外。从现存的文献来看，少林寺在明代的发展呈上升趋势，越来越多的人习练少林武术。明代也是少林武术发展历史上最为流行的时代。

第三章，清代少林武术文化的兴衰与抗争。清代是少林武术发展形势异常严峻的历史阶段；少林"外家"在清代由于被过于打压，使武当"内家"逐渐出现。可以说，在清代，"内家"和"外家"是在相互攻击、彼此对立中存在的。在清代，少林寺和少林武术以世间较为神秘的形式存在，这些神秘的色彩促使少林武术在清代得以维系和发展。

第四章，民国时期少林武术文化的沉沦与进步。民国时期，少林武术在政局动荡、内战频繁、经济凋敝、民不聊生的混乱中求发展。在几代少林住持的保护下，少林寺及少林武术得以传承。民国时期所提倡的实用主义体育、军国民教育和民族体育三大思想，对近代中国武术产生了深远的影响。民国时期少林武术得到较好的普及，社会上"武术救国"呼声高起，在社会名流的不懈努力下，少林武术获得国民政府的支持，演练少林武术者人数渐增，各类少林武术组织种类繁多。该时期少林武术的广泛传播和出版业的繁荣发展，为少林武术专著出版带来了第一个高潮。

第五章，经典少林武侠小说、少林功夫电影的社会贡献。中华人民共和国成立以后，经典少林武侠小说呈现出追求男女平等、追求恋爱自由、追求民族平等、追求爱国主义和人性解放的阶段划分与时代特征。经典少林武侠小说和由其改编的电影、电视剧、网络武侠小说、网络武侠游戏的出现，不仅丰富了社会主义文化市场，受到众多爱好者的追捧，而且给我国社会经济带来了效益。经典少林武侠小说通过对小说人物的描写、情节的构思，来激发当代青少年积极向上的爱国主义情怀，从而体现其文化教育价值。经典少林武侠小说在学术上推动了我国通俗文学的学术交流和网络文学的快速发展，使少林武术文化出现在全球人民的视野中，为我国的政治外交作出了应有的贡献。

少林功夫电影的发展以时间为轴线，可分为孕育初创、探索形成、盛极转衰、复兴分流和蓬勃发展5个阶段。在少林功夫电影出现之前，日渐成熟的武侠电影在中国传统艺术及传统文化根基上，逐渐形成了独特的艺术形式。经过一大批电影人的努力，终于在1976年迎来了少林功夫电影第一次创作浪潮；20世纪80年代伴随《少林寺》电影的巨大成功，少林功夫电影历史上迎来了第二次创作浪潮。随着21世纪经济全球化发展，少林功夫电影开始在融资模式上改变了原来单向渠道的投资方式。另外，少林功夫电影不断开拓创新，迎合市场需求，在3D技术方面进行了大胆尝试，极大地拓展了新的发展空间。

第六章，改革开放背景下少林武术文化的国际化传播。改革开放政策促进了少林武术文化的国际化传播，特别是在信息化社会时代浪潮中，少林武术紧随时代步伐，彰显出其文化传播的强大活力。首先，少林武术充分利用网络媒体的开放性、共享性和自由性特点，积极扩大对外宣传。其次，少林武术文化的国际化传播彰显出了强大的时代特征，其国际化传播途径主要包括少林武僧团全球巡演、少林武术文化展览、广招海外少林弟子、少林武术影视剧作、孔子学院开设的少林武术课程等。最后，少林武术文化推广与孔子学院的汉语言教学相互结合，不仅丰富了孔子学院文化教育的内容，激发了外籍学员的学习兴趣，而且有助于外籍学员通过习练少林武术这一方式更深入地理解中国传统文化的博大精深。五维一体的少林武术汉语言推广模式，既有助于国外学生掌握汉语言，增强学习效果，更有利于中华民族传统文化的国际化传播。

第七章，市场经济条件下少林武术文化产业大繁荣。党的十一届三中全会以来，特别是社会主义市场经济的建立，使少林武术进入大繁荣、大发展阶段。少林武术的表演市场是宣传、推广少林武术文化的重要渠道。通过对河南省少林武术表演市场的研究，发现河南省的武术表演产业已初具规模，部分专门从事武术表演市场运作的公司已经独立，并相继开展各种形式的商业武术表演活动，取得了良好的社会效益和经济效益。"品少林文化，学中国功夫"，少林武术旅游业是以禅武少林为主题的高端的、富有内涵的中国传统文化旅游项目。少林武术旅游是集观光性、娱乐性、知识性、文化性、参与性和体验性为一体的多样化的旅游产品项目。日益丰富的少林武术培训市场是少林武术发展到一定程度的必然产物，它有助于少林武术文化的可持续发展。

综上所述，本书主要针对"少林武术文化的历史流变与社会互动"，梳理少林武术文化的历史发展轨迹，探究其在发展过程中如何被社会"塑造"成为我们今天所看到的文化形态，以及少林武术文化通过怎样的方式影响了社会的发展进程，这一影响带来的结果是什么。通过研究少林武术文化历史流变及社会互动发展，在对少林武术文化进行理论化研究和梳理的同时，最终目的还是利用其文化价值与功能，更好地为社会主义现代化建设服务，从政治、经济和文化等方面，最大程度发挥其社会功能。

课题组成员名单

课题主持人：张振东

课题组成员：郭红卫、乔剑、邢金善、孙自杰、张勇、翟昕、李红、刘海超、杨祥全、吴漫、黄迎乒

课题组

2024 年 7 月 15 日

目录

绪　论

一、选题依据

百余年前，列强环伺，国势衰微，民心靡定，西学强势介入，传统屡遭质疑。一时间，新知蜂起，文史哲判然分立。回首内中激变，中西相荡，此消彼长，让人唏嘘。然玄黄交杂，自是乾元至坤元化生新物之时；雷雨盈满，自有君子健足，应险而入，经纶育德之业。故刚柔始交，虽曰难生，则以志行正，亦可远近相推，物我两得。中国学术的现代转型，正始于这草昧之象中，以前贤劳勤心力耳目之德，切磋琢磨、艰难前行，且这变革又为中华民族之全面复兴奠定基础。内中之理诚如张之洞尝为劝学所言，"世运之明晦，人才之盛衰，其表在政，其里在学"。

时至今日，中国现代学术已走过百余年。其间新学确立，传统学术或分或并。瞬息万变之中，情势之复杂自不待言。然事物皆有本源，中国传统治学方法自先秦至于斯世，宗于中国社会特有之世故。是以转型之中仍有不可偏废之理，传统文化研究尤其如此。故牵涉中国传统文化之研究，当以文辞学术之法，推究文献原始。同时，近世西学以实证为经纬，无受道德牵累，故又应采其优长，综观宏微。从而温故知新，述往知来。

少林寺地处中原腹地，三代京畿尝设于此。三代以后，仍为文化隆盛之地。且少林寺因北魏孝文帝崇佛而立，其时恰在魏晋六朝。彼时中国文化自后汉颓废之中又获新生，中外交流频密，常有西域高僧大德云游于此。故少林寺能因势利导，被尊为汉传佛教禅宗祖庭。至明清时期，寺以武显，禅武结合，成为中国佛教历史上一大奇观。此种局面，明季已为学者们约略提及。至于民初，论断蜂起，屡有创见，可谓事功甚大。但仔细翻检，仍有未竟。少林武术脱胎于中国传统文化，为中国武术众流派中的重要拳种。往日之历史，何以将其塑造成今日之模样，内中因果诚为武术史、体育史研究者不可不察之事。

故本文以"少林武术文化的历史流变与社会互动发展"为研究对象，旨在以传统学术之法掇菁撷华，考镜源流；同时，兼采西学优长，洞悉上下，检讨细微，推求文化流变前后因果，从而接近历史的本来面目，俾世人加深对本土文化的了解，促进中华文化在刻下的传承与发展。

二、选题的理论及应用价值

（一）理论价值

①少林武术历史源远流长，因禅武合一而博大精深，深得"出于心灵，发于心性"的禅学精髓。少林武术经历了千百年来与各朝代主流文化的冲撞与融合，适应了社会变迁与时代发展，至今已具有很好的开放性。本研究探讨少林武术在数千年历史流变中如何与社会互动发展，有益于少林武术文化的继承，更有益于少林武术文化的推广，与《全民健身计划（2021—2025 年）》有效对接。

②少林武术集健身、修心、防身、娱乐等多元价值于一体，融合了多种文化体系，并逐渐与国际体育接轨。本研究探讨少林武术体系确立的社会因素，有益于建立少林武术传播平台，促进少林武术对外传播。

③少林武术资源丰富、禅武兼修。本研究通过分析少林武术发展的社会特征，寻找少林武术发展过程中存在的主要影响因素，将社会特征融合到少林武术发展中，从而响应国家与时代的要求，推动中西方文化交流，突出中西方文化融合。

（二）应用价值

①挖掘、探究、创新、发展让国人骄傲的少林武术文化历史流变真相，对提高民族凝聚力，提升当代民众精神具有较高的实用价值。

②少林武术资源开发起步较晚，整个动作过程缺乏调控，与社会互动性不强。本研究通过现状调查、理论分析，探讨少林武术当代化功用，有益于促进民族文化的多样性发展和持久繁荣，为当下由政府主导的开发少林武术文化资源的各项工作提供指导。

三、研究综述

通过检索和搜集有关研究文献可知，目前与本研究相关的研究主要集中在两个方面：明清以前的有关少林武术的研究与明清时期的少林武术研究。现以历史时序为界，对当下与本研究有关的研究成果进行综述。

（一）相关概念再释

1. 少林武术

以禅入武，习武修禅，又称"武术禅"。少林武功套路七百余种，是中华武术体系中的最大门派。北魏孝文帝时期，少林武术发源于嵩山少室山下丛林中的"少林寺"，据《魏书》记载："又有西域沙门名跋陀，有道业，深为高祖所敬信。诏于少室山阴立少林寺而居之，公给衣供。"

2. 文化

《现代汉语词典》（2015年第6版）中对文化的解释有三种：①人类在社会历史发展过程中所创作的物质财富和精神财富的总和，特指精神财富，如文字、艺术、教育、科学等。②指运用文字的能力及一般知识。③考古学用语，指同一历史时期的不以分布地点为转移的遗迹、遗物的综合体。同样的工具、用具，同样的制造技术等，是同一种文化的特征，如仰韶文化、龙山文化[1]。

不过这仅是从语言学的角度对文化的定义，文化是一个非常广泛的概念，给它下一个严格和精确的定义是一件非常困难的事情。不少哲学家、社会学家、人类学家、历史学家和语言学家一直在努力，试图从各自学科的角度来界定文化的概念。然而，迄今为止仍未获得一个公认的、令人满意的定义。据统计，有关"文化"的各种不同的定义有两百多种。但不可否认的是，人类的文化始终处于动态发展中。文化是一个动态的概念，这是其本质属性，因此，本研究也将从这一角度出发，去理解和研究与本书有关的文化概念。

---

[1] 中国社会科学院语言研究所. 现代汉语词典 [M]. 北京：商务印书馆，2015：1363.

3. 历史

《现代汉语词典》（2015 年第 6 版）对历史的解释为：①自然界和人类社会的发展过程，也指某种事物的发展过程和个人的经历。②过去的事实。③对过去事实的记载。④一门学科[1]。本研究取其第一种解释。

4. 流变

《现代汉语词典》（2015 年第 6 版）本研究中所指的流变是指少林武术文化在其发展过程中，由于受到社会其他因素的影响，其文化内涵和表现形式所产生的相应的变化[2]。

5. 社会

《现代汉语词典》（2015 年第 6 版）对其解释为：①指由一定经济基础和上层建筑构成的整体。②泛指由共同的物质条件而互相联系起来的人群。本研究将少林武术文化的历史流变与当时的社会背景相结合，分析其文化形态形成的社会性因素。同时，探讨在这一过程中，少林武术文化是如何影响社会的发展与变迁的。这其中必然牵涉经济、政治、文化等社会性因素与其互动的研究，因此，本书中所指社会为第一种解释[3]。

（二）关于北魏至唐代少林寺"武事"的研究

程大力等在《少林寺"十三棍僧救唐王"详考》[4]中详细论述了这一历史传说的由来，说明该传说缘起于隋末唐初登封当地的少林僧众十三人助唐据贼，受到朝廷的封赏，并指出"十三僧助唐"是历史事实，但"十三棍僧救唐王"是一个有历史依据的民间传说和文学故事。不过"少林寺僧助唐"一事仍和此后少林武术及武僧制度的产生和形成有着联系，一方面，它开创了少林寺僧参与军事活动的传统，另一方面，它也是少林武术和武术历史回溯的必然方向，以及确立信仰偶像体系的自然选择。程先生的这篇论文论述科学严谨、脉络清晰，通

---

[1]中国社会科学院语言研究所.现代汉语词典［M］.北京：商务印书馆，2015：797.

[2]中国社会科学院语言研究所.现代汉语词典［M］.北京：商务印书馆，2015：831.

[3]中国社会科学院语言研究所.现代汉语词典［M］.北京：商务印书馆，2015：1148.

[4]程大力，张卓.少林寺"十三棍僧救唐王"详考［J］.成都体育学院学报，2007，33（1）：46-50.

过史学考证的方式廓清了长期以来在学术界和民间对于"十三棍僧救唐王"的争议和疑问，是一篇极富价值的研究文献。

但是，贾丰卫、屈国锋在《对"少林扶唐据贼与武术无关"的质疑——兼论助唐事件的嬗变》一文中有不同认识："少林武僧扶唐据贼"只是少林僧人从事的众多军事行动中的一件；后人对这件事的各种演绎，亦是对少林尚武事实的推崇；参与事件的僧人的数量是否为目前所指的十三人尚待考证；"少林十三僧救唐王"的故事是在明朝万历年之后才形成的。演绎过程大致是明朝中后期到清朝初期从"少林十三僧"演变成"少林十三棍僧"，之后在清初产生"十三棍僧救唐王"的故事，在清朝中后期，这个故事被演绎成各种不同的版本[1]。

温玉成在其著作《少林访古》[2]第二篇"唐代"——唐代的寺院武术活动中引用了《续高僧传·智实传》和《宋高僧传·辩才传》这两则史料，介绍了唐代少林寺僧与"武"有关的一些活动，分别是隋末唐初法通和尚力挫吐蕃壮士，武德七年，高祖命僧人法雅率骁勇僧人千余，驻京师，以及玄宗李隆基召沙门辩才督导寺院骑射。这些史料有一个共同的特点就是所提僧人并未指明来自少林，同时温先生也未在书中对这一问题进行考证。不过就温先生所引文献来看，恰好与程大力先生的《少林寺"十三棍僧救唐王"详考》中关于"史籍中并无唐代寺僧习武的结论"相互印证。通过温先生的著作可以看到，从北魏至唐，少林僧人只是参与了一些与"武"有关的活动，并无习武或者少林武术的说法。

张国臣在其著作《中国少林文化学》第十四章详细介绍了少林武术的起源，主要是从北魏开始，书中不仅论述了少林武术起源的过程，同时对少林武术起源过程中的关键人物的经历和背景做了详细的介绍和论述，如跋陀等人，以及在少林武术起源过程中外来武术对少林武术形成的重要影响[3]。但是，书中并未指明这些事件的来源是哪里，以及这些史料出自哪里。

总体而言，对北魏至唐代少林武术文化的研究主要集中在寺僧参与"武事"的研究上，而文中"武事"所指的含义从研究的内容来看，主要是军事活动，很难说是少林武术；亦如程大力所言，终唐一代，找不到任何史料证明少林寺僧的习武证据。尽管一些学者对这一观点提出质疑，但是仍无确凿证据证明少林武

[1] 贾丰卫，屈国锋. 对"少林扶唐据贼与武术无关"的质疑——兼论助唐事件的嬗变 [J]. 体育学刊，2012（1）：108-113.
[2] 温玉成. 少林访古 [M]. 天津：百花文艺出版社，1999：141-142.
[3] 张国臣. 中国少林文化学 [M]. 郑州：河南人民出版社，1999：403-413.

术在北魏至唐代已经产生。但是，结合历史背景和彼时的社会因素，由于社会的大变革，寺院僧人或主动或被动地参与到一些军事活动中，以及由于护寺的需要，使一些僧人自发组织护寺团体，这些事件都潜移默化地在寺院中注入尚武因素和参与政治、军事的传统，这对以后少林武术和武僧的形成产生一定的影响，只是对这一影响的研究还不多见。这也是本书中希望能够弥补的地方。

（三）关于五代至元时期少林寺"武事"的研究

程大力在《少林武术通考》中引用《少林武僧志》《资治通鉴》《旧唐书》《宋史》，以及金元时期诗人元好问的诗句等史料，论证了五代至元中期，关于少林寺僧习武的记载只是停留在寺僧参与军事活动，或者记述某位高僧力大无穷，具有一定程度上的"武术"含义[1]，但是均不能作为少林寺僧成建制习武的例证。所以在五代至元中期，史籍中没有任何证据显示这一时期少林寺僧开始成建制的习武活动。同时，程先生在其研究中以元末紧那罗王拒敌为切入点，综合这一时期的史料，如《金史》《辽史拾遗》《元史·释老传》、明代程宗猷《少林棍法阐宗》，论述了传说形成的由来、过程和历史背景，并结合史料进行推论，得出少林武术产生的时间大致应该在金元时期诗人元好问游嵩山至元末明初"紧那罗王退红巾"之间，即元朝末年[2]。

温玉成的著作《少林访古》中有对宋金时代武僧的描述，关于宋金时期少林寺僧人习武之事，有一条间接材料，便是金代少林寺住持祖端率众供养那罗延神[3]，说明在战乱的年代，已有培育尚武精神之需要，但这仍不能说明此时已有少林武术或者少林武僧。此外，温先生还通过《宋史·范致虚传》依据其地理位置推论，参与抗金的僧人赵宗印可能来自少林寺或者少林派。但是，不可否认的是，宗印者，不过是与唐初"十三僧助唐"的性质一样，在社会变革的历史背景下，或主动或被动地当了一回兵而已，倘若把这认定为少林武僧或者少林武术就太过牵强了。

不过，山美娟在《少林拳在我国宋代到元代之间的发展》一文中谈及"以文治兵、尚文抑武"的政策被宋朝统治者采用，同时民间习武被多次禁止。这使少林僧人练习武术受到很大的影响，这一时期的少林拳发展，更多的是一种文化

---

[1]程大力.少林武术通考［M］.郑州：少林书局，2006：10-14.
[2]程大力.少林武术通考［M］.郑州：少林书局，2006：18-25.
[3]温玉成.少林访古［M］.天津：百花文艺出版社，1999：199-202.

的传承。为维护当局者的统治和政权稳定，少林拳在宋金时期的发展受到限制[1]。

可以说，结合北魏至唐代，再由唐末的五代至元朝，从史学的角度去论证少林武术是否已经形成。从目前的研究来看，是比较全面、清晰和严谨的。通过研阅这一时期少林武术文化的有关文献，基本上可以得出这样的结论：至少在元末，也就是 14 世纪 30 年代之前，仅从存世的史料来看，我们不能得出少林武术在这一漫长的历史纵深中已然形成的结论，不过，这一时期确实有很多关于僧人参与"武事"，这些历史事件或多或少为此后少林武术的产生奠定了文化传统上的基础；但同样不能忽视的是，在农业宗法社会中，集权政治带来的结果便是泛政治化的社会现状，因此，由于统治集团的不同需要和诉求，少林武术的形成也随之起伏。但是，令人欣喜的是，程大力在其研究过程中，通过史料推出少林武术大致在元末产生，事实上，元之后的明代的确是少林武术的黄金时期，如果拉长历史的纵深，不难把目光投向元末，所以从这一点上看，程先生的推论有其十分合理之处。

（四）关于明代少林武术文化的研究

张国臣在著作《中国少林文化学》第十四章"少林武功渊源"中提到，明代，少林寺僧武风日隆，不仅嵩山少林寺成为各路英豪会武的场所，各地分院也都在练拳[2]。从这一点上可看出，彼时的少林寺不仅已有成建制的习武活动，而且在中原地区的地位十分突出，不仅有嵩山少林，还有另外四座分院，可见少林寺与明廷关系非同一般。不过关于这一说法，该书并没有指出具体出处，让人觉得有些遗憾。同时，书中还引用了明代天启年间，河南巡抚程绍检阅少林僧兵后做《少林观武》，进而推出此时的少林搏击术已有很高的水平，同时，僧兵这一民兵建制在明代已为政府认可。

程大力在其著作《少林武术通考》第二章"少林僧兵抗倭事迹考"中详细考证和论述了明代嘉靖年间少林僧兵参与东南沿海的抗倭情况。该章节从少林寺僧参与的东南沿海抗击海盗活动的性质、僧兵抗倭的具体事例、抗倭僧兵的身份问题等考证了明代僧兵抗倭的事迹。程大力认为，明代僧兵抗倭这一历史事件的

---

[1] 山美娟. 少林拳在我国宋代到元代之间的发展 [J]. 兰台世界，2014（7）：34-35.
[2] 张国臣. 中国少林文化学 [M]. 郑州：河南人民出版社，1999：403-408.

正义性和真实性毋庸置疑，僧兵的身份并不全部出自少林寺，但通过有关史料可以看出，少林僧兵占绝大多数。此外，由于彼时的少林寺存在分院，因为历史原因，存在本寺僧和外寺僧之分，又有了少林僧兵和少林派僧兵，不过，少林僧兵作为一支武装力量开赴战场，参与平定倭乱，这一点应该没有疑问。同时，书中还列举了明代僧兵参与的其他军事活动，如"三奇"周友和尚参与的明廷与蒙古小王子部的军事对抗，因在战争中屡建功勋，受到武宗皇帝的嘉奖[1]。由此可见，明代少林武术和少林僧兵都表现得非常活跃，是少林武术大发展的一个时代。

杨培培、张震在《明代少林武术成熟的基础》一文中指出，明代是中国武术发展的黄金时代，少林武术"禅武合一"的思想，与少林武术蜚声天下成为中国历史上重要的一支武术流派有着密切联系。明代少林武术的发展得益于良好的政治环境，加之统治者空前重视少林寺，少林寺僧人通过发达的商品经济，与全国各个流派的武术广泛接触，同时在抗击倭寇和镇压起义中积累了大量实战经验。明代特殊的政治、经济和思想环境，促使少林武术体系完备、成熟，并发展成为一支重要的武术流派[2]。

明代是少林武术发展的黄金时期，总的来说，对这一时期的少林武术研究也是最为丰富的，其研究的重点不外乎三个主要方面：第一，少林武术在明代的发展；第二，少林僧兵；第三，明代官方与寺院的关系。通过研究，我们可以发现，明代少林寺习武规模之盛为历朝历代所不能及，明代僧兵之于官方的军事活动次数和重要性同样如此，这也最终导致了另一个结果，即明代少林武术的大发展。可以说，研究明代少林武术，不仅史料丰富，而且已有的研究成果相当丰富。但是，同样存在的问题是，这些研究多是史学考证，即通过史料考证少林武术的发展状况，并没有把少林武术文化在这一时期的发展脉络及形成因素联系起来，特别是没有把明代以前的有关历史事件作为其形成和发展的一个重要参考因素进行研究，这也是本书可以通过研究弥补的地方。

（五）关于清代至民国时期少林武术文化的研究

温玉成在《少林访古》第六篇"清代至民国前期"中清代的少林武术一节

[1]程大力.少林武术通考[M].郑州：少林书局，2006：51-56.

[2]杨培培，张震.明代少林武术成熟的基础[J].安阳师范学院学报，2011（4）：99-102.

中提到，清初一度禁止汉人习武，因此，少林寺僧只能偷偷习练，直至道光八年，麟庆祭祀中岳庙，顺道来访少林寺，观"伽蓝神"，赞其雄伟，与住持问拳事，并承认少林拳术只在守山护寺，住持遂选精壮僧若干于殿前展示，表明此时，清朝官方已经开始放宽少林寺僧习武的限制，并逐渐承认少林武僧的合法性[1]。同时，书中还以少林寺白衣殿壁画佐证，此壁画绘于清末，描述了清代僧人习武的生动场景，并将麟庆及随从观看少林武术表演绘于其中，这进一步说明至少在清末，少林武术的习练已得到官方认可。

程大力在《少林武术通考》第七章"少林武术在清代的发展变化"中较为详细地论述了少林武术在清代的境况。他指出，少林武术在清代发展的一个重要特点就是由公开转为秘密，由大规模集中习练转为分散的小规模习练。这带来的结果便是，由于僧兵队伍被解散，导致大量僧兵流散于各地，在民间官方传授少林武术，并与各地的反清武装结合，最终产生了两个比较主要的结构：一是此时的少林武术已由过去的以军旅武术为中心转变为以民间武术为中心；二是，由"集"到"散"的状态形成了"天下功夫出少林"的说法[2]。与温玉成不同的是，程大力并没有提及清末这一情况的改革，而是将重点放在少林武术在清代所遇到的变化，少林武术与反清组织结合的过程，以及由此带来的结果。

岳晓峰在《当代少林十讲之一——清代少林衰败的原因》一文中指出，明末时期旱灾、蝗灾、战乱、匪患频繁，少林寺已经遭到很大的破坏。另外，清政府在政策上对少林寺的压制，阻碍了少林武术的发展和传播。少林武术是以练为战的，在冷兵器时代具有很大的实用性，但随着西洋火器的传入，少林武术受到了很大的挑战。这些因素综合起来导致少林武术在清代的衰败[3]。同样，李元华在《清前期嵩山少林武术管窥》一文中指出，嵩山少林寺和少林武术在清朝逐渐衰落，少林武术的服务形式主要是保镖护卫、民间传艺和健身延年[4]。

岳文峰在《当代少林十之三——民国：回光返照的少林僧兵》一文指出，在民国初期，恒林被推举为少林主持，恒林接受了官府的"少林寺保卫团团总"任命书。他一方面教导僧众习武，另一方面练习使用枪械，消灭了多股土匪势力，保卫一方平安，得到了政府和民间的广泛支持，显示出少林寺复兴的迹象。

[1] 温玉成. 少林访古 [M]. 天津：百花文艺出版社，1999：355-357.
[2] 程大力. 少林武术通考 [M]. 郑州：少林书局，2006：156-172.
[3] 岳晓峰. 当代少林十讲之一——清代少林衰败的原因 [J]. 少林与太极，2011（7）：10.
[4] 李元华. 清前期嵩山少林武术管窥 [J]. 兰台世界，2013（18）：134-135.

但随着恒林的英年早逝，接替他职位的妙兴参与到军阀混战中，战死沙场，少林寺被军阀烧毁大半。从此少林寺元气大伤，虽然少林寺武僧中仍然高手林立，但以武功凝聚少林僧徒的时代逐渐终结。1948 年河南登封解放时，少林寺常住僧人仅有 82 人[1]。

目前，对清代少林武术的研究侧重于"变"，即清代前期和中后期，少林武术不同的发展境遇，同时，兼顾比较明清少林武术发展的不同境遇。事实上，研究的相对集中是很自然的，因为清朝是由我国少数民族建立起来的全国性政权，对于统治一个汉人比例高的国家来说，统治者势必要做出调整。彼时的满族地区在文明程度上要远远落后于中原地区，因此，为了保证政权的稳定，一方面要强调满汉的融合，另一方面要尽可能地打压任何可能对政权构成威胁的因素，那么抑制民间习武也就成为清朝政府在立国之初的应有之义了。但是随着时间推移至道咸年间，历史已经跨入了 19 世纪，距离清朝开国已然相去近二百余年，社会的方方面面都经历了变化，政府对于民间武术活动不再像之前那般严苛。正是基于这样的历史背景和社会因素，对清朝少林武术研究的侧重也就顺理成章，毕竟这是最为明显的一个特点，但是过分集中的研究，势必造成忽略少林武术文化在这一时期流变过程中受到的文化因素的影响，因此，可以通过本书的研究弥补有关方面研究之匮乏。

（六）关于对新中国成立后经典少林武侠小说的研究

根据研究的需要，查阅了国内外相关网站、文献资料和中国知网和万方数据库，以"武侠小说"为关键词在中国知网数据库中搜索到相关文献 69941 篇；以"经典少林武侠小说"为关键词搜索到相关文献 1954 篇；以"新中国成立以来经典少林武侠小说"为关键词搜索到相关文献 656 篇。

1. 关于"武侠小说"的研究

王开银在《金庸、古龙武侠小说语言风格比较研究》一文中主要描述当代新派武侠小说作家金庸和古龙的语言风格，为研究金庸和古龙武侠小说中语言风格的不同形式提供新思路。文中运用的语言风格学理论，尤其是表现风格理论是

---

[1] 岳晓峰. 当代少林十讲之三——民国：回光返照的少林僧兵 [J]. 少林与太极，2011（17）：25-26.

一次首创性尝试[1]。

曲俐俐在《金庸、古龙武侠小说比较论》一文指出，武侠小说是中国传统文化的一种特殊表现形式。"武"和"侠"是武侠小说的两个基本要素。武功彰显其类型特点，侠义精神显示其文化内涵，二者并重，营造出一个多彩的武侠世界。作者对作品语言的研究、文本结构模式的研究、文化内涵的研究颇有成效。本书主要从"侠"与"义"的概念入手，重点分析文本，如金庸作品《雪山飞狐》和《飞狐外传》中的主人公胡斐，代表了"墨侠"的"兼爱与平等"；《射雕英雄传》的主人公郭靖，代表"儒侠"的"为国为民"；《笑傲江湖》的主人公令狐冲，代表"道之侠"的自由；《天龙八部》的主人公萧峰所表现的包含"佛理"的自觉圆满[2]。

刘靖在《民国武侠小说与武术发展的互动研究》一文中，通过对民国武侠小说和武术发展之间的互动的梳理，认识到在国家存亡的时代背景下，民国武侠小说与武术呈现双向融汇的关系。民间尚武之风随之兴起，武术向科学化、组织化发展，劳动了武侠小说的发展[3]。

张美玲在《武侠小说中的武术世界——武侠小说迷口述史研究》一文以热衷武侠小说的人为研究对象，有两种原因：一是武侠小说一直以来都非常受欢迎，二是武侠小说也是推动武术发展的重要因素。如金庸等小说作者的文学作品中产生的武术，拥有众多读者，成为人们了解武术的重要途径之一。可见，此论题对我们了解武侠小说中武术文化、改进当代武术专业性具有现实意义[4]。

2. 关于"少林武侠小说"的研究

史友宽在《论"少林武术"与"少林功夫"——从一次国际传播事件说开去》一文中提到，"武术"概念的分歧产生已久，但其与"功夫"的关系问题则在 20 世纪 80 年代末才有所呈现，这得益于我国传统体育文化国际化的传播。作者基于"少林拳"的一个项目，研究"少林武术"和"少林功夫"之分歧，并讨论两者在使用时各自意味着什么或表达了什么[5]。

［1］王开银. 金庸、古龙武侠小说语言风格比较研究 ［D］. 乌鲁木齐：新疆大学，2008：15-16.
［2］曲俐俐. 金庸、古龙武侠小说比较论 ［D］. 延边：延边大学，2012：5-7.
［3］刘靖. 民国武侠小说与武术发展的互动研究 ［J］. 上海体育学院学报，2013（1）：72-73.
［4］张美玲. 武侠小说中的武术世界——武侠小说迷口述史研究 ［D］. 上海：上海体育学院，2013：24-25.
［5］史友宽. 论"少林武术"与"少林功夫"——从一次国际传播事件说开去 ［J］. 浙江体育科学，2017
　　（1）：1-15.

陈中亮在《现代性视野下的 20 世纪武侠小说——以梁羽生、金庸、古龙为中心》一文中，基于 20 世纪 90 年代研究武侠小说的热潮，在 20 世纪，对于武侠小说的研究硕果累累的背景下，洞察到这些研究缺乏文学史的联系。于是该文通过武侠小说与文学史密切联系这一线索，希望为研究提供一种新思路。该文详细论述了 20 世纪武侠小说的现代发展模式，提出雅俗融合、古今对接是武侠小说的文化内涵之所在。用具体的文本分析出，武侠小说作家们利用现代化的思想突破传统思想对个性的束缚，又用传统思维控制个性的肆意发展。重点考察 20 世纪武侠小说中的侠客形象，以及 20 世纪武侠小说不再局限于讲故事这一传统做法。更多是从情感和理性的角度，刻画人物形象及对人性的描摹。该文对 20 世纪武侠小说的艺术特色进行探讨，指出中国人的两种人生理想，即"入世"的建功立业及"出世"的超凡脱俗。文中选取梁羽生、金庸、古龙三位较有影响的新派武侠小说作家进行研究，通过点面结合的方法，将文化研究与审美研究相结合，采用文本精读的方法来深入研究其复杂的文化和审美内涵，重在阐明 20 世纪武侠小说的现代性特征[1]。

刘航在《〈天龙八部〉版本校评》一文中表述，金庸自 1955 年创作《书剑恩仇录》到 1972 年完成《鹿鼎记》，仅用 17 年便创作了 15 部武侠小说，这和其丰富的想象力和深厚的文学功底是分不开的，他成功塑造了许多经典的武侠形象，并成为新派武侠文坛领袖，其作品也衍生出"金学"研究。金庸先生治学的态度严谨、谦虚，正是这样的态度，促使其对作品进行了两次大规模的修订，这在通俗文学史上是非常罕见的。金庸先生对人物、宗派形象和故事情节等方面做出了细致的改动，力图精益求精。该文通过推陈出新意识、读者的反馈意见等方面，阐述了金庸修订小说的缘由及对武侠小说或者通俗文学经典化的影响[2]。

3. 关于"新中国成立以来经典少林武侠小说"的研究

郑保纯在《武侠文化基本叙事语法研究——以"射雕三部曲"为例》一文中主要以金庸武侠小说"射雕三部曲"为例，对武侠文化进行探究。郑保纯认为，"大武侠"与"全媒体"这一特征的武侠结构是存在的，发源于华夏神话。道家—道教—丹道学系统是这一结构演变和发展的"主导因素"。该文将中国佛

[1] 陈中亮. 现代性视野下的 20 世纪武侠小说——以梁羽生、金庸、古龙为中心 [D]. 杭州：浙江大学，2012.
[2] 刘航.《天龙八部》版本校评 [D]. 桂林：广西师范大学，2014.

教、道家与武侠小说结合起来[1]。

高河金在《"大陆新武侠"研究》一文中，主要全面考察和梳理"大陆新武侠"的武侠小说作品，根据武侠小说的创作现状与传播情况，并结合相关理论进行论述，从而对"大陆新武侠"进行全面研究。该文阐述了"大陆新武侠"的基本内容，如解释"大陆新武侠"的定义，分析武侠小说复兴的时代背景与社会背景，并介绍其创作群体、传播媒介和接受群体方面的情况。文章重点对"大陆新武侠"的外在艺术形式及其思想内容进行分析。艺术形式方面包括语言的运用、情节结构安排、流行元素的取纳、叙述视角的变换使用；思想内容方面则重点对"大陆新武侠"从侠义观、历史观、女性观、成长主题及宗教观念五个方面进行探索。该文对代表性作家的作品也进行了深入的研究，考察作家作品中的优劣，对"大陆新武侠"的发展方向提出合理建议与看法[2]。

（七）关于对少林功夫电影的研究

在中国知网，以"少林电影"为关键词进行检索，共获得 614 篇文献；以"功夫电影"为关键词进行检索，共获得 5266 篇文献；以"少林功夫电影"为关键词进行检索，共获得 203 篇文献。

1. 关于少林电影的研究

电影史论的学者宋辰曾研究过电影中的"少林寺现象"，主要分析了电影中的少林寺形象，以及其是如何被树立起来的，阐释现象形成背后有着怎样的机制[3]。但论文末尾对少林寺现象单一的批判未免显得偏激，他认为这种现象正在蚕食历史的少林文明，丧失了异质性。作者对于少林寺现象做出如此的评价，一方面指出了少林文化现在面临的问题，另一方面也暴露了作者对于少林寺在现代社会的生存现状缺乏了解。

2. 关于少林影视理论的研究

电影本身就是一种传播媒介，要对电影有所研究，不可避免地需要检索关于影视传播的相关文献。检索中发现可供参考的文献有《从传播学的角度探讨少林

---

[1] 郑保纯. 武侠文化基本叙事语法研究——以"射雕三部曲"为例 [D]. 苏州：苏州大学，2014.
[2] 高河金. "大陆新武侠"研究 [D]. 杭州：浙江师范大学，2012.
[3] 宋辰. 中国电影"少林寺现象"的历史文化阐释 [D]. 重庆：西南大学，2012.

功夫的传播形式》一文，该文从传播学角度探讨了少林功夫传播的五种形式，即自我传播、群体传播、组织传播、人际传播和大众传播，并试图通过研究，将少林功夫通过广泛的传播和交流更好地发扬光大[1]。

从现有的研究来看，影视文化与传播学相结合的研究还是很丰富的，但是让少林影视作品得以借鉴的研究成果不多，大部分研究只是就影视传播论影视传播，很少能建立一个少林功夫的背景。即使有些学者在研究影视传播学中，能涉及少林的内容，也只是单单注重少林禅武文化的武技方面，对其内核缺少应有的了解和剖析，因此，现有的少林功夫电影传播的理论研究还是很有限的。

3. 关于功夫电影的研究

中国拍摄的电影题材有很多，但唯独功夫电影率先走出国门、走向了世界，并且发展成为中国在全世界的一张名片。功夫电影是传播武术的媒介，李小龙、成龙就是其中的代表。李小龙电影的反传统和展现真功夫是香港功夫电影真正形成的标志。李小龙功夫体现的是民族精神，成龙喜剧功夫电影体现的是多元文化。成龙呈现给世人不一样的功夫电影，成龙功夫电影是武术与经济在电影方面的完美结合。李连杰电影注重本土特色，展示武术内涵，"电影《霍元甲》中尚武精神的回归必定会对将来香港武术影片的走向产生积极影响，使人和武更加融洽，让电影更加贴切地反映武术真谛，最终启示世人"[2]。

综上所述，对武术影视的研究成果一直以来都层出不穷，并且从多视角研究和分析武术电影。但是，在众多研究中唯独没有对"少林功夫电影"进行专门的、深入的研究。

4. 关于少林功夫电影的研究

检索到的文章大多属于关键词相似的文章，如《论少林功夫电视剧的"禅武"文化》《中国功夫电影的演进及国际化研究》等，与本文关系不大。仅有《功夫情怀——重温电影〈少林三十六房〉》和《金刚挥杵佛陀狮吼——少林寺功夫电影回顾》，两篇文章与本文相关。

其中《功夫情怀——重温电影〈少林三十六房〉》对导演刘家良的这部电

[1] 袁剑龙. 从传播学的角度探讨少林功夫的传播形式 [J]. 搏击·武术科学，2007（5）：31-32.
[2] 赵峻艺. 李小龙、成龙、李连杰功夫电影对武术发展的作用研究 [D]. 石家庄：河北师范大学，2011.

影作品，从"影像角度""影片整体节奏""角色形象塑造""演员选择"及"功夫电影理念"等方面进行了探讨。文章发表于 2013 年底，从结尾处那些带着旧日岁月痕迹的影片中追忆大师，追忆功夫片的过往。功夫片的黄金年代早已远去，那曾是我们所有华人为之骄傲的过往[1]，可以看出作者写这篇文章多源于对 2013 年 6 月离世的刘家良导演的追忆。

另一篇文章《金刚挥杵佛陀狮吼——少林寺功夫电影回顾》，作者将部分包含"少林寺"形象的电影，以"香港篇""台湾篇""大陆篇"的方式分类讲述，也符合一定的历史事实。但是文章中涉及的电影十分有限，并且没有对少林功夫电影进行清晰的梳理，也没有从历史学的视角对影片进行考量。

（八）研究文献综述结论

综上所述，魏晋以来直至隋末唐初，关于少林功夫的说法，多留于"神技"而非"武技"，诸如僧稠飞檐走壁也好，达摩创拳也罢，都是说得热闹，其神乎其神之处甚至超越现代科学的认知，不足采信，而且，也没有哪一条史料可以说明彼时的少林武术已然诞生，即使从现有史料去推论，其结果也与这一结论相去甚远。同时，对于这一时期的有关研究比较少，主要是由少林武术"唐史无征"的现状决定的。从这些为数不多的研究中，还是能看出其具备极其重要的价值，至少我们知道，这一时期的少林武术没有形成，而那些历史事件只能说是"武事"，不能说是"武术"。至于宋元时期的研究，由于相关历史在这一时期并未发生什么巨大的变化，所以这样的历史惯性决定了这一时期研究的"循迹性"，其仍然不能摆脱魏晋以来历史之瓶颈。但同样值得肯定的是，我们从这些文献中了解到，至少在元中期以前，关于少林武术的历史还被牢牢地定格在"少林武事"中，而少林武术大致形成的年代应该是在 14 世纪中期，即元末明初。

到了明朝，情况就完全不同了，少林武术的记载大量见诸明代的史籍，关于这一时期少林武术的研究自然也就丰富起来。尽管信息纷繁，但从这些研究中，我们仍能确定两条明显的主线，即明代少林武术的发展状况和明代僧兵。明代是少林武术发展的黄金时期，这一点无须赘述，但凡有点武术常识的人都会有所了解，对这一方面的研究集中，也就不难解释了。至于少林僧兵，它不仅是史实，也是传奇，某种程度上可以说，僧兵执干戈以卫社稷的行为，是传统儒家中国武

[1] 宋莉. 功夫情怀——重温电影《少林三十六房》[J]. 当代导演，2013（9）：10.

者的最高价值体现。难怪明朝郑若曾云："其安中国之神气，功岂小哉!"如果说明代是少林武术的"爆发点"，那么清代至民国的少林武术可视为少林武术历史中的"拐点"，少林武术在这一时期的经历，就像是1800年的中国，处在一个瞻前顾后的基点上，面临着传统与现代的抉择。在经历了清初的压抑后，在19世纪下半叶终于得以正名，可不幸的是，彼时的世界已全然不是15、16世纪的明朝，西方的工业文明强烈地冲击着传统中国社会的秩序与观念，少林武术面对此种状况，也难以再续前代之辉煌。通过相关研究可以了解到，这一时期的少林武术处于一个历史的转折时期，这种转折主要体现在功能的转型上，从军事战场向民间转移，从格斗技击向修身养性和弘扬文化转移。

关于武侠小说题材的作品研究，可以发现众多武侠小说题材都以小说中的人物形象或者历史背景为主向，而罕有针对经典少林武侠小说的专门性研究。对于少林武侠小说，相关论文主要从民族传统体育的角度对少林武侠小说中的武功进行技术上的研究，包括体育教学、竞技体育的研究和分析。甚至对于少林寺历史的研究，也大多是从历史学、体育史学的角度进行的。但是，对于经典少林武侠小说的专门性研究目前还比较罕见。

对少林寺的影视作品进行研究，可以发现众多少林寺题材的电影不断涌现在荧幕上，相关论文主要针对少林寺题材影视作品的影评及武侠电影的导演创作论进行研究，而罕有针对少林功夫电影进行专门性的研究，也鲜有学者从电影史学的角度对其进行梳理。少林寺目前正成为一种资源，还会有更多以少林寺为题材的影片被创作推出，搬上大荧幕。电影作为一种传播媒介，对少林寺文化的传播起到了不可估量的作用，可以说少林寺文化的传播在很大程度上依赖于少林寺题材电影的盛行。所以对于少林功夫电影的研究既有创新性，也有一定的实用价值。

整体而言，就少林武术的研究可以总结为：多历史考证，而少有在考证的基础上，对文化形态产生、发展的历史脉络梳理，不仅是整体的梳理，各个阶段的梳理也同样有所不足。因此，通过我们的研究，恰好可以弥补其中之缺憾。

四、研究对象与研究方法

（一）研究对象

本研究以少林武术文化在历史中的流变过程，以及在这一过程中少林武术文化与社会的互动情况为研究对象。

（二）研究方法

1. 二重证据法

本研究参考传世文献及少林古碑与历史记载相互佐证，保证研究过程的严谨与结论的可靠。

2. 文献资料法

搜集有关史籍、当代研究成果等文献，以及能够为本研究提出的论点论据提供全面有力的佐证的研究资料。

3. 访谈法

通过走访有关专家学者和与本书研究内容相关的事件了解者，进一步了解与本研究内容相关的事件。

五、研究难点与创新点

（一）研究难点

研究少林武术文化的历史流变与社会互动的真实情况，需查阅、翻检大量的史籍，将散落在卷帙浩繁的史籍、石刻、文献等中的有关少林武术文化的信息整理并加以整合是本研究的难点。

（二）创新点

1. 方法新

本研究以传统史学的研究方法考证有关文献内容的真实性，又采用西学实证之优长，从技术的角度检讨少林武术文化的流变与社会互动的前因后果，从而接近历史真相。

2. 观点新

本研究认为"少林武术深层次发展必须依托社会因素""明清代以来少林武

术兴衰及其体系的完善是社会的必然""社会主义核心价值观为少林武术搭建了中西方文化融合与交流的平台"。

3. 应用新

本研究旨在促进少林武术的可持续发展，通过分析明清代以来少林武术与社会、历史事件的互动，探讨利于少林武术体系确立及文化传承的因素，以此增进中华民族凝聚力，促进与世界文化的交流。

第一章
少林武术文化发展的历史溯源

　　武术文化是中国文化的重要组成部分。在现代社会，武术文化已成为中国融入国际社会的一张名片。少林武术作为中国武术中具有代表性的拳种，在继承和弘扬传统文化、人文交流、旅游、影视艺术、全民健身等方面都具有重要的价值。但是长期以来，人们对少林武术的印象多停留在影视作品所呈现的传说中，对真实的少林武术缺乏认识。不仅如此，学界对少林武术在历史中如何产生、如何演进、如何与社会互动亦存在争议。是以本章旨在通过对有关典籍的考证，基于已有研究成果，对少林武术文化的形成背景、形成时期、形成过程进行论证，从而接近少林武术文化在形成时期的真实情况。

　　目前关于少林武术的形成问题，学界有三种说法。其一是"老头陀退黄巾"，根据程大力的考证，此说其实是较晚期的传说，同时认为其来源是元末的"紧那罗王退红巾"传说。其二是有关跋陀之弟子慧光与僧稠的传说，但翻检有关史籍，并结合近来已有之研究，慧光的所谓武术技法更像是蹴鞠或踢毽子等彼时的民间游戏，与武术本身并无太多相关之处，而僧稠之飞檐走壁近乎神技而非武技。其三是公元 5 世纪的达摩创拳说，但经近代武术史学者唐豪先生的考证，其说之伪已成定论。此外最值得注意的还有隋末唐初的"少林十三棍僧救唐王"一说。

　　但若依历史时间顺序，从广义文化的角度去看待少林武术的起源，位列于少林武术文化信仰体系最前端的应该是达摩创拳说。因为，老头陀退黄巾之说其实是元末"紧那罗王退红巾"的翻版，时间在达摩创拳之后，而慧光与僧稠的武技更接近于神技，与少林武术本身关系不大。况且在一定历史时期，达摩在文化信仰上被认为是少林武术的祖师爷的观点是被普遍接受的，加之隋末唐初之"十三棍僧救唐王"在时间上亦晚于达摩创拳说。是以将达摩创拳说作为少林武术文化的起源进行检讨,从文化信仰体系的角度来说,是有其道理的。故本章以上述缘由为据,将"达摩创拳说""少林十三棍僧救唐王""紧那罗王退红巾"作为研究的切入点,逐一进行考证,以接近少林武术文化形成的历史真实情况。

第一节　菩提达摩创拳说考论

一、对前人有关论述分析

菩提达摩之所以被称为少林武术的祖师,是因为《易筋经》序言中提及菩提达摩面壁九年后曾传《易筋经》与《洗髓经》。并由此推论,菩提达摩系少林武术之祖师。

《易筋经》由达摩所传是在其序文中提到的,而其序文后署名为初唐大将李靖。所以《易筋经》是否由菩提达摩所传,主要集中在对李序真伪的争论上。同时,对这一问题的考证不能不涉及唐豪、阿德和程大力这三位先生。他们都是武术史和体育史学界的大师,对这一问题曾有深入的研究和卓越的论述。因此,他们的观点是非常值得重视的。所以本研究关于《易筋经》是否为达摩所传,达摩是否是少林武术的祖师这个问题的考证,自然需要从对这三位先生观点的分析入手。

（一）唐豪对《易筋经》的考证

唐豪先生的考证首先便是从李序入手的,《易筋经》之李序云。

> 后魏孝明帝太和年间,达摩大师自梁适魏,面壁于少林寺。一日,谓其徒众曰:盍各言所知,将以占乃诣。众因各陈其进修。师曰,某得吾皮,某得吾肉,某得吾骨,惟于慧可曰:尔得吾髓云云。后人漫解之,以为入道之浅深耳。盖不知其实有所指,非漫语也。迨九年,功毕示化,葬熊耳山脚,乃携只履而去。后面壁处,碑砌坏于风雨,少林僧修葺之,得一铁函,无封锁,百计不能开。一僧悟曰:此必胶之固也,宜以火。函遂开,乃熔蜡满注四著故也,得所藏经二帖:一曰《洗髓经》,一曰《易筋经》。《洗髓经》者,谓人之生,感于爱欲,一落有

形，悉皆滓秽，欲修佛谛，如五脏六腑、四肢百骸，必先一一洗涤净尽，纯见清虚。方可进修，入佛智地。不由此经，进修无荃，无有是处。读至此，然后知向者所谓得髓者，非譬喻也。易筋经者，谓髓骨之外，皮肉之内，莫非筋联络周身，通行血气，凡属后天，皆其提挈。借假修真，非所赞勤。立见颓靡。视作泛常，曷臻极至？舍是不为，进修不力，无有是处。读至此，然后知所谓皮、肉、骨者，非譬喻，亦非漫语也。《洗髓经》帙归于慧可，附衣钵，共作秘传，后世罕见。惟《易筋经》，留镇少林，以永师德。第其经字，皆天竺文，少林诸僧，不能遍译，间亦译得十之一二。复无至人口传密秘，遂各逞己意，演而习之，竟趋旁径，落于技艺，遂失作佛真正法门。至今少林僧众仅以角艺擅长，是得此经之一斑也。众中一僧，具超绝识念，惟达摩大师既留圣经，宁惟小技？今不能译，当有译者。乃怀经远访，遍历山岳。一日，抵蜀，登峨嵋山，得晤西竺圣僧般剌密谛，言及此经，并陈来意。圣僧曰："佛祖心传，基先于此。然而，经文不可译，佛语渊奥也；经义可译者，通凡达圣也。"乃一一指陈，详译其义。且止僧于山，提挈进修，百日而凝固，再百日而充周，再百日而畅达，得所谓金刚坚固也。驯此入佛智地，泂为有基筋矣。僧志坚精，不落世务，乃随圣僧化行海岳，不知所之。徐鸿客遇之海外，得其秘谛，既授于虬髯客，虬髯客复授于予，尝试之，辄奇验，始信语真不虚。惜乎未得《洗髓》之秘，游观佛境。又惜立志不坚，不能如僧不落世务，乃仅借六花小技，以勋伐终，中怀愧歉也。然则，此经妙义，世所未闻。谨序其由，俾知巅末。企望学者，务期作佛，切勿要区区作人间事业也。若各能作佛，乃不负达摩大师留经之意。若曰勇足以名世，则古之以力闻者多矣，奚足录哉。

时贞观二载春三月三日李靖药师甫序

　　唐豪先生认为，李序中提及菩提达摩于后魏孝明帝太和年间自梁适魏，但太和并非孝明帝之年号，而是孝文帝之年号，在孝明帝立三十余年之前。李药师为初唐之人，且文后署名大唐贞观二年，即公元628年，与达摩生活的时间相距不过一个半世纪，且唐朝从草创之初便多承袭北魏旧习，李药师为何会出现这样的错误。所以唐豪先生据此断定此序定为后人伪托无疑。但唐豪先生并非仅凭这一点就断定李序为伪。李序中有达摩与其门徒对答之言，唐豪先生认为其口吻有类北宋真宗景德年间道原所作《景德传灯录》，现将其语节引于此。

> 师知机不契，是月十九日，潜回江北，十月二十三日，居于洛阳，当后魏孝明帝太和十年也。寓止于少林，面壁而坐，终日默然，人莫不测，谓之壁观。迄九年已，欲西返天竺，乃命门人曰："时将至矣，汝等盍各言所得乎。"是门人道副对曰："如我所见，不执文字，不离文字，而为道用。"师曰："汝得吾皮。"尼总持曰："我今所解，如庆喜见阿閦佛国，一见更不再见。"师曰："汝得吾肉。"道育曰："四大本空，五阴非有，而我见处，无一法可得。"师曰："汝得吾骨。"最后，慧可礼拜后依位而立。师曰："汝得吾髓。"乃顾慧可而告之曰："昔如来以正法眼付迦叶大士，辗转嘱累而至于我。我今付汝，汝当护持，并授汝袈裟，以为法信，各有所表，宜可知矣。"可曰："请师指陈。"师曰："内传法印，以契证心；外付袈裟，以定宗旨。后代浇薄，疑虑竞生，云吾西天之人，言汝此方之子，凭何得法，以何证之？汝今受此衣法，却后难生，但出此衣，并吾法偈，其化无碍。"听吾偈曰："吾本来兹土，传法救迷情，一花开五叶，结果自然成。"师又曰："吾有《楞伽经》四卷，亦用付汝；即是如来心地要门，令诸众生开示悟入。吾本离南印，来此东土，见赤县神州，有大乘气象，遂逾海越漠，为法求人，际会未谐，如愚若讷。今得如传授，吾意已终。"言已，乃与徒众往禹门千圣寺。

唐豪先生将李序与《景德传灯录》的这段记载进行比对，认为李序中所谓菩提达摩于后魏太和年间自梁适魏，以及菩提达摩谓"得皮，得肉，得骨，得髓"云云皆脱换于《景德传灯录》。且在《景德传灯录》的这段记述中，有菩提达摩将《楞伽经》四卷传于慧可的叙述，其情节与李序中传《洗髓经》《易筋经》于僧众相似，唐豪先生认为这等描述，后人正好可资利用，以附会于李序其中，成其所谓《易筋经》之李序云云。

此外，唐豪先生观览《易筋经》原文，认为《易筋经》之内容多系采补邪说，内中所言与道家修炼之书有类，兹录如下，以证其言。

> 行此功夫，其法在两处：一在睾丸，一在玉茎。在睾丸：曰攒、曰

挣、曰揉、曰搓、曰拍。在玉茎：曰咽、曰洗、曰握、曰束、曰养、曰闭。以上十一字除咽、洗、束、养外，余七字用手行功："皆自轻至重，自松而紧，自勉至安，周而复始，不记遍数。日行六香三次，百日成功。则其气充盛，超越万物。凡攒、挣、拍、揉、搓、握六字，皆手行之，渐次至重。若咽气初行之始，先吸气一口，以意消息咽下送至胸，再吸一口送至脐，又吸一口送至下部行功处，然后乃行攒、挣等功。握字功要努气至顶为得力，日以为常。洗者用药水，逐日荡洗。洗有二意：一取和血气，一取苍老皮肤。束字功毕。洗毕，用软帛作绳，束其茎根，松紧适宜，取其常伸不屈之意。养者功成物壮，鏖战胜人。是其本分，犹恐其嫩，先用旧鼎。时或养之。养者谓安闲温养，切勿驰骋多战，方能无敌。功行百日，久之益佳。弱者强，柔者刚，缩者长，病者康，居然伟丈夫也。若木石铁锤吾何惴哉！以之鏖战，泥水探系，可以得珠。以之求嗣，则百斯男。吾不知天地间更有何药复加于是，此功此法，信受者实乃宿契也，岂小补哉。"余技云："精气与神，炼制坚刚永固之期，自有作用。根基希仙作佛，能勇猛精进。设人缘未了，用之临时，其功要处在于意有所寄。气不外驰，则精不自狂守不走失。欲延嗣则俺是审候，应机而射，百发百中，无不孕者。设欲鏖战，则闭气存神，按队行兵，自能无敌。若与下炼之时，加吞、咽、吹、吸等功，相兼行熟，则为泥水采补，最上神锋也。"

菩提达摩者，乃斥相指心之苦心沙门，志在传法救世，普度众生，将此等内容著为经文，以传徒众，不免荒唐。

如前所述，《易筋经》由达摩所传，盖由文中李药师之序，但经唐豪先生考证，其序为伪无疑，且内中云云又有悖于佛法要旨，也与菩提达摩之苦行沙门身份不符。基于这些原因，达摩能武之说不攻自破，其在历史真实中并非少林武术之祖师。

（二）阿德对《易筋经》的考证

阿德先生对《易筋经》考证的观点是，"唐豪先生考证李序为后人附会乃确凿无疑，但是通览《易筋经》，其所要表达的主题还是与少林寺有关系的，而且序文之伪与经文内容之伪是有差距的。"

阿德先生认为，《易筋经》中有关"金刚坚固"的含义与少林文化信仰体系中的那延罗金刚神信仰不无关系。那延罗金刚神信仰在唐代业已形成，流传至今。但是每一时期的历史文化不尽相同，所以其信仰也随时间流逝不断演化。经文中提到的对"金刚坚固"的追求及习练方法，正是那延罗金刚神信仰之演变。那延罗金刚神信仰不仅对少林寺僧的宗教生活产生重要影响，亦对少林武术的技击风格有重要影响。少林武术是外家拳的代表之一，向来以刚猛著称。在阿德先生看来，这正是那延罗金刚神信仰的外化，或曰外在形态。同时，李序中后半部分所描述的少林寺僧登峨眉山求法的情节有类于明嘉靖年间少林扁囤和尚的故事。阿德先生从故事的细节入手，认为序作者应该十分熟悉扁囤和尚的故事，并以此推断李序伪造之年代上限似应在嘉靖年间。此外，阿德先生认为，李序中的叙事风格与明代流行的演义小说十分类似，用演义的方式来伪造李序，最有可能出现于演义流行的年代，而且在明代，人们读惯演义的内容，不会觉得李序有什么不妥，且对一些读来没有什么不妥之处的文字更不会想要去考究一番。

阿德先生对《易筋经》的考证主要有两大贡献：其一是提出序文为伪而经文未必为伪的观点，从某种程度上指出《易筋经》之内容并非与少林寺毫无关系；其二是为李序之伪的年代推断提供了一种思考的角度。

（三）程大力对《易筋经》的考证

唐豪先生所藏道光三年市隐斋本、光绪甲午善成堂本和大声书局本中，除李序之外，还有南宋绍兴时期牛皋序。程大力认为，从牛皋序的内容来看，其对岳飞与牛皋的事迹着墨颇多，岳飞系南宋初年抗金名将，但其事迹被广为知晓是在清代康乾之间出版的《精忠演义说本岳王全传》，即《说岳全传》之后的事情，且牛皋序中充满了一种积极入世却遭受重挫的悲观情怀，这与彼时清代的政治生态也十分相似。清代统治者虽然是满族后裔，但是其凭借武力征服与文化上的怀柔，使清中期以来，满汉对立已不那么严重。但是总体来说，清代统治者还是对满族人有刻意维护，这也造成汉族知识分子有消极避世心理。

从这两点来说，目前可见的《易筋经》版本为清代版本。同时，结合民国六年（1917年）大声书局之版本中祝文澜之跋来看，在跋文中，其年月为嘉庆十年乙亥，而嘉庆十年为乙丑年，古人以干支纪年，断不会出此错误，因此排除了嘉庆年间版本的可能。结合之前两点来看，目前能看到的最早版本，系清道光时期的抄本[1]。于这一点，程大力还节引清朝王祖源的《内功图说·叙》证其言。

> 余生而幼弱药不去口，先大夫常患之。道光甲午年十三，随侍在江西督粮道任，其时有卫守备莱阳周嘉福者，善拳勇，习《易筋经》。先大夫使教余，未几一年，颇健饭，力能举十钧物。岁辛丑，归里应试，又从莱阳徐全来游，尽悉其技。后以习举业，遂中辍。
>
> 咸丰甲寅，从先兄滞迹关中，识临潼人周斌，周乃关中力士，最有名。余习与之游，又偕往河南诣嵩山少林寺。住三越月，尽得其《内功图》及《枪棒谱》以归。嗣及服官，时方多事，中外行役，戎马驰逐，忽忽至今，垂四十年。余老矣，无能为也。一麾出守，六载边城，入权大郡，公牍如织，每追随长官后，步履尚轻健如少年，趋跄拜跪，未尝失仪。向之得力，从可知也。
>
> 去岁同年吴县潘尚书，以其家蔚如中丞所刻《卫生要术》一册寄余，摹刻甚精，审视之即余少年之所业《内功图》也。回首前游，如梦如昨，六十老夫，忍俊不禁，爰重摹一帙，以示后学，勉力务之，振衰起懦，是余现身说法也。摹者德州武通守文源，刻在成都郡斋，并复其本书原名，曰《内功图说》。
>
> （光绪七年，福山王祖源老莲记）

此外，程大力认为《易筋经》之内容并非由《景德传灯录》脱换而来，因为北宋张君房的《云笈七签》中类似文字，并由此得出，其"易筋""易髓"之理论在北宋时便已流传。同时，更早的《汉武帝内传》中也有类似理论。所以程大力认为，文化之相融自古皆有，其程度与力度可能被今人低估。

中国历史中，儒、释、道三教合流有很长的历史，而且延续至今，通览《易筋经》，都可找到儒、释、道的影子。所以《易筋经》很可能是这种文化环境下的产物。程大力这样的认识是很有见地的[2]。

据此可以得出这样的结论：《易筋经》并非为菩提达摩所传之佛教经书，其序文与正文之作者于何时所作皆不能确定，目前能看到的最早版本应该为明朝末

---

[1]程大力.少林武术通考［M］.郑州：少林书局，2006：196-200.

[2]程大力.少林武术通考［M］.郑州：少林书局，2006：200-201.

年西谛本《易筋经义》。

二、菩提达摩创拳说考论

菩提达摩作为"禅宗初祖",一生颇富传奇色彩,但传说中多是后人对其浪漫的想象。唐宋以前对于菩提达摩的传说大抵如下。

菩提达摩作为南印度王子,为护国而出家求法,入南海之中,求得佛法,自释迦牟尼在灵鹫山大法会上以心传心将佛法传于大迦叶,至菩提达摩已是第二十八代。后来,达摩到达广州,觐见梁武帝萧衍,与帝对谈,知因缘不契,遂决意北上,折芦苇渡江,而成就"一苇渡江"之故事。其后隐于嵩山,面壁九年,有"吾皮、吾肉、吾骨、吾髓"之说。但是菩提达摩修成正果,却遭菩提流支的嫉妒,因此先后六次下毒,终将其谋害,弟子们遂含泪将其葬于熊耳山。然而西归求法高僧宋云却在戈壁大漠中遇见菩提达摩,见其提着一只鞋,独自西归,后将此事奏报朝廷,开棺之后发现,棺椁中只剩下一只鞋子而不见达摩其人[1]。

达摩一苇渡江图　　　　　　　　　达摩祖师只履西归图

事实上,刘昫《旧唐书·方伎传》与道原《景德传灯录》中并未有其"只履西归"的记载,现节引如下,以证此言。

> 昔后魏末,有僧达摩者本天竺王子,以护国出家,入南海,得禅宗妙法。云自释迦相传,有衣钵为记,世相付授,达摩赍衣钵,航海而

[1]温玉成.河洛文化与宗教 [M].郑州:河南人民出版社,2010:43-44.

来。至梁，诣武帝。帝问以有为之事，达摩不说。乃之魏，隐于嵩山少林寺，遇毒而卒。

时魏氏奉释，禅隽如林，光统律师流支三藏者，乃僧中之鸾凤也。睹师演道，斥相指心，每与师论议，是非蜂起。师遐振玄风，普施法雨，而偏局之量，自不堪任。竟起害心，数加毒药，至第六度，以化缘以毕，传法得人，遂不复救之，端居而逝。

其实早在民国时期，即 1927 年 8 月，胡适先生就对达摩其人做过考证，并发表了《菩提达摩考》。

"菩提达摩是南印度婆罗门种姓，神慧疏朗，闻皆通晓，志存大乘，冥心虚寂，通微彻数，定学高之。他以游化为务，大约在南朝刘宋末年泛海而来，到达宋境南越，不久，北渡至魏。约 490 年前后他已到达嵩山一带并穴居，并头陀坐禅"。在洛阳，他曾游修梵寺，称赞那里的金刚像"得其真相也"。他曾到过灵太后胡氏所立的永宁寺大塔，歌咏赞叹"实是神功"，自云"年一百五十岁，历涉诸国，靡不周遍；而此寺精丽，阎浮所无也。极佛境界，亦未有此"。口唱"南无"，合掌连日。时约 517—520 年，他"自云年一百五十岁"，实际上七十岁左右[1]。

这也进一步证明，所谓菩提达摩的种种传说并无历史依据。

另外，从学界目前的考证情况来看，仍无法找到可信的证据证明达摩与少林寺存在联系。其依据如下。

一者，菩提达摩与跋陀、菩提流支、勒那摩提活动在相同的历史时期，且地点皆为少室山，加之他们又都是天竺僧人。但跋陀、菩提流支、勒那摩提等的传记中只字未提菩提达摩。二者，达摩在中国佛教历史中被视为"禅宗初祖"，其依据是《汾阳王置寺表》碑文中的内容。查《汾阳王置寺表》的有关历史便可得知，《汾阳王置寺表》是由汾阳王郭子仪在平定安史之乱后奏请朝廷所立。这就说明唐朝官方承认菩提达摩为"禅宗初祖"。但是少林寺成为"禅寺"是在两宋时期。因此，菩提达摩与少林寺存在联系的说法在时间上就很难成立。至于为什么会有达摩曾客居于少林寺并传授禅宗佛法的说法，后世学者认为，北宋哲宗元符年间，在寺外修"面壁兰若"，后归少林寺管理，但是后人很可能对这段历

---

[1] 温玉成. 河洛文化与宗教 [M]. 郑州：河南人民出版社，2010：45.

史不甚了解，便对达摩客居少林寺传授佛法一说信以为真，遂将达摩附会于少林寺"禅宗祖庭"的历史中[1]。

第二节　十三棍僧救唐王考论

"少林十三棍僧救唐王"是少林武术文化形成过程中一个重要的传说，元末已有"地从梁魏标灵异，僧自隋唐好武名"[2] 的诗句见诸文献史记中。彼时更有"传闻寺僧曾从戎，昔年协擒王世充"[3] 的说法于社会生活中口耳相传。然而这一传说可否成为少林寺僧在唐代已有大规模成建制之习武活动之证，仍值得商榷。

20 世纪 50 年代以来，民间亦有关于"十三棍僧救唐王"的传说：隋末乱世，唐军与伪郑政权于洛阳虎牢关一带对垒。为了控制洛阳周边地区，王世充、王仁则之伪郑政权于洛阳一带进行严格的盘查。恰巧一个江湖郎中被疑为唐军斥候，故将其拿下，然而这个郎中的真实身份却为彼时唐王李渊之次子——秦王李世民。李世民被擒时，由于场面慌乱，致使其随身之玉玺遗落，后被少林武僧智守得到。武僧依据遗落玉玺之信息，推测秦王已陷不测，故率领其他十二名武僧前往相救，几番激战，不仅成功救出秦王，还生擒了王世充之侄王仁则[4]。

根据该则故事末尾处落款，可知其时间为 1958—1980 年，其搜集人为尚根五、德禅、行政、马洪山。然而尚、马二君皆不详其何许人也。德禅和行政则为少林寺高僧。

20 世纪 80 年代，香港中原影视集团曾投资拍摄了一部由上述故事背景构成的商业电影，该片由彼时著名导演张鑫炎指导，并一举捧红了后来鼎鼎大名的李连杰。该片在 20 世纪 80 年代公映后，在国内外造成巨大轰动，使"少林十三棍僧救唐王"这一故事家喻户晓，也使少林寺和少林武术驰名中外。

其后，关于"十三棍僧救唐王"的文化产品，如小说、连环画、文章等陆续出世，数不胜数。而今，关于"十三棍僧救唐王"的描述，在少林寺中新建

---

[1] 温玉成. 河洛文化与宗教 [M]. 郑州：河南人民出版社，2010：46.

[2] 傅梅. 过少林寺 [M] // 嵩书·卷十六·七言古诗. 上海图书馆藏，明天启递补本.

[3] 景日昣. 观唐王告少林寺教主碑 [M] // 叶封，等. 少林寺志之"题咏". 河南图书馆藏，清乾隆十三年刻本.

[4] 同②。

的锤谱堂内的第 11 组塑像可见，还有一幅以"少林十三棍僧救唐王"为主题的巨型彩绘创作，在少林寺白衣殿后壁墙的北半部可见。

一、少林寺碑碣铭文考论

上述所言终究为传说。文学体裁的内容可以为了创作的需要铺设情节，运用多种文学手法进行虚构。但是历史事件倘若为真，必须经得起推敲。然而翻检史籍、唐代文献或后代撰写唐代有关史实的文献，对"十三棍僧救唐王"并无明确记载。反倒是现存少林寺的碑碣上的铭文记录了一些与此类似的事件。

碑碣铭文有《唐太宗赐少林寺教书》《少林寺牒》《皇唐嵩岳少林寺碑》。通过实地勘察，3 篇铭文皆刻于一碑之上。该碑位于寺内大殿东南钟楼下，3 米多高、1 米多宽，与董其昌以行书所书《二十六代禅师道公碑铭》《乾隆御碑》《徽府恩赐之碑》3 块碑，皆为少林寺现存年代最古老、最珍贵之碑，其位于寺内正殿东南处之钟楼下，高约 3 米、宽约 1 米。

根据程大力等人的考证，《唐太宗赐少林寺教书》一文原刻于碑之帽额上，但不知何种原因，其帽额现未留世。然北宋赵明诚之《金石录》，清朝洪亮吉之《登封县志》，以及清乾隆年间刻本《少林寺志》与叶封所作之《嵩阳石刻集记》均将该文录入。分别题为《秦王告少林寺主教》《秦王告柏谷坞少林寺上座寺主书》，题目略有不同。但根据考据学家的考证，其内容与原先碑帽上的铭文近乎一致，出入仅为个别字。摘录如下。

太尉、尚书令、陕东道益州道行台、雍州牧、左右武侯、大将军、使持节凉州总管、上柱国、秦王世民告柏谷坞少林寺上座寺主以下徒众及军民首领士庶等。比者天下丧乱，万方乏主，世界倾沦，三乘道绝，遂使阎浮荡覆，戎马载驰，神州糜沸，群魔竞起。我国家膺图受箓，护持正谛，驭象飞轮，光临大宝，故能德通黎首，化阐缁林，既沐来苏之恩，俱承彼岸之惠。王世充叨窃非据，敢逆天常，窥觎法境，肆行悖业。今仁风远扇，慧炬照临，开八正之途，复九寓之迹。法师等并能深悟机变，早识妙因，克建嘉猷，同归福地，擒彼凶孽，廓兹净土。奉顺输忠之效，方著阙庭，证果修真之道，更弘象观。闻以欣尚，不可思议；供养优赏，理殊恒数。今东都危急，旦夕殄除，并宜勉终茂功，以垂令范，各安旧业，永保休祐。故遣上柱国、德广郡开国公安远往彼，指宣所怀。可令一二首领，来此相见，不复多悉。

（四月卅日）

其文通篇为楷书，但有"世民"二字为草书，有传为李世民御笔亲书。观览该文，有几处可为商榷。

碑文中言李世民为"秦王"，然"十三棍僧救唐王"的传说中则称其为唐王，此乃一矛盾之处。唐代藩王并非就是唐王，上古已有唐地，其为古国之名，位于今山西南部临汾境内。李世民的家族来自北魏以降形成的关陇贵族，其曾祖父李虎，西魏时曾是八国柱之一，北周时又被封为唐国公。该爵位世袭罔替，直至李世民之父，即唐朝开国皇帝李渊。隋季，唐国公李渊因平乱有功，为杨氏父子夺回长安，击退农民军，故因功受封唐王。隋末乱世，李渊发动太原兵变，奠定自己的势力，嗣后终登大宝，代隋自立。其国号遂延续其唐王之封号，为"唐"。如果真在隋末有救唐王一事，亦应为武德皇帝李渊而非李世民。清康熙年间景日昣之《观唐王告少林寺教主碑》，将李世民称为唐王，疑为称李世民为唐王之始。然诗文属文学创作，不必拘泥于历史现实，有谬误之处也属正常。正如景诗中将王仁则谬称为其叔父王世充耳。故疑"十三棍僧救唐王"称秦王为"唐王"似为延续景诗之云。是以，其事真伪就更加可疑。

铭文告谕中明确提到受奖誉者不啻少林僧人，还包括"军民首领士庶"，故这次行动并非少林十三棍僧而已。然首称"少林寺上座寺主"和"法师"，盖言少林寺僧为这次行动之主题，或曰为起义之领袖与骨干耳。

通览铭文，未见"武僧""棍僧"等字，亦未言少林寺僧会武功或棍术。

碑文言少林寺僧与军民庶士之功为"擒彼凶孽"，斯凶孽应是王仁则。然文中并未有言寺僧搭救李世民云云。果且有之，盖不应只字不提。更加值得注意的是，碑文末尾云"可令一二首领立功者，来此相见，不复多悉"，字里行间全无救命之恩的意思，全然为上级对下级的敕令。

古碑阳面为裴漼书《皇唐嵩岳少林寺碑》之铭文。其文述及少林寺自北魏跋陀开创以来之历史，洋洋洒洒，描绘彼时嵩岳一带山川形胜，妙缘佳境，亦歌颂佛法无边、恩泽万世之功。其文颇为瑰丽。根据有关史料记载，裴漼年少时便颇负才学，文风流畅，故有雅号"霹雳手"。然文中言"梵天宫殿，悬日月之光华；佛地园林，动烟云之气色"云云，于少林之历史，救唐王之传说却为赘语。是以名人王世贞于其《裴漼少林寺碑跋》（傅梅《嵩书》卷二十"章成二篇"）

评价裴书为"此碑辞至沓拖，不可读"。现将碑文中与"少林十三棍僧救唐王"有关内容照录如下。

　　寺西北五十里，有柏谷墅，群峰合沓，深谷透迤。复磴缘云，俯窥龙界。高顶拂日，傍临鸟道。居晋成坞，在齐为郡。王世充僭号，署曰辕州，乘其地险，以立烽戍，拥兵洛邑，将图梵宫。皇唐应五运之休期，受千龄之景命，扫长蛇荐食之患，拯生人涂炭之灾。太宗文皇帝，龙跃太原，军次广武，大开幕府，躬践戎行。僧志操、惠、昙宗等，审灵眷之所往，辨讴歌之有属，率众以拒伪师，抗表以明大顺，执充侄仁则以归。本朝太宗嘉其义烈，频降玺书宣慰。既奉优教，兼承宠锡，赐地四十顷，水碾一具，即柏谷庄是也。

通览裴书，未见"武僧""棍僧""少林武术"及"救唐王"之事。且裴书中言"率众以拒伪师"，既以云"众"，想必参与起义者不在少数。通过考察裴书，可得与《皇唐嵩岳少林寺碑》碑文相似之结论。该次行动参加者不仅有少林寺僧，亦有军民庶士不在少数。然裴文指出少林寺僧的功劳在唐太宗告谕中已提及"执充侄仁则以归"，即擒获王世充的侄儿王仁则。但这只能说明少林寺僧在这一过程中起到了较为主要之作用，贡献较为突出。这与《皇唐嵩岳少林寺碑》相同。

裴书之铭文载于清乾隆刻本《少林寺志》，顾少连之《少林寺厨库记》有见："少林寺者，盖权舆于太和，中废于承光，更名于大象，锡田于开皇。若乃应天顺人，擒盗助信，摧魔军于充斥，保净土于昏霾，此又昭彰于我唐者也。"内中"擒盗""摧魔军"云云，可证裴碑之言。

古碑背阴之《少林寺牒》更值得注意，碑文大概意思是：唐武德五年，秦王李世民攻克伪郑，伪郑之寺庙皆被认定为伪地寺庙。是以，少林寺亦被划为伪地寺庙。其所占土地亦为伪地。然武德四年四月，少林寺僧擒获王仁则，相去不过一年。而后，少林寺僧以翻城有功，上书申诉。少林寺至武德七年七月得以平反。然朝廷未如数还田。贞观六年至李世民即位，唐王朝才做彻底的平反工作。这篇《少林寺牒》，实为纠正冤假错案的唐政府文件。

观览其文，未见"武僧""棍僧"等字眼，亦未提及"少林武术"。然而受到嘉奖的少林寺僧名单却被列出，名单如下。

唐武德四年太宗文皇帝敕授

少林寺柏谷庄立功僧名

上座僧善护

寺主僧志操

都维那僧惠

大将军僧昙宗

同立功僧普惠、明嵩、灵宪、普胜、智守、道广、智兴、满、丰

受到嘉奖的少林寺僧共计十三人，盖为"十三棍僧救唐王"中"十三"之来历。

隋末乱世，群雄逐鹿，影响可谓甚大，必然牵涉社会中之基层，故而少林寺僧人也不能例外。然翻检史料，没有任何记述可证实彼时少林寺僧已有制度化的习武事实，且形成以棍术为核心之习练体系。同时，亦无史料说明此时有以"少林寺"命名的武术体系。少林寺僧很可能因为隋末乱世牵涉的社会面较广，故而被动卷入当地的起义运动中，而非主动地凭借自己的棍术助唐王擒贼。"十三棍僧救唐王"是一个有事实根据但被演绎的传说。仔细推敲便会发现传说本身确有不合理之处，如李世民贵为秦王，领天策上将衔，统率唐军，何以充任斥候之职。区区十三名棍僧，何以能做到对郑军大营了如指掌，并可在其中如出入无人之境，不仅救回身陷囹圄的秦王，又能在郑军大营中擒拿王仁则。

是以数字"十三"与"僧"当为事实，但绝非"十三棍僧救唐王"，按照史料所记述的那样，彼时中原地区的少林寺僧参加了一场助唐起义，且受到封赏。

此外，李邕《嵩岳寺碑》（见《说嵩》卷二十四"艺林二"）有载：

隋开皇五年，隶僧三百人。仁寿一载，改题嵩岳寺，又度一百五十人。速射狼恋睢，龙象凋落，天宫坠构，劫火潜烧。王充西拒，蚁聚洛师。文武东迁，风翔岩巴。风承羽檄，先应义旗。鞍弆到共军，悉心事主。及格奕进计，以死嵩为师，凡日僧房，尽皆除削。独兹宝地，尤见褒崇，赏典殊科，有录勋庸，特赐田碾四所。

这说明，彼时国嵩岳寺不仅同样因公受到封赏，且受唐朝皇室之特殊礼遇，其僧人所立之功较少林寺僧似更大些。

其实，唐初至武周以前，道教作为唐朝国教的地位从未改变。李唐皇室为关

陇贵族，李渊之祖父李虎曾为西魏八柱国之一。但关陇贵族较之当时的山东贵族，显然在地位上和势力上都难望其项背。中国传统社会历来重视门第，故而唐朝统一天下自然需要为自身编织谱系，以说明其家族门第之尊贵，其通知符合法统。东周道家之老子，一说姓李，其人与著作《道德经》自东汉以来便被道教徒奉为经典。是以与老子攀亲，可谓捷径。先秦道家学派的代表人物、李姓的老子，已早被道教奉为神圣教主，而老子的著作《道德经》也成了道教经典。

据史料记载，李唐战胜伪郑的当年，一个名叫吉善行的人向李渊报告：在羊角山见到一位骑马的老叟，自称为大唐天子之宗，且让他转告大唐天子，将保佑大唐国祚绵长。李渊听后龙颜大悦，旋即在羊角山立老君庙。然这一时间恰与少林寺僧助唐为同一年。内中轻重，不言自明。

嗣后，玄武门事变爆发，李世民与手下大将尉迟敬德射死了太子李建成与四弟李元吉，又迫使李渊退位为太上皇。李世民即位后将当时支持太子李建成的佛教领袖法琳流放，使在事变中支持太子一方的佛教界地位颇为尴尬。贞观元年，太宗下旨，道先佛后。故少林寺僧虽助唐有功，然其封赏迟迟不能落实，且备受冷落以致受到迫害。即便贞观六年有了《少林寺牒》，其受到冷落之境地仍未改变。至武则天时，才有"续成先志，重置庄严。故遣三思赍金绢等物，往彼就师平章。幸识斯意，即务修营"。[1] 根据上述论证，可知少林寺僧助唐且获封赏一事为史实，而"十三棍僧救唐王"则为历史演义。

二、史记中的棍僧救唐王

根据史料记载，明代以降，"少林寺十三棍僧救唐王"一事被提及。

明代武术家程宗猷之《少林棍法阐宗》序文有云："唐初僧昙宗等起兵，拒伪师，执王世充侄仁则归本朝。太宗嘉其义烈，拜昙宗为大将，余俱赐田。数降玺书，宣调慰劳，并赐地四十顷，水碾一具，即今柏谷庄是也。"纵观其序，无异于先前碑碣，仅改"大将军"为"大将"。万历进士徐学谟在《少林杂诗》中谓："名香古殿自氤氲，舞剑挥戈送落曛，怪得僧徒偏好武，昙宗曾拜大将军。"明嘉靖年间，都穆在其著作《游嵩山记》谈及此话题："盖当时寺僧之立功者十有三人，惟昙宗授大将军，其余不欲授官，赐地四十顷。此可补《唐书》之缺，

---

[1] 嵩书·卷二十·章成篇二 [M]//武则天.御制少林寺书.北京：故宫博物院图书馆馆藏.

034 ▌少林武术文化的历史流变与社会互动发展研究

惜无有知之者。"根据今人考证,"大将军"与"将军"指代并不具体,盖荣誉称号耳,非实际职务。

晚清唐豪先生写作《少林武当考》期间,曾专程实地考察嵩山一带。《少林武当考》中考证:"昙宗封将军,疑后来寺僧所附会,不然何以不见于崔碑顾记。都穆谓可补唐史之缺,著者未以为是。"[1] 可以肯定的是,唐豪先生看到过崔书《皇唐嵩岳少林寺碑》,然未可知其是否见过《少林寺牒》。唐豪先生又实地考察嵩山,恰在军阀石友三火烧少林寺之后,少林寺几近废墟,是以唐豪先生或许只看到碑碣的一面,而未在实地考察时看到另一面的《少林寺牒》。

其后,唐豪先生却肯定了《少林寺牒》之存在,然唐豪先生在《行健斋随笔》中又说:"赐田牒后十三僧题名,善护之上,有上座僧三字;志操之上,有寺主僧三字;惠之上,有都维那僧四字;昙宗之上,有大将军僧四字;以下八僧,其上皆有同立功僧四字。叶封《嵩阳石刻集记》,于灵宪、普胜、智守、道广、智兴、满、丰七僧名上,皆略同立功僧四字。王昶《金石萃编》因之,书无句读,遂难辨别。顾承周少林寺及其僧徒志略,将满、丰二僧,合为一人,谓:现考此牒所载,仅有十二人,此则失在未见原碑耳。予未至少林阅原碑以前,于《集记》赐田牒僧名,亦若其不能读。从知金石文字,可资考古,不能以其文字赘累,遂加删削,应以存真为贵。"[2] 是以证明唐豪先生看到过《少林寺牒》,但时间不详。

此外,万历时进士傅梅《过少林寺》(《嵩书》卷十六"七言古诗")诗云:"二室嶙峋一径通,少林寺在翠微中。地从梁魏标灵异,僧自隋唐好武功。"然"僧自隋唐好武功"之"武",究竟为"武术"之武还是"文治武功"之"武",今人已难考证其字义。

但无论是程宗猷的序文,还是徐学谟与傅梅的诗文,以及唐豪的分析,都透露出在明清时期,人们认为少林武术与"隋末少林寺僧助唐"存在某种逻辑上的联系,并开始关注这一问题。但始终未说唐代已有"武僧"或"棍僧",且更未出现所谓"十三棍僧救唐王"。

至晚清民国时期,梁启超为马良《中华新武术·棍术科》作序:"隋大业末,天下乱,流贼万人,将近少林寺,寺僧将散走。有老头陀持棍冲贼锋,当之

---

[1]唐豪.少林武当考.转引自:少林寺资料集续编 [M].北京:书目文献出版社,1984:5.
[2]唐豪.行健斋随笔.转引自:少林寺资料集 [M].北京:书目文献出版社,1982:24-25.

者皆辟易，不敢入寺。乃选少壮僧百余人授棍法。唐太宗征王世充，用僧众以棍破之，叙其首功十三人，封赏有差。用棍御敌，此为确证。"依序文看，梁启超对隋末少林寺僧以棍法破敌一事的论述可谓言之凿凿。大概正是在这个时期，"十三棍僧救唐王"才有了一个较为清晰的轮廓。然而唐豪在《少林武当考》中疑惑道："查《隋书》及《旧唐书》，均未见有少林僧以棍退贼及破王世充事。任公治历史颇深，此说不知何据。"[1]

关于对梁启超的说法，以及对唐豪的疑惑，本研究对《隋书》和《旧唐书》再次进行查阅，的确未见少林寺僧以棍破王世充的记载，且程大力在《少林武术通考》中也提到"少林寺僧习武唐宋史籍无征"[2]。所以唐豪的说法应是对的。但更为关键的是，马良和梁启超对这段历史的认识是从哪里来的。根据上述分析，明代以前未见有少林武僧的记载。所以梁启超的说法大概来自明代的史籍。否则，梁启超的说法就只能理解为对马良《中华新武术》的文饰。在明代一些文献中，能够看到关于少林寺僧用棍破敌的说法。"十三棍僧救唐王"的传说，在明代的文献记载中也有更多的线索。明万历进士王士性有言："少林寺八百余僧，自唐太宗退王世充，赐昙宗官，僧各功者十三人，惟昙宗拜大将军，余赐柏谷坞庄地四十顷，此足补唐书之阙。至今寺僧以武勇闻，从来远矣。"内中已言及少林寺习武之传统是从唐初开始的。明万历进士金忠士亦在《游嵩山少林寺记》（《嵩书》卷二十二"章成篇四"）中言"唐太宗为秦王时，遗寺僧书约起兵擒王世充，后僧中立言棍法。"但与之前的论述一样，这些史籍充其量只能说明这些人认为武术在某种程度上同"寺僧助唐"存在某种关系。

此外，清代亦有关于少林寺僧协助李世民擒王世充的说法。清道光时大臣麟庆曾在《鸿雪因缘图记》（转引自《少林寺资料集》）中云："隋末王世充作乱，寺僧擒之献于唐，太宗手教旌奖，给柏谷田。至今寺僧矜尚白棓，盖沿唐旧云。""白棓"即为木棍。

所以，梁启超的说法来源于明清时期的文献记载可能性较大。但是这恰恰说明"十三棍僧救唐王"并非历史真实。

梁启超之后，"救唐"一说广为传诵，并越发夸张。这点最早由张传玺指出："唐武德三年僧人昙宗等曾因率众活捉了王世充之侄王仁则，而为唐王朝封

---

[1]唐豪.少林武当考.转引自：少林寺资料集续编［M］.北京：书目文献出版社，1984：15.

[2]程大力.少林武术通考［M］.郑州：少林书局，2006.

为大将军一事，与武术无关，只不过是一件'武事'"。张传玺先生将"助唐"定义为"武事"是符合历史真实的，也是很有洞见的。

所以，"十三棍僧救唐王"虽然不能说是没有依据，但是应该只是一个有历史来源的演义故事，而非历史真实事件。另外，对于少林武术文化的构建来说，"十三棍僧救唐王"却十分重要，一种文化信仰总是需要通过追溯历史的方式来为自己构建一个有着长久历史渊源的谱系，这个谱系会成为该文化在此后历史中正统性的重要依据。在这一点上，"十三棍僧救唐王"由于其自身所具有的传奇色彩，必然成为这个谱系中的重要一环。

第三节　紧那罗王退红巾考论

紧那罗王像

叶封在其编纂的《少林寺志》中提及："隋开皇中，天台颙禅师居荆州玉泉山，有神同谒，称蜀汉前将军关某，以战功庙食此山，欲营精蓝，愿庇役事。七日而成，捷出神功。事闻，敕封关某玉泉山护伽蓝神。今天下寺院皆奉关公，独少林以紧那罗王代也。"故少林寺不啻奉紧那罗为护法，亦奉关公为护法，只是少林寺唯独多了一个紧那罗王护法而已。今少林寺紧那罗殿位于大雄宝殿东侧，据旧志载，原先殿内有三尊，中间一尊为藤像，由此可知，程宗猷此说不谬。

一、紧那罗王传说的分析

在佛教典籍中，紧那罗王被奉为乐神，专司歌舞之事。景日昣在《说嵩》（卷二十一·紧那罗条）提到，"佛经有四紧那罗：一法紧那罗，一妙法紧那罗，一大法紧那罗，一持法紧那罗。释云：神似人而有角，今寺中像，盖取诸此。"然"紧那罗退红巾"中持棍之紧那罗不知究竟为谁。

蔡龙云曾在其著作《少林寺拳棒禅宗》中说："这段记载虽属神话，不足信。但也说明了这么一个事实，即少林寺的棍法乃是在元至正时由一个外来的身价比较低贱的莫晓其姓名的和尚留在少林寺的。姓名不会没有，只是在开始因其身价低贱只能充当厨役，不愿道及其姓名。后来传流棍法，仍因其身价低贱不愿道及其姓名。把以武闻名于天下的少林寺棍法，说成是烧火和尚流传的，是多么的不光彩。同时又是这位其貌不扬的和尚在危难之际击退了红巾军保护了少林寺，这对在唐初就以武功卓著而闻名的少林武僧来说，就更是一种讥讽了。于是乎隐其名而附于神，就把他说成了紧那罗王的化身。棍法于宋代在民间就已经形成了对抗性的运动竞技项目，善使棍棒的人是很多的。在这些人中，以及在他们后来的传人中，有人混迹于僧伍之中，把棍法带进了少林寺，是完全可能的。"[1]

明万历时人傅梅在其著作《嵩书》（卷九）中亦有记载关于紧那罗王退红巾的传说，兹录如下。

> 至正初，忽有一僧至少林，蓬头、裸背、跣足，只着单裈，在厨中作务，数年殷勤，负薪执爨，朝暮寡言。暇则闭目打坐，人皆异之，而莫晓其姓名。至十一年辛卯三月二十六日，颖州红巾贼率众突至少林，欲行劫掠。此僧乃持一火棍而出，变形数十丈，独立高峰。贼众望见，惊怖而遁。僧大叫曰："吾紧那罗王也！"言讫遂没。人始知为菩萨化身也。众感其德，为塑像寺中，遂为少林护伽蓝神，至今灵异。

将《嵩书》与《少林棍法禅宗》两相对照，《嵩书》比程文多出一段文字，即所谓紧那罗王之化身，其实为少林寺一个衣着褴褛的下层僧侣。依照程大力的推断，蔡龙云论述的依据很可能正是《嵩书》。

中国文化中历来有伪托古贤与仙人的传统，如前述考证之达摩与《易筋经》，还有张三丰之于武当。然元末至武术家程宗猷生活的明朝，不过百余年耳，显然不可谓古。且彼时禅宗寺庙更是不计其数。但只有少林寺将紧那罗视为护法。是以在今天的学术界看来，一个元末的传说，在不过百余年时间中，竟成信仰体系中重要一环，而其来源究竟为何，至今未明。是以结合上述论述，只能说少林之棍术，似由一个外来和尚于元末带入寺中。

二、佛教特权与僧人习武

吐蕃与北方民族在唐宋以前便有密切往来，在这个过程中，自然也将藏传佛教带入北方民族中。在10—14世纪中，北方民族建立的政权，如辽、女真、党

---

[1] 蔡龙云. 少林寺拳棒禅宗 [M]. 杭州：浙江科学技术出版社，1983：2.

项等皆将佛教视为国教，是以佛教在这些政权中具有特殊地位。

据《金史·食货志》记载，北方契丹政权交税是"一半输官，一半输寺。"这种税在辽代称为二户税，而交二户税的是彼时的奴隶。至金代，这种税制仍然保留，金章宗为废除这种税制，竟然还在朝堂上发生过争论。《金史》记载："章宗初即政，议罢僧道奴婢。大尉克宁奏曰：'此盖成俗日久，若遽更之，于人情不安。陛下如恶其数多，宜严立格法，以防滥度，则自少矣'。襄曰：'出家之人，安用仆隶。乞不问从初如何所得，悉放为良。若寺观物力，元系奴婢之数推定者，并合除免。'诏从襄言。由是二税户多为良者。"

是以有人将辽亡与寺院食税至多联系起来。《辽史拾遗》中引王宗沐的《宋元资治通鉴》曰："辽亡也，吾不曰天祚，而曰道宗……道宗初，政似有可观者，而晚年谗巧竞进。贼残骨肉，诸部反例，甲兵之用无宁岁。至于一岁而饭僧三十六万，一日而祝发三千。故元祖曰：'辽以佛亡，谁之咎哉？而天祚特以昏淫而乘其弊耳。有国者可不鉴之哉！'但其实在道宗之前的兴宗就是如此，史籍即载：兴宗在位时。曾数变服入酒肆、佛寺、道观，王纲、姚景熙、冯立辈遇之于微行，后皆任显官。尤重浮图法，憎有正拜三公、三师兼政事令者凡二十人。"

蒙元亦崇尚佛教，与辽金相比，有过之而无不及。从有元一代所造佛像之数量便可看出一二。同时其他佛事花费更不可胜记。如《元史·释老传》中载："又有作擦擦者，以泥作小浮屠也。又有作多尔康者。其作多尔康者，或一所二所以至七所。作擦擦者，或十万二十万以至三十万，又尝造浮屠二百一十有六，实以七宝珠玉，半置海畔，半置水中，以镇海灾。延祐四年，宣徽使会每岁内廷佛事所供，其费以斤数者，用面四十三万九千五百，油七万九千，酥二万一千八百七十，蜜二万七千三百。自至元三十年间，醮祠佛事之目，仅百有二；大德七年，再立功德司遂增至五百有余。僧徒贪利无已，营结近侍，欺昧奏请，布施莽斋所需，非一岁费千万，较之大德，不知几倍。"

此外，元代的僧侣还享有帝师的尊荣。元代以吐蕃高僧为帝师，这便使佛教在元代得到了前所未有的地位。《元史·释老传》中云："崇尚释氏，而帝师之盛，尤不可与古昔同语。"元代诸帝师尊荣之极、权力之大，据史料载："元起朔方，固已崇尚释教，及得西域，世祖以其地广而险远，民犷而好斗，思有以因其俗而柔其人，乃郡县土番之地，设官分职，而领之于帝师。乃立宣政院，其为使，位居第二者，必以僧为之，出帝师所辟举，而总其政于内外者，帅臣以下，亦必僧俗并用，而军民通摄。于是帝师之命，与诏敕并行于西土。百年之间，朝廷所以敬礼而尊信之者，无所不用其至，虽帝后妃主，皆因受戒，而为之膜拜。正衙朝会，百官班列，而帝师亦或专席于坐隅，且每帝即位之始，降诏褒护。必敕章佩监络珠为宇以赐。盖其重之如此，其未至而迎之，则中书大臣驰驿累百骑以往，所过供亿送迎，比至京师，则敕大府假法驾半仗以为前导，诏省台院官以及百司庶府并服银鼠质孙。用每岁二月八日迎佛，威仪往迓。且命礼部尚书郎中专督迎接。及其卒而归葬舍利，又命百官出郭祭饯，大德九年，专遣平章政事铁木儿乘传护送赙金五百两、银千两、币帛万匹、钞三千锭。皇庆二年，加至赙金五千两。银一万五千两，锦绮杂彩共一万七千匹。"

《元史·释老传》中还记载了大量僧人凭借特权所做的一些在今天看来难以想象的事情，归结起来有四点。

第一，盗掘宋朝皇陵。按照中国文化之传统，保护前朝皇陵是此前历代王朝遵循的惯例。然元世祖时，竟有僧人公然盗掘赵宋皇陵。史载："有杨琏真加者，世祖用为江南释教总统，发掘故宋赵氏诸陵之在钱塘、绍兴者及其大臣冢墓凡一百所；戕杀平民四人，受人献美女宝物无算，且攘夺盗取财物，计金一千七百两、银六千八百两，玉带九，玉器大小百一十有一，杂宝贝百五十有二，大珠五十两、钞一十一万六千二百锭，田二万三千亩，私庇平民不输公赋者二万三千户，他所藏匿未露者不论也。"

第二，宣布谕令，打僧人者，将被处以断手之刑，骂僧人者将被处以割舌之刑。《元史·武宗本纪》曰："皇太子言，宣政院先奉旨，殴西番僧者截其手，詈之者断其舌！此法昔所未闻，有乖国典，且于僧无益。僧俗相犯，已有明宪，乞更其令。"此法虽因皇太子的劝谏未能执行，但仍可看出元代僧人之尊荣地位已至何种地步。

第三，僧人在元代侮辱高官、王妃可免于刑罚。"至大元年，上都开元寺西僧强市民薪，民诉诸留守李璧。璧方询问其由，僧已率其党持白梃突入公府，隔案引璧发捽诸地，捶扑交下，拽之以归，闭诸空室，久乃得脱。奔诉于朝，遇赦以免。二年，复有僧龚柯等十八人，与诸王哈喇巴尔妃呼图克齐德济争道，拉妃堕车，殴之，且有犯上语。事闻，诏释不问。"

第四，僧人可使用军用驿站。史载："泰定二年，西台御史李昌言尝经平凉府静会定西等州，见西番僧佩金字圆符，络绎道途，驰骑累百。传舍至不能容，则假馆民舍，因迫逐男子，奸污妇女。奉元一路，自正月至七月，往返者百八十五次，用马至八百四十余匹。较之诸王行省之使，十多六七。驿户无所控诉，台察莫得谁何。且国家之制圆符，本为边防警报之虞，僧人何事而辄佩之？请更正僧人给驿法，且令台宪得以纠察。"

辽、金、元时期是对汉人禁武最为严重的时期之一。但如上所列之史记，僧人在彼时始终拥有特权，不在禁武之列，且根据史记，僧人被招兵也在彼时。故僧人大规模习武或参与军事活动也应在彼时开始出现。

三、僧兵制对传说的影响

据史载，辽代已有僧兵，"昔年大辽之失，正缘如此，升平既久，人不习战，一旦金人之起，不谋自治之术，恃大弗戒，谓金人小国不足畏。今年出兵不利，溃散回归明年出兵不利，溃散回归，即散，募乌合之众为用，盖大辽旧少食粮军，以食粮军为不足，募民兵以民兵为不足，又募市兵以市兵为不足，又募僧兵，是为四军人虽多，亦皆乌合不为用。及至溃散回归，又皆散为盗贼。时大辽不经残破，州军各自蹂践。其实金人所破州军，十无一处，其余皆撤军自行烧劫及蹂践占据"。从该则史料可以看出，四军之一即为僧兵。

《金史》中的论述表明，金代亦有僧兵记载，"谕枢密院，撒合辇，所签军有具诚僧人，可罢遣之"。这恰恰说明彼时已有僧人入伍。此外，《金史·宣宗纪》中记载："陕西西路行省请以厚赏募河西诸番部族寺僧，图复大通城，命行省枢密院筹之。"皆可证金代亦有僧兵存在。

与辽金同时的赵宋，亦有征僧人入伍的记载。徐梦莘在《三朝北盟会编》（卷一百六十五）中"金人以重兵临濠州，四面攻击，知濠州寇宏御之。时城中兵少，大率人当三女墙，军民与僧道相参，每十人为甲，皆被甲持枪，不得内顾。每一踏道二人以长刀监守，无故上下者杀之。""范致虚以僧赵宗印充宜抚司参议官兼节制军马。宗印以僧为一军，谓之尊胜队，以童子行为一军，谓之静胜队。"

辽、宋、金、元时期，对两宋朝廷来说，要维持国祚，在北方军事威胁下，必须尽其所能，故征僧人入伍也就不足为怪。而对于辽、金、元三个政权来说，佛教在其统治下始终拥有特权，是以僧人入伍也就习以为常了。但是，在金元时期诗人元好问的诗句中，并没有看到彼时少林寺僧有大规模、成建制习武的描述。故武僧的出现应该与元好问所出的时代相叠，或在其后。

但是为什么少林寺要把武僧的创始之功归于紧那罗王身上，根据程大力的考证，很可能与金元时期的藏传佛教有莫大关系。

《元史·奸臣列传》载："初，哈麻尝阴进西天僧以运气术媚帝，帝习为之，号演揲儿法，演揲儿华言大喜乐也。哈麻之妹婿集贤学士秃鲁帖木儿故有宠于帝，与老的沙八郎、答刺马吉的、波迪哇儿祃等十人俱号倚纳。秃鲁帖木儿性奸狡，帝之爱，帝言听计从，亦荐西番僧伽璘真于帝。僧善秘密法，谓帝曰陛下虽尊居万乘，富有四海，不过保有现世而已。人生能几何，当受此秘密大喜乐禅定。帝又习之。其法亦名双修法，曰演揲儿，曰秘密，皆房中术也。帝乃诏以西天僧为司徒。西蕃僧为大元国师，其徒皆取良家女，或四人，或三人奉之，为之供养。于是帝日从事于其法，广取女妇，惟淫戏是乐。又选采女为十六天魔舞。八郎者。帝诸弟，与所谓倚纳克者，皆在帝前相与亵狎，甚至男女裸处，号所处室曰皆即兀该，华言事事无碍也。君臣宜淫。而群僧出入禁中，无所禁止，丑声秽行，著闻于外，虽市井之人亦恶闻之。"

据程大力先生的考证，紧那罗王很可能是与双修有关的欢喜佛。

本章小结

现下能够确定的信息是：菩提达摩作为天竺苦行沙门，曾在中国南北朝时期来华传法，其活动的主要地区应该是在少室山一带。嗣后于公元 532 年前后，即北魏孝武帝太昌元年，南朝梁武帝大通三年，圆寂于熊耳山下。而达摩传授《易筋经》与客居少林传授佛法等说皆不足信。如此，就历史事实而言，菩提达摩是为少林武术的开山鼻祖之说也就难以成立。但是，文化信仰与历史真实截然不同，文化信仰中的大部分内容本就是由后世附会编排而成的。以菩提达摩在中国佛教历史中的特殊地位来说，将其视作少林武术的开山立宗者是一种历史必然。在少林寺以武显扬的过程中，追溯与找寻自己的武术基因，塑造文化信仰体系中的传奇色彩，是再正常不过的逻辑。因此，将菩提达摩置于少林武术文化早期形成过程中的核心地位，从文化信仰的角度来说是可以理解的。

自古以来，武术与战争就有密切联系，故"助唐"一事自然而然可能被演绎为后来少林武僧产生的源头。是以将其视为少林武术产生的重要事件，对嗣后少林武术和武僧的发展和传承来说，就变得十分重要。通过论证，本文认为少林寺僧在隋末助唐一事应为历史真实。然其中并未有武术、武僧和棍僧等记载。故"少林十三棍僧救唐王"应为后来历史发展过程中被夸大和演绎了的民间传说。就两者的关系来说，"助唐"一事的出现，为"少林十三棍僧救唐王"提供了蓝本和素材。不过，"助唐"虽然不是武僧或棍僧参与的助唐，但毕竟是以此开展助唐行动，故与后来的少林武术与武僧多少还是存在联系的。这种间接性的联系体现在，一方面，它为寺僧开创了参与军事活动的传统，这种传统对后来寺僧的活动产生了深远的影响；另一方面，它的产生自然会成为少林武僧回溯历史的方向，也就自然而然成为少林武僧构建信仰体系的方向。所以说，"少林十三棍僧救唐王"也并非是完全虚构的，而是有一定的历史来源的，并且由于其内容与"武"有关，自然成为后代构建少林武术文化的方向。

金元时期，藏传佛教势力如此之大，少林寺虽为禅宗寺院，但不免受其影响。况且少林寺要生存，就必须与金元政府搞好关系，这其中就不免要与藏传佛教搞好关系，是以藏传佛教很可能在元代一度进入少林寺。景日昣在其著作《说嵩》（卷二十一"少林紧那罗殿"）中言："元成宗大德中，建天寿万宁寺，寺中塑秘密佛，形象丑怪。皇后幸寺见之，恶焉，以帕障面而过。少林像盖秘密类也。御寇之说，其信然欤。"观览史记，紧那罗王元代方才在寺中塑像，且为藏传佛教之"秘密佛"。根据程大力的考证，彼时抗击红巾军的僧人很可能与佛像相似，或因其的确自称紧那罗王，或者这位僧人与塑像同时进入寺中，故两者便合二为一，遂有紧那罗王退红巾、创少林棍术之说。是以亦有不少学者认为，少林武术或者少林棍术的产生，或始于元末"紧那罗王退红巾"的历史背景中。但这多半是根据史料或学者多年研究推论而来，并非直接来源于记载。故虽可备一说，但仍有待新的史料被发现，以作进一步研究。

第二章
明代少林武术文化的流传与发展

　　明代是少林武术发展史上具有划时代意义的一个时期，少林武术在此期间获得了长足的进步与发展。明代经济的繁荣发展使民间习练少林武术技艺成为可能，这是少林武术获得发展的基础；政府扶持为少林武术走出寺院、"保邦靖世"创造了机遇，这是少林武术发展的关键；"禅宗一体"的文化因素则是明朝少林武术发扬光大的重要推手。

　　少林武术源远流长，但明代以前，多种典籍中关于少林武术活动的载录并不多。历史的车轮滚滚向前，到了明代，不仅少林寺演练武艺的记载日渐增多，而且少林武术也在这期间声名鹊起，远播海内外，并最终获得了"今之武艺天下莫不让少林"的盛誉。

第一节　抗倭与少林武术文化

一、明代僧兵抗倭之证据

　　"倭"，日本古称。自元末至明万历年间，一批日本浪人、武士和不法商人组成了海盗团伙，对我国沿海地区强抢强夺，时间跨度达 300 年之久，被称为"倭寇"。倭患是明代长期面临的一大边境问题，《明史》有记载："洪武二年三月……日本王良怀不奉命，复寇山东，转掠温、台、明州旁海民，遂寇福建沿海郡。"嘉靖年间，由于政治腐败、军事废弛等原因，倭寇活动更加猖獗，史书称"嘉靖倭难"。后来经过俞大猷、戚继光、谭纶等众将率兵抵御，历时 12 年才平息倭患。明代僧兵在抵御倭寇入侵的战斗中起到至关重要的作用，他们是民族英雄。为了保卫国家不被外族入侵，为了保护百姓生命财产安全，他们浴血奋战，战死沙场。僧兵抗倭有很多古籍资料可以考证，但有多少僧兵是少林寺僧兵呢？

抗倭图卷（明）

抗倭僧兵中包括多个地域不同寺庙的僧人，其中和少林寺有关的僧兵分为两类：一类是从少林寺走向战场的少林寺僧；另一类是少林派僧，即从少林寺出家，云游各地，或成为其他寺庙的住持等，不一定直接从少林寺走向抗倭战场。僧人们心中向善，为了国家大义，拿起武器，走向战场。

《嘉靖御倭僧兵考》中统计了到目前为止可以进行考证的僧兵的姓名等信息。"郑若曾《江南经略·僧兵首捷记》，嘉靖御倭僧兵法名可考者，只孤舟、天真、天池、天员、月空、无极、了心、彻空、一峰、真元十人。张鼎《倭变志》，御倭僧兵法名可考者，只大造化、月空、天池、一舟、玉田、太虚、性空、东明、古泉、大用、碧溪、智携、大有、西堂、天移、古峰、了心、彻堂、一峰、真元二十人。顾亭林《日知录·少林僧兵》，御倭僧兵法名可考者，只月空一人。俞大猷《正气堂集·新建十方禅院碑》，言其自北云中亲至少林，携宗擎、普从随往南征。据以上各家记载，嘉靖御倭僧兵法名可考者，除彼此互见之外，共二十七人。"

通过对这些姓名进行考证，以及对古籍、碑文等进行实地考察，可以论证抗倭僧兵到底是不是少林僧兵。据此，唐豪先生得出了以下的观点。

"俞大猷携往南征之普从、宗擎二僧，自无可疑。其余二十五僧，合于七十字派者，只了心一人。惟予遍考明代少林碑刻、墓碣，对于了心是否为少林僧一点，犹有可疑之处，他日将另著专篇以明之。余则与七十字无一相合，故二十四僧，不能证明其为少林僧。《江南经略》记天员与月空争为将领事，天员曰：'吾乃真少林也，尔有何所长，而欲出吾之上乎？'然《倭变志》，则称月空亦为少林僧，是当时已有真假少林之事。实则以字派考之，二人均难言为少林僧也。《倭变志》言：僧兵持棍长七尺，重三十斤。顾亭林《日知录》言：月空与其徒三十余人，自为部伍，持铁棒击杀倭甚众。少林以棍法名于时，若不合字派诸僧，所擅者均少林棍，则谓为少林派武僧则可，谓为少林僧则不可。"[1]

相传元代少林寺福裕和尚写的七十字诗，是少林寺僧法裔辈数高低的写照。少林寺存《敕赐祖庭少林释氏源流五家宗派世谱之碑》，其诗为：

> 福慧智子觉，了本园可悟。
> 周洪普广宗，道庆同玄祖。
> 清净真如海，湛寂淳贞素。
> 德行永延恒，妙体常坚固。
> 心朗照幽深，性明鉴崇祚。
> 衷正善禧禅，谨悫原济度。
> 雪庭为导师，引汝归铉路。

以七十字诗作为判断抗倭僧兵的来源，有一定的借鉴意义，除宗擎、普从外，孤、天、月、无、彻、大、玉、太、性、东、古、碧、西等字，都没有出现在整理的僧兵姓名中，那他们都不能算作少林寺僧。可是在少林寺今存《月舟行实碑》碑阴刻有"曹洞正传宗派之图"落款有"本山香宿：可政、圆路、圆庆""提点：可敏、可正""知事：可海、悟表、悟灯""首座：可明、可员、可经""监寺：悟兴、周安、周广、悟源""管门：周洁、周化、周载"等。《月舟行实碑》刻立于1513年，少林寺僧徒已经传到了"圆、可、悟、周"，"了心"就不可能出现了！"真"字辈可以参考建于万历四十七年（1619年）的敕赐少林禅寺都提举征战有功顺公万庵和尚享寿七十四之塔塔铭，如下图所示，其落款有："孝徒：宗武、宗江""孝侄：宗海、宗委""孝孙：道同、道隆、道全、道秋、道寅、庆槐、庆科、庆林、庆雨、庆光、同乐、同进、同硕、同碧、玄魁、玄孝、玄路、玄玄"等。少林寺僧徒已经传到了"宗、道、庆、同、玄"，那"真元"就不可能出现。所以如只按照七十字诗辈分来判断抗倭僧兵名录中僧兵均非

[1]唐豪.行健斋随笔［M］//少林寺资料集.北京：书目文献出版社，1982.

少林寺僧，有待进一步考证。

顺公万庵和尚塔铭（明）

对于僧人来说，有法名也有法号，为了表示对其的尊敬，通常不能直呼其名，所以被记录在案的名字很有可能是法号而不是法名。少林寺塔林有嘉靖二十年（1541 年）三月"敕赐少林寺监寺章公印宗和尚之塔"，塔铭落款为"有徒曰：普表、普钊、普雨等"。其中的徒弟法名应该都是为"普"字辈，而师父的法名为"洪"字辈。所以"印宗"是法号。少林寺塔林塔铭，大多也是这种格式，仅以嘉靖年间的塔铭举例。

嘉靖二年九月：敕赐少林寺都提举政公德心和尚之塔。

嘉靖六年：敕赐祖庭少林禅寺沙弥白斋琼公之墓。

嘉靖十年四月：敕赐祖庭少林禅寺淳公素庵首座和尚之塔。

嘉靖十年孟夏：敕赐祖庭少林禅寺都提举宏公大机之塔。

嘉靖十八年三月：敕赐大少林禅寺都提点安公守心和尚之塔。

嘉靖二十年四月：敕赐大少林禅寺明公月庵长老之塔。

嘉靖二十六年孟夏：敕赐祖庭大少林禅寺都提点僧会署印天长续公之塔。

嘉靖二十七年六月：敕赐大少林禅寺敕名天下对手教会武僧友公三奇和尚寿塔。

嘉靖三十一年三月：敕赐少林禅寺提点富公寿安和尚灵塔。

嘉靖三十一年仲春：敕赐祖庭少林禅寺住持嗣曹洞正宗第二十四代静庵榻公灵塔。

嘉靖四十年：竺东万公之塔。

嘉靖四十四年十月：敕赐少林寺都提举署僧会司寿堂添公寿塔。

嘉靖时未纪年者：初祖庵主观公大千之灵塔。

以上的例子都是遵循上述规律的，但有一些铭文略有变化，法名和法号同时出现，如：

嘉靖十年四月：敕赐祖庭少林禅寺都提举罕公玉堂觉灵之塔。

嘉靖四十四年九月：敕赐少林寺提举署僧会司印乳峰三空了公和尚寿塔。

还有一些铭文对人的尊称只称某公，如：

嘉靖十五年十月：敕赐少林禅寺首座会公和尚灵塔。

嘉靖二十年：少林禅寺选公和尚灵塔。

嘉靖二十七年二月：敕赐祖庭大少林禅寺首座敖公和尚之塔。

嘉靖四十三年二月：敕赐大少林禅寺庄严圆寂亲教师就公天竺和尚之塔。

嘉靖四十三年孟春：敕赐大少林禅寺首座智公和尚之塔。

还有一些铭文对人的尊称只称字或号，如：

嘉靖四十四年：匾囤和尚之塔。

唯一的例外是这一条。

嘉靖十七年四月：庄严圆寂住持宗琳玉堂之灵塔。

通过梳理得知，抗倭时少林寺僧的法号集中在"洪""普""广""宗"。法名为"宗琳"也是无从说起的，唯独这个塔铭没有按照规律书写。少林寺僧名录中也存在有法名的，比如，《少林棍法阐宗》中跟随俞大猷南征学艺的普从、宗擎等，但现存碑铭、塔铭，多是字和法号，并非法名。甚至住持松庭岩公、仁山毅公，他们的法名也没有保存下来。名讳是对古代尊敬的人的尊称，抗倭僧兵名录中"大用""大有"更像是法号，塔铭中出现的"大机""大节""大千""小山"等是法号而非法名。"大用""大有""大造化"之类，显然是法号。

"月空"也是法号。如《云间杂志》便有："其首号月空，次号自然"，明确说了是"号"。

抗倭僧兵名录中大多也是法号而非法名。法名是僧人受戒时的名号，终身不能改动，以后的云游也是如此，而他的徒弟也会遵循原本宗派，在少林寺中的例子有：二十八代住持月舟和尚，据其塔铭及行实碑载，他早年在杭州受具足戒，再到少林寺参无方从公为师，随后又到了北京白塔寺，二十年后又回到少林寺，担任住持，一直到二十五年后去世，他的法名都没有改变，甚至仍然被称为"祖庭少林禅寺嗣祖曹洞正宗第二十三世月舟禅师"。少林寺今存《月舟行实碑》落款有"成"字辈的法子成定、成鉴、成金、成真，有"佛"字辈的法孙佛光、佛景、佛举、佛性、佛逞，有"法"字辈的重孙法淳、法派等。他们虽然为少林寺僧，但没有遵循少林寺的宗派，法名也没有遵循少林寺的法名。

少林寺今存《敕赐少林禅寺都提举、征战有功顺公万庵和尚享寿七十四寿塔塔铭》，被称为"少林禅寺都提举""征战有功"的顺公万庵和尚是少林寺的著名武僧，徒弟数量也不少，但在其塔铭落款处发现，万庵和尚的徒子徒孙除有"宗""道""庆""同"这几个合于七十字诗的"字"辈者外，还有一个叫"祖树"的。如果"祖树"也走向了抗倭战场，他的法号不是少林寺派，那就能说"祖树"不是少林寺僧吗？少林寺的不少僧人虽然在少林寺出家，但其师父不是出自少林派，那就能说他也不是少林寺僧吗？而且少林寺当时邀请了很多大德高僧担任住持，那法名也不会都是少林寺派的法名。七十字诗并不能概括少林寺僧的所有名号和辈分。

在《少林拳术秘诀考证》一书中也可以找到佐证，"书中的武僧"一节即提到："登丰少林僧，自元初起，其法名上一字，皆以福裕所立世谱为据，若验诸时代与世谱密合无间的，这些释子，著者名之为少林本系僧。法名的上一字，与世谱不合，或虽合而验诸时代不合的，这些释子，著者名之为少林外系僧。两系中为住持僧官及庵堂主僧的，其门弟子往往本外相杂，这在少林碑刻中，是屡屡可以见到的。"

显然，即便抗倭僧兵可考名字是法名，不在七十字诗辈分中，也没有其他证据来佐证，不能说他们不是少林寺僧。

抗倭的僧兵中，也不是全部为少林寺僧，史料也多把其解释为僧兵。胡宗宪《筹海图编·经略一·僧兵》载：

> 今之武艺，天下首推少林，其次为伏牛。要之伏牛诸僧，亦因欲御矿盗，而学于少林者耳。其次为五台。五台之传本之杨氏，世所谓杨家枪是也。之三者，其刹数百，其僧亿万。内而盗贼，外而夷狄，朝廷下征调之命，蔑不取胜，诚精兵之渊薮也[1]。

明万历进士王士性所著《广志绎》载云：

---

[1] 胡宗宪. 筹海图编卷·经略一·僧兵 [M].《四库全书》文渊阁本. 史部·地理类·边防之属. 上海：上海古籍出版社 2003.

伏牛山在嵩县，深谷大壑之中数百里，中原战争兵燹所不及，故缁流袖子多居之。加以云水游僧动辄千万为群，至其山者如入佛国，呗声梵响，别自一乾冲也。然其中戒律整齐，佛土庄严，打七降魔，开单展钵，手持贝叶，口诵弥陀，六时功课，行坐不辍。良足以引游方之目，感檀越之心，非它方刹宇可比。少林则方上游僧至者守此戒，是称禅林。本寺僧则喂酒咦肉，习武教艺，止识拳棍，不知棒喝[1]。

较少林寺之习武教艺，伏牛山则佛土庄严，两者区别较大，不能相比。伏牛山武术之发展未有少林寺完善，僧兵的数量较少林寺少，武僧能力也有差距，而彼时五台山武术之发展规模尚不如伏牛山，其僧兵的数量更少。由此可见，少林寺之僧兵名气最大、人数最多，则在抗倭僧兵中应有相似之情形。既然如此，历史史籍中的抗倭僧兵，解释为少林僧兵是有根据的。

天员对月空说："吾乃真少林也。"唐豪先生认为，"是当时已有真假少林之事"。仔细琢磨，虽然天员说自己是少林嫡传，但也不能说当时有人虚报少林之名。少林武术博大精深，其流派也纷繁复杂，其中少林特色显著的少林棍最具代表性，它与峨眉枪、日本刀并称为当时的武术三绝技。郑若曾曰："今之武艺，天下莫不让少林焉。"其意为天下武术以棍法为宗，而棍法则以少林为宗。明代推崇少林武术，其与今日所言"天下功夫出少林"，远不是同一个意思。明代的少林武术还完全是实实在在的东西，远不像今天那样充满了神话和文学泡沫。武艺精湛、悍勇善斗的武装集团也远不止一个僧兵。所以，明代也还没有哪个武术流派去做挂靠少林这样狐假虎威的事。俞大猷看了少林寺僧的武功表演，也可以坦诚表示不以为然。在整个明代，我们也没有见到谁冒充少林武术或少林武术家。僧兵非少林即五台、伏牛，而五台、伏牛僧兵人数虽少，亦有名气，大可不必称自己为少林僧兵。

《少林禅师裕公碑》记载："雪庭福裕主持少林寺时，曾分建和林、燕蓟、长安、太原、洛阳为五少林，始终万寿十四复，主护之力居多。"但福裕与道士李志常辩论得胜，忽必烈曾下令道教交还占去的"废寺二百三十有七区"。福裕当时"总领天下佛教"，交还佛教的这些寺庙，很可能有不少交给了少林寺。郑若曾亦云："少林、伏牛、五台"之三者，刹数百，其僧亿万。"从当时少林寺

---

[1] 王士性. 广志绎 [M] // 少林寺资料集续编. 北京：书目文献出版社，1984.

的分院分布和具有主从关系培训过武僧有师承关系的相关寺院远远不只五个，虽然他们不是由少林寺派出，但他们称自己是少林寺僧也无可厚非。这也就是为什么《倭变志》云月空等人"皆称少林僧"，却又"系山东应募者"的真正原因。天员说他是"真少林"，只能说明他或者是由嵩山少林寺而来，或者宗派辈分上属于嵩山少林寺，并不能由此得出云月空等人就是"假少林"的结论。

特别需要指出的是，江浙地区抗倭的那一支僧兵虽然多为少林僧人，但这些少林僧人似乎都不是嵩山少林寺派出来的，或者说不是有组织或直接派出来的。

这些僧兵是从什么地方或主要从什么地方应募来的呢？

《倭变志》称："僧兵系山东应募者。"查中华书局点校本《明史·兵志》有"至嘉靖中，倭患渐起……三十三年，调拨山东民兵及青州水陆枪手千人赴淮、扬，听总督南直军务都御史张经调用"。其注云："'三十三年'，原作'二十三年'，据《明史稿》志六九《兵志》《世宗实录》卷四：嘉靖三十三年五月丁巳条改。"但僧兵抗倭是在嘉靖三十二年，看来，"二十三年"确误，但可能不是少了一横，即应为"三十三年"；而是写颠倒了，即应为"三十二年"。当年既曾调拨"山东民兵"，那么，僧兵的一部"系山东应募"，便有了可能。

少林寺今存明万历九年（1581年）《豁免寺僧税粮碑》载云：当年有圣旨下，免除少林寺的税粮，并明示县乡"毋得再行私自科派"。理由有少林寺退还了不少土地，新开垦的荒山容易遭灾，"旱则苗枯，涝则冲流，薄收些少"等。万历二十三年（1595年）《豁免粮差碑》记载，政府再次免除少林寺粮差，理由是"嘉靖间，刘贼、王堂及倭寇并师尚诏等倡乱，本寺武僧屡经征调，奋勇杀贼，多著功。则本寺僧徒，文武并用，护国强兵，又与方内林修斋通经"。两碑帖均可证明少林寺僧兵抗倭之事实。

江浙地区出现的不是正规军，是临时应募的少林僧兵，但少林寺却有一支常备军，并且总是随正规军行动。少林寺存两碑均提到少林寺僧曾远征倭寇，除了江浙地区那一支临时应募的少林僧兵外，还有另外一支直属少林寺，由少林寺直接派出的僧兵常备军，参加了另外的抗倭战役。只是史迹于此已经湮灭无闻。出现抗倭僧兵到底是不是少林寺僧兵的争论是因为在少林寺方面查找不到相关的文献能直接证明少林寺组织僧兵参加抗倭，但查阅抗倭战争方面的相关资料可知，参加抗倭的僧兵中少林武僧占大多数。明代少林寺拥有众多下属分院，习练少林武术的僧人不计其数，很多僧人云游在外，并不在嵩山少林寺，但他们是由少林寺教授过的，因此师出少林，致使上述状况出现。《僧兵首捷记》所说："之三者，刹数百，其僧亿万"，以及敕赐大少林禅寺敕名天下对手教会武僧友公三奇和尚寿塔塔铭云："奇和尚有僧俗徒众一千多人，分布在河南、山东和南北两直隶四省之地"等资料，都辅证了少林寺分院僧侣众多的情况。

万历年间，明廷免除少林寺粮差的谕令碑文很有力地证明了少林寺僧侣在抗倭斗争中作出的极大牺牲与贡献，非少林寺籍贯的僧人也参与了抗倭斗争，这不仅仅是对少林寺本寺籍少林寺僧的一种褒奖，也是对所有参与抗倭斗争的少林武僧功绩的回顾、褒扬及肯定。从少林寺碑铭可以看出，还有一些抗倭战役也是有少林寺僧兵参与的，但是到目前为止，在史籍中没有发现有记载，希望在以后的研究工作中可以发现更多关于少林寺僧兵的记载。

二、明代僧兵抗倭之缘由

自明朝肇建以来，东南之地迭遭倭寇蹂躏，尤以嘉靖年间为甚。据有关史籍记载，倭寇常以数十人的数量，登陆中国腹地，烧杀抢掠，官府一时间竟不能挡，被杀伤之军民数达四千余人，而彼时南京地区的常驻军力为十二万人[1]。此外，明史学者黄仁宇先生在其著作《万历十五年》中提到，16世纪中期，日本处在战国时代，没有统一的政权，战乱频仍，礼法、纲纪荡然无存；而我朝自太祖建元洪武以来，便是一个高度集权的国家，拥有名义上当时世界最为庞大的常规部队。按照正常的逻辑，应该是我朝军队越海攻击日本本土，而断不会有此等倭乱疲敝中国[2]。

如此高度统一的集权国家，如此庞大的国家驻军，面对类似流寇性质的军事威胁，何以要通过募集僧兵的方式平定倭乱。这一问题值得当下武术史、体育史工作者深思。

（一）从明代兵制的角度对僧兵参与抗倭缘由的考证

1. 明代兵制分析

根据程大力在《少林武术通考》[3]中的论述，史籍中载明的明代僧兵参与抗倭共有六次，地点分别在杭州、赭山、翁家港、白沙滩、叶榭镇、马家浜、六

[1] 张廷玉，等. 明史：第322卷 [M]. 北京：中华书局，2013：3962.
[2] 黄仁宇. 万历十五年 [M]. 北京：中华书局，2006：145.
[3] 程大力. 少林武术通考 [M]. 郑州：少林书局，2006：32-37.

里桥和巢门，时间是从嘉靖三十二年至三十四年，即 1553—1555 年，主要见于明人郑若曾的《江南经略》和《上海掌故丛书》。

郑公作为彼时浙直总督胡宗宪的军事幕僚，为其筹划海防，参赞军机，是明代嘉靖时期抗倭的亲历者，对整个抗倭的过程有深刻的体会和认识。其撰写的《江南经略》也是研究明代嘉靖时期僧兵抗倭的主要文献。但在《江南经略》和《上海掌故丛书》中，只记录了僧兵抗倭的过程，并没有僧兵缘何而参战的记载。

关于僧兵缘何参与抗倭的记载，见于郑若曾《江南经略·卷三·僧兵首捷记》的序言，"国家承平日久，民不习兵。东南文物之地，武备尤弛。嘉靖癸丑春，倭人猾夏，我祖宗之制，非奏请不得擅动军旅。有司仓皇不及以闻，权起民兵御之。"从这段记载来看，僧兵得以参战是因为倭患骤起，而东南沿海地区承平日久，营务废弛，又碍于明代兵制，一时间仓皇无可御，调用民间武装力量以做权宜之计。

不过在这段记载中最值得注意的是"我祖宗之制，非奏请不得擅动军旅"这句话。这牵涉明代兵制，兵制事关一个独立社会实体对内对外的所有军事行动，自然也就与僧兵作为临时募集来的部队能够成为战场主力有直接关系。因此，有必要对明代兵制进行检讨。翻检史料和现有研究明代兵制的成果，对这一方面记载和论述较为详细的是《明史》第 76 卷，第 1856～1873 页的内容，《大明会典》第 120 卷、121 卷和 135 卷的部分内容，吴晗的《明代的军兵》，解毓才的《明代卫所制度兴衰考》，以及崔瑞德、牟复礼的《剑桥中国明代史》。因《剑桥中国明代史》综合了上述史料和研究成果，所以本文关于明代兵制的论述，主要参考《剑桥中国明代史》。

在明朝统治中国的近三个世纪中，由两个等级组织系统构成其兵制，一为军事行政系统，二为作战系统。军事行政系统，以中央的五军都督府为最高形式，它与六部和督查院平级。在中央的五个都督府中，每个都督府都由一名正一品的都督、从一品的都督同知和正二品的都督金事主管构成，每个都督府分管全国不同的辖区，都督府在行政体系中的职责主要是军事专业技术问题、战地指挥和战术执行问题，而同级的兵部主管人事、补给、战略方针和军队的部署。再往下是省一级的都指挥使司，自 15 世纪以后，全国的各个省级单位共设 16 个这样的单位，每个都司由一名正二品的都指挥使、两名从二品的都指挥同知和四名正三品的都指挥金事节制构成，省级都指挥使司直接听命于中央的五军都督府和兵部，但从行政体系来看，它直接受五军都督府的领导。构成明帝国最基本军事行政单位的是卫，以及构成卫所的千户和百户，每个卫所由一名正三品的指挥使、两名从三品的指挥同知和四名正四品的指挥佥事节制构成；每个千户由一名正五品的千户、两名从五品的副千户和两名从六品的镇抚节制构成。按照明代编制的要求，每个卫所由五个千户所构成，每个千户所由 1120 名士兵组成，且被均分成十个百户，这样每个百户就由 112 名士兵构成，并设一名正六品的百户。

　　在作战系统方面，所有的正规作战部队皆来自卫所，当需要进行军事行动时，高级将领或在重要都府内任职的贵族就被任命为将军或者大将军率领部队，部队也会从各个卫所和京城的训练营中抽调，转到战地进行部署。战事结束后，将军或大将军交出临时指挥权，部队也回到原来的卫所继续服役[1]。

　　在帝国兵制中，另一个重要的部分就是武将与士兵的来源。根据史料和研究成果，在明帝国中，武将和士兵皆来自继承和世袭，继承主要针对的是武将，具备继承资格的人通常来自为开国皇帝和成祖靖难时期建立过殊勋的武将家庭。卫一级的所有武职皆可继承，被称为"世官"。但是卫一级的实际职务却没有明确的继承规定；而且如果一个父亲在任期间曾任卫一级的军官，但是后来累迁至更高级别的官员，除非皇帝额外嘉恩，否则他的嫡长子只能回到原来的卫所去担任其父最初的具体职务。如果没有嫡出的长子，那就由庶出的长子来继承；如果没有子嗣，那么就按由近到远的亲属关系来继承。如果长子未到服役的年龄，那么就按由近到远的亲属关系来代替继承，直至成年，再由其亲属交出权力。不过在交权之前，需要考核马术和箭术，通过考核方可正式履任。如若未能通过，则有一年的见习期，之后再经考核，如果届时仍未能通过考核，那么原先的继承者便有了建立功业的机会。

　　除此之外，继承并不是唯一服武职的机会，任何人都有可能因为战功而得到拔擢，同时武举考试也是一种方式，但主要的方式仍是继承制。

　　世袭主要针对的是普通士兵，帝国的户籍在开国时便被确立为民户、军户和匠户。那些在太祖皇帝肇建帝国和成祖靖难时期服过兵役的人会发现，当天下框定之时，他们被自动地登记为军户，并被分配到不同地区的卫所中。他们不需要服劳役，但是负有提供兵丁和参与战斗的职责。由于士兵的世袭方式与武将的继承方式相似，这一点不再赘述[2]。

[1] 崔瑞德，牟复礼. 剑桥中国明代史（下卷）[M]. 北京：中国社会科学出版社，2006：87-89.
[2] 崔瑞德，牟复礼. 剑桥中国明代史（下卷）[M]. 北京：中国社会科学出版社，2006：49-57.

2. 明代兵制的败坏对僧兵参与抗倭的影响

从明代军事制度的安排来看，无论是军事行政系统、指挥组织作战系统，还是武将和兵源的构成方式及目的，明代的兵制皆是为了维护王朝的承平日久，以及服从王朝对内镇压作乱，对外进行防御和征战所构建的。照理说，当16世纪帝国的东南部面对倭乱时，通过调集全国各地卫所的士兵组成成建制的部队开赴战场是体制内的应有之义，但为什么偏偏通过募集僧兵的方式（包括后来的戚继光抗倭也是采用募兵的方式）来进行军事斗争呢？

综合史料和现有研究成果来看，明帝国通过上述兵制维持一个庞大的常规兵力在表面上看似可行。但事实上，随着明代官员微薄的合法收入和中央政府为填补部队空缺而向地方武官不断地施加压力，这种制度的弊病就不断地显现出来。当找不到符合制度规定的兵源时，就出现了大量的强征现象。伴随这一强征的就是民间大量虚报和瞒报籍贯和人口的情况，以掩护亲属不被征召，而且在征召的过程中不断出现大量中途失踪和逃逸的现象，致使最后征召的人员大都为一些地痞流氓，根本无法履行制度。

同时，根据有关研究，这种兵制在明代不断恶化，卫所的生活质量十分低下，在役的士兵经常遭到虐待，沦为监军和武官的家奴，且时有上级武官贪污士兵粮饷的事件发生。最终大量的逃逸和在役士兵的质量低下，严重地削弱了帝国的军事实力，以致其在17世纪初面对蒙古和满洲不断南下侵扰时，卫所的部队只能承担起向北方边境线押运军用物资的使命。甚至在1449年"土木之变"时，就已经出现这样的记载："驱出城门，皆流涕不敢前，诸将领亦相顾变色。"因此，当卫所累积下来的弊病已经难以转圜时，政府便转而寻求民间更有战斗力的团体进行招募[1]。同时，导致这样的结果还有一个重要的原因：在帝制时代的中国，进行社会改革的最佳时机便是王朝初立之时，倘若祖训和成例一旦在王朝初期被确立下来，那么整个社会制度的运行就犹如铁板一块，后继之君就很难有在制度内施展和发挥的空间。那么当时间来到16世纪中期，倘若此时去改革兵制，对于皇帝和他的内阁来说显然不是明智之举。因此，寻求通过制度外的方式来解决有关问题，也就成为一种正常的逻辑。所以，自15世纪以来，募兵已然成为帝国平叛内乱、抵御外辱和征战的主要军事力量。而到了16世纪中期，当面对东南沿

[1] 崔瑞德，牟复礼. 剑桥中国明代史（下卷）[M]. 北京：中国社会科学出版社，2006：58-63.

海的倭乱之时，募集精通武艺的僧兵也就成为一种自然而然的选项了。

此外，清人胡文学在《甬上耆旧诗·卷十一·都督万鹿园公表》中有与郑公在《江南经略·僧兵首捷记》序言中类似的记载：

> 　　适倭乱起，东南日骚然，公念国家承平日久，士不识战，平生喜从方外游，惟少林释徒最善格斗，精悍可备缓急用，因尽与相接纳。至是，贼猝犯赭山，当事仓皇无可御，俱问策于公，公乃精选所识僧，得二百人，使少林释孤舟统，以出，薄贼营，纵火箭击之。贼败走，复乘胜破之。

这段记载至少可以说明两个方面的问题：一是僧兵精通武艺，可资御倭之用；二是僧兵的确是通过政府行为募集而来的，是受到官方许可的，这就印证了《剑桥中国明代史》中募兵来源和募兵在国家军事体制中地位的说法。同时，尽管胡文学是清朝人，但清朝毕竟是距离明朝最近的朝代，对明朝的情况应该最为了解，清朝人对明代文献资料的收集也最为近便，因此胡公的说法应该较为可信。

整体而言，从明代兵制的角度来看，16世纪中期，僧兵得以参与抗倭，主要是因为明代基层兵制，即卫所制度的弊病在15世纪中期就已经到了无可挽回的地步，加之王朝的制度本身缺乏灵活性和改革的可能性，使国家无法从体制内调集军队进行抗倭，不得不转而通过募兵进行相应的军事回应。至于郑公为何在《江南经略·僧兵首捷记》序言中说"我祖宗之制，非奏请不得擅动军旅"，而没有直接提到兵制本身的弊病，本研究以为这是一种隐晦的表述。郑若曾是明代人，又是作为参与抗倭的官方代表之一，要保证自己政治立场的正确性，因此不方便直接点明明代兵制的缺陷所在，所以用了这样一个比较笼统和含糊的说法一笔带过。

（二）从国家组织能力下降的角度对明代僧兵参与抗倭缘由的考证

通过上述考证，已经确定明代兵制的弊病是导致僧兵得以通过募兵的方式参与抗倭的重要原因，但是，这里仍然存在一个问题，即黄仁宇在《万历十五年》中曾提到的，明代是一个高度中央集权的国家，被一个极富组织性的文官集团所统治，按照当时的经济规模计算，明代约为日本的十倍左右。十倍于对方的经济实力，何以不能转化为国家能力，在面对倭寇对东南沿海地区频繁滋扰时，始终不能够依靠国家力量，通过组织体制内的兵力执行作战任务，而要借助募集僧兵的方式来实现相应的军事目的。

本研究认为，这其中更深层次的原因是由于明代中央与社会基层脱节，致使中央政府在社会经济发展中组织和动员能力持续下降，并由此为僧兵参与抗倭提供了另一个重要的历史契机。关于明代国家组织能力的下降，根据目前掌握的史料和既有研究成果表现在两个层面：其一为制度设计层面；其二为社会经济层面。

1. 明代政治制度的弊端对僧兵参与抗倭的影响

明代政治制度的一大特征是"官"与"吏"的分离。事实上，"官"与"吏"的分离自唐宋以前就已出现，至明清时期，这种政治格局被进一步确定。这里的"官"指的是通过国家正规选拔渠道产生的文官。而吏则专指"胥吏"，其产生于魏晋以来"中正法"和"役法"的败坏。根据"中正法"和"役法"的规定，九品以上的官员无涉徭役，九品以下的胥吏则有其义务。但是由于胥吏也处于国家行政体系之中，到了晚唐时期，其已经不再是徭役的实际承担者，而成为协助基层衙署处理政务的职业公务人员，其实就是基层事务的承包人。

在这方面，北宋王荆公在《上仁宗皇帝言事书》中对此有深刻的论述：宋以前的中国政治和社会生态的现状是学术与政治分离、文治与武功分离、官与吏的分离。这导致基层财政、司法、税收和军事皆操于胥吏之手，以致国家权力无法介入，遂造成国家的权力从基层之中抽离，几乎失去了组织、调控社会的能力。王荆公的这段话，指出了两宋以前中国政治制度中存在的主要问题，并明确说明了这种制度所导致的严重后果。

宋以前，朝廷选拔官员主要以文辞见长，而非经世致用之实学。通过科举考试选拔出来的官员，个个口若悬河、文采灿然，这种状况尤以明代"八股取士"为甚。彼时的士大夫阶层，既不通金融财政，亦不务刑事司法，更不用提兵事了。对此等经世致用之学，嗤之为"俗务"。对此，晚清学者魏源有深刻的体会：工骚墨之士，以农桑为俗务；而不知俗学之病人更甚于俗吏。托玄虚之理，以政务为粗才，而不知腐儒之无用更甚于异端……自古有不王道之富强，无不富强之王道……使其口心性，躬礼仪，动言万物一体，而民瘼之不求，吏治之不习，国计边防之不问，一旦与人家国，上不足以治国用，外不足靖疆圉，下不足苏民困[1]。既然朝廷选拔的官员不通此等"俗务",但是俗务又不得不有人来做,如此一来,这些官老爷们就雇佣一批人助其襄理文墨,代其处理日常政务。晚唐以来在地方基层形成的胥吏集团,顺理成章地填补了这个空缺。长此以往,这些"代行政务之人"就在社会基层中形成了稳定且势力强大的利益集团。而且,根据宋、明、清时期王朝的制度安排来看,凡通过国家正式考核选拔出来的官员是有流动性的;而胥吏并非通过这样的方式产生,因此,终其一生,基本上只在同一地方服膺。其产生方式又是父子相传、师徒相继,这样就进一步促进了胥吏的势力在地方的稳固[2]。

同时,促使胥吏阶层形成并进一步稳固的另一个重要原因是宋朝以前,在政治制度的架构上由于对地方官员权利的过分限制,使地方官员几乎处于无权状态,导致国家在基层出现权利真空,而胥吏阶层由于其所署理政务之特点,恰好填补了这一空白。关于这一点,南宋著名政论家、思想家叶适有精辟的论述:"今也,上之操制官司,又甚于官司操制州郡,紧紧恐其擅权自用。或非使不得巡历,或巡历不得过三日,所从之吏卒,所批之券食,所受之礼馈,皆有'明禁',然则朝廷放监司之不暇,而监司何以防州郡也。"叶适的这段话,其实就是在抨击由于宋以前的中国政治制度对地方官员的过分约束,反而使胥吏阶层掌握了国家基层的政治制度之缺失。

此外,关于这一方面,更值得注意的是明代的史籍和相关学术成果。在《明太祖实录》第 179 卷第 2704 页、第 252 卷第 3643 页,《明仁宗实录》第 1 卷第15～17 页,以及明代陆容的《菽园杂记》中记载了明初税收的情况和这一时期南方地区的欠税行为,以及政府的相应举措。对此,《剑桥中国明代史》不仅录入了这些史料,而且对明初税收状况和由此反映出的制度问题做了详细的论述。

在面对南方地区变相的欠税问题时,《剑桥中国明代史》有这样两段论述:

"它们表明,到 15 世纪的第二个 25 年,明廷由于地方地主利益的存在,已经丧失了征收欠税的大部分权力。减税是容易实施的,但以后实行全面的增税就要难得多了。"[3]

"政府不能维持对这些财产现行的税率,这说明它对地方行政的控制已经变

[1] 钱基博. 近百年湖南学风 [M]. 北京:中国人民大学出版社,2004:13-14.
[2] 韩毓海. 五百年来谁著史——1500 年以来的中国和世界 [M]. 北京:九州出版社,2011:203.
[3] 崔瑞德,牟复礼. 剑桥中国明代史(下卷)[M]. 北京:中国社会科学出版社,2006:97.

得多么松弛。"[1]

结合史料和上述论述，说明至少在明朝立国后的 70 年左右，王朝对地方的控制就已经出现松动，且伴随地方士绅阶层的势力不断壮大，政府对社会基层失控的状况愈演愈烈。同时，税收政策作为政府调控社会经济的重要权力，在此时已然丧失，这也凸显出明王朝对社会基层的控制和组织能力已经退化到何种地步。

同时，根据《剑桥中国明代史》的另一段论述，亦可得出类似的结论，"政府简直没有发展起使自身得到新生或改组自身的组织力量，皇帝的专制权力在某些领域中依然是不容挑战的……但这种专制权力不易用来实现税率和征税机构的改革，因为这些工作需要广泛地组织和技术支持。明代制度缺乏这种支持"[2]。这就是说，从明代制度的安排来看，本身就不具有在制度上进行大幅调整的可能性。这段论述充分反映出两个问题：一者，明代制度的安排决定了其必然延续唐宋以前胥吏集团操控基层的历史；二者，明代制度本身缺乏使王朝超越这种束缚的机制。这就从根本上决定了明代国家组织能力必然进一步下降。

由于"官"与"吏"的分离，最终形成了唐宋以前中国官僚政治的奇特现象：国家实际之政权皆操于胥吏之手，改革者如王安石、张居正等，其改革最终失败或者说事与愿违，究其原因，正是他们的根本目的都是反封建，加强中央集权，提高国家税收，扭转国家能力持续下降的颓势。但是，这些改革无不与"胥吏"的利益发生激烈矛盾，最终导致改革失败。因此，明代国家组织能力的下降，从制度安排的角度来看，首先是"官""吏"分离的政治格局导致国家从基层全面退出，使国家丧失对社会的有效控制；进而在面对外部军事威胁时，国家无法通过制度的安排，从政治上发挥其本该具有的组织和动员功能，从而只能依赖地方督抚和胥吏合作，通过募集民间可资利用的武装力量或团体，以地方和民间为主导，进行军事斗争。

2. 明代中央政府社会经济调控能力下降对僧兵参与抗倭的影响

明代中央政府社会经济调控能力下降，主要表现为白银的货币化，而白银的货币化也成为困扰明代中央政府力图从经济层面提振国家组织能力屡屡受挫的主

---

[1] 崔瑞德，牟复礼. 剑桥中国明代史（下卷）[M]. 北京：中国社会科学出版社，2006：98.
[2] 崔瑞德，牟复礼. 剑桥中国明代史（下卷）[M]. 北京：中国社会科学出版社，2006：98-99.

要症结所在。

白银在明代能够最终实现货币化，究其原因，是在明代社会中，胥吏是白银的主要掌控者之一。由于胥吏是从"中正法"和"役法"的败坏中产生的，不能算作国家正式官员，朝廷并不给予其薪俸，所以就不得不借助其他手段敛财，并且国家对胥吏阶层通过其他手段敛财也持一种暧昧态度，往往是睁一只眼闭一只眼，这就更加助长了胥吏通过各种渠道大肆敛财的风气。其中胥吏与买办的结合是其获取利益的重要方式。买办商人主要通过在国际贸易中充当中介渔利，而彼时的贸易主要借由白银作为货币结算单位。因此，胥吏和买办就自然成为白银的最直接掌控者。但是，掌握着白银的胥吏和买办只有将其作为交换媒介和征税工具的地位确定下来，进而控制白银贸易和银价，才有可能实现利益最大化。

然而，中国历来都是一个银矿贫乏的国家，白银的获取主要通过对外贸易。中国在明代白银进口的证据见于明崇祯十年（1637 年）刊刻的西方传教士艾儒略的《西方问答》[1] 中：

> 中方问艾儒略："敝邦所用银钱，皆来自贵邦，不识何若是之多也？"
> 艾儒略答："西来诸商，与贵国交易，每岁金银不下百万，其所从来，有出于敝地址矿者，亦有海外亚墨利加（美洲）所出而进者。盖其地之矿，广而且腴，计十分之土，金银六七分也。大西近海一国，每岁所入，亦不下数百万。"

艾儒略在《西方问答》中明确说明了明朝通过贸易从美洲进口白银的事实。明代中央政府并非没有看到这样的问题，但遗憾的是，由于制度安排的缺陷，致使国家对社会基层失控。同时，又由于胥吏阶层和白银的利益关系，使得明朝政府企图通过发行"宝钞"向白银宣战，以求达到管控社会经济发展的目的未能实现，并最终向白银妥协，承认其作为主权货币和征税工具的地位。韩毓海在《五百年来谁著史——1500 年以来的中国和世界》中就指出了这一点，他说："隆庆元年（1567 年），穆宗朱载垕颁令：凡买卖货物，值银一钱以上者，银钱兼使，一钱以下只许用钱。这条法令的重要性在于，明朝政府首次以法权的形式

---

[1] 韩毓海. 五百年来谁著史——1500 年以来的中国和世界 [M]. 北京：九州出版社，2011：172.

肯定了白银的合法地位，并将白银作为主权货币予以固定。"[1]

所以，一方面是国家以法权的形式肯定白银作为主权货币和征税工具的事实，另一方面是作为主权货币和征税工具的白银大量依赖进口。这其实就等同于将发钞权委于国外。发钞权的丧失，意味着主权的丧失。因此，国家基本失去了调控和组织社会的工具和手段，国家成了名义上的国家，由此带来的结果是明代社会在经济领域的全面市场化，国家意志不能通过行政手段得到贯彻，只能任由胥吏、买办构成的那只看不见的手来操纵市场、控制基层，从而更加被动地从基层单位中抽离出来，丧失对社会基层的组织能力。

最终，整个明代，由于白银货币化的问题，致使国家基本丧失了调控社会经济的能力，无法通过行政手段有效地对市场实施干预，从而将经济增长转化为国家能力。与此同时，由于政治制度的弊端，明代中央政府在此种情况下又要面对一个上下脱节的社会。这就从政治制度和社会经济两个层面削弱了明代国家对基层的组织和动员能力。当明朝在面对 16 世纪中期东南沿海倭寇的军事威胁时，倘若通过政府寻求在制度内开展组织和动员工作，完成后勤的保障、兵力的集结和投送，那么其结果必然是松散、迟滞，缺乏组织和纪律性的，亦必然难以在一定时期内达成既定的战术和战略意图。况且，由于明代军事制度安排中产生的问题，已经导致募兵成为 15 世纪以来国家的常态化行为。那么，在这样的情况下，即"明代国家组织能力下降"和"兵制败坏"的双重作用下，寻求通过募集更有战斗力的僧兵来进行相应的军事回应，也就成为彼时政治制度弊端和社会经济发展状况导致的一种必然的国家行为。

（三）从明代政治文化传统的角度对僧兵参与抗倭缘由的考证

除上述两方面构成明嘉靖时期僧兵参与抗倭的原因之外，政治文化传统亦有可能对明代僧兵参与抗倭产生影响。因为，在传统中国社会，凡遇军国大事，皆有从传统政治经验中寻求解决现实问题的习惯。因此，嘉靖以前的各朝累积的政治经验很有可能成为促使僧兵参与抗倭的另一个重要原因。

1. 明洪武朝的礼佛传统对嗣后僧兵参与抗倭的影响

明代朝廷与僧界互动频密，自洪武朝开始便已有之。其中，《明太祖文集》

---

[1] 韩毓海. 五百年来谁著史——1500 年以来的中国和世界 [M]. 北京：九州出版社，2011：166.

卷八中的《心经序》记载了明太祖朱元璋对佛教的态度：

> 俄西域生佛号曰释迦，其为佛也，行深愿重，始终不二，于是出世间脱苦趣，"其为教也，仁慈忍辱，务明心以立命，执此道而为之，皆若此利济群生"，今时之人，同知佛之所以，每云法虚空而不实，何以导君子，训小人，"以肤言之，则不然"，佛之教实而不虚，正欲去愚迷之虚，立本性之实，特捉身苦行，外其教而异其名，脱苦有情。

《心经序》的这段记载，反映出朱元璋对佛教教义的肯定态度，并且认为佛教追求的理想，具有导人向善、训诫小人之行为的功能。

同时，太祖朱元璋在建立明朝之后还设立善世院，确立体系完备的僧官制度，以管理全国寺院。明代宋濂的《宋学士文集·銮坡集》卷五"壁峰金公设立塔碑"中就有这方面的记载，"及我皇上正位哀极，隆兴佛乘，开善世院于大天界寺内，置统领、副统、赞教、纪化等员，海内诸山悉隶之，检选有禅行涉资级者，俾为之主"。这段记述说明，在明初即有僧界人士出任国家权力机构内官职，这不仅使僧界的权力较之前代进一步加强，也大大提高了明代僧人的社会地位，扩大了僧界的社会活动范围。

明朝初年尊佛礼佛传统的形成，僧人权力的空前加强，社会地位的进一步提高，在明代社会中为僧人更深层地介入国家事务营造了相对宽松的环境，这样的社会状态对明代僧兵参与抗倭起到了助推作用。

2. 明建文朝僧人参与军事行动的史料分析

相较于洪武时期，僧人在建文时期的作用更为显著。

明代幻轮《释氏稽古略续集》中记载，"及帝转战山东、河北，在军三年，或旋或否，战守机事皆决于道衍。道衍未尝临战阵，然帝用兵有天下，论功以为第一"。根据记载，尽管道衍"未尝临战阵"，但是其参赞军机、运筹帷幄、决胜千里的功勋确是无疑。

此外，根据杜常顺博士论文《明朝宫廷与佛教关系研究》的论述，清代钱谦益在《牧斋初学集·吕讲经传》中记载了"靖难之役"中另一位僧人智寿建立殊勋的事迹，兹录如下：

> 吕讲经者，名智寿，字松岩……洪武元年，年十六出游山东之齐河

县建定慧寺。十五年领符牒于京师，遂主其众。庚辰岁（按即建文二年）靖难兵起，太宗幸济南，寿朝见，请从军自效，奉敕募兵五千人，号"敢勇忠效军"……横刀跃马，身先士卒，所至功为多。靖难兵罢，悉缴上钦赐银币钞锭，请返僧服。诏同衍禅师住庆寿寺，管北平府僧纲寺副都纲事。永乐元年召赴南京升僧录司右觉义，旋升右讲经，诏住持能仁、鸡鸣、天禧三寺[1]。

僧智寿从戎经历的记载，反映出彼时明朝对待僧兵、对待民间武装力量的态度，诚可谓"尽用之"。不仅"战守机事皆决于道衍"，而且"横刀跃马，身先士卒，所至功为多"。这比起洪武朝在尊佛礼佛上又进了一步。说明在明初，亦有官方将民间僧人作为武装力量协助其实现军事目标的成例。

3. 明代中后期僧人参与军事活动对嗣后僧兵参与抗倭的影响

从目前掌握的史料来看，明初形成的僧人参与官方军事行动的成例，在明中后期同样得到了延续。

如清代赵翼的《陔余丛考》第 41 卷载："明成化中，刘千斤之乱，康都督募紫微山僧惠通剿之，通直入贼营，独与千斤斗，千斤乃降。"从这段记载中可清楚地了解到紫微山僧人参与平定明成化时期的刘千斤之乱。虽然赵翼是清朝人，生活的年代与明成化时期相距近 250 年。但是清朝紧接明朝，是距离明朝最近的朝代，对明代的社会状况应该比较了解；而且，赵翼作为清代的大史家，治史可谓严谨。因此，《陔余丛考》中的这段记述应该具有较高的可信度。

此外，《明史·史记言传》中记载了明崇祯年间少林寺僧抵御流贼的事件，内容如下：

陕当贼冲，记言出私财募士，聘少室僧训练之。八年冬十一月，流贼犯陕，记言御之，斩数十级，生擒二十余人。老回回愤，率数万人攻城，不克，乘夜雪来袭，而所练士方调他郡，城遂陷。

根据这段记载，该事件发生在明末的崇祯年间，从某种程度上看，其实是对嘉靖以来使用僧兵的延续。通过这一记载，可以看到，从明初至明末，僧兵参战

---

[1] 杜常顺. 明朝宫廷与佛教关系研究 [D]. 广州：暨南大学，2005：46-47.

的情况始终不绝，这也在一定程度印证了嘉靖时期僧兵抗倭是对前朝政治传统的延续。

综上所述，明初洪武、建文、永乐三朝确立的礼佛和僧人参与军事行动的成例构成了明代的政治传统，且这一传统贯穿整个明代。同时，在中国古代，祖训或者前代帝王留下的传统具有类似今天宪法的性质，不仅能够对后继之君的行为构成一定的约束，亦能为其施政提供参照。这样的例子在中国历史上屡见不鲜。因此，嘉靖时期的僧兵抗倭，应是当国家在面临类似的问题时，明代官方受传统政治文化的示范性影响，对以往政治经验的遂行。

三、僧兵抗倭之具体情况

僧人分为两种：一种是研习经文的僧人，另一种是在研习武术中寻找佛法佛缘。对于少林寺的武僧来说，吃斋念佛不是有血性的武僧所为。当外敌来袭时，保家卫国是明代少林寺武僧选择的道路。少林寺僧兵的事迹相传至今已家喻户晓。少林寺的两通碑刻也可提供有力的证明：

> 先年，上司调遣寺僧随征刘贼、王党、师尚照、倭寇等，阵亡数僧，屡有征调死功，情实可哀，仍令操练听调。（《河南府登封县为乞怜分豁丈地均粮以免逃窜事碑》少林寺石刻，万历九年十一月廿七日）
>
> 嘉靖间，刘贼、王党及倭寇并师尚照等倡乱，本寺武僧屡经调遣，奋勇杀贼，多著死功。（《钦差督理粮储带管分守河南道左参政房批示碑》少林寺石刻，万历二十三年八月十四日）
>
> 禅师讳洪泽，字天际，河南登封人。剃染少林寺，有金牌随身，常国公族也……嘉靖间，师兄天圆奉旨剿倭入吴，际因居灵岩。（释殊致：《灵岩纪略·内篇下·天际禅师》）

以上可知，朝廷对少林寺有政策的支持，那少林寺也会对政府有相应的义务，比如在外敌入侵时派遣僧兵，保家卫国。

僧兵因其多习练武术，成为战场上的精兵。《明史·卷九十一》记载："又僧兵有少林、伏牛、五台。倭乱，少林僧应募者四十余人，战亦多胜。"

《云间杂志》云："按院蔡公可泉召少林僧兵百余人，其首号月空，次号自然，傍贼结营。一贼舞双刀而来，月空不动，将至，身忽跃起，从贼顶过，以铁棒击碎贼首。于是，贼气沮。"僧人月空是研究抗倭僧兵历史中的重要代表，他技艺高超，所向无敌，杀敌无数，是真正的民族英雄。

据郑若曾《江南经略·卷八下·僧兵首捷记》记载，嘉靖三十二年（1553年），杭州被倭寇入侵，郡守孙公在寺院招募了200多名僧人，还在涌金门设宴赌酒，来测试僧人的武术本领。"既集，暗置教师八人，促鹿园召高僧一人敌之。鹿园请孤舟，孤舟不知其何说也，扬扬而来。八教师从傍跃出，各持棍乱击孤舟。孤舟一无所备，以偏衫袖却棍，一棍为袖所裹，信手夺之，反击八人，八人应棍而倒。三司击节叹赏。"僧兵的高超武艺震惊四座，随后在倭寇屯聚鲜山，准备攻打杭州城时，40多名僧兵就把倭寇击溃。

有一名叫天员的僧人，因武艺超群也在郑若曾《江南经略·卷八下·僧兵首捷记》中记录："八人暴以拳拳天员，天员时立露台。八僧自挥下历阶而上，天员见之，即以拳挥却，不得上。八僧走绕殿后，持刀从殿门出研天员。天员急取殿门长门横击之，众力不得近，反为天员所击。月空降气求免，十八僧遂伏地称服焉。"由此，天员成为将领，带领84名僧兵和月空带领的18名僧兵一起保卫杭州城。

僧兵虽有高超本领，但也注重保护自己。作为僧兵将领的天员，没有因僧兵武艺高超而轻敌，在普照寺制造工具，用智慧领兵打仗，真正做到以一顶十。

"密雇皮工造皮甲，竹工造毛竹甲。皮甲在内，竹甲在外。铁工造钢叉二十四把，钩枪二十四把，铁棍一十二条。密与松江府取靛青，佩诸身畔，封固刹门。分为十营，定派兵器而演。"

通过正确的战术运用，使战争能早日结束。僧兵在抗倭斗争中也运用兵法中的精妙战术，通过智慧的运用，做到减少伤亡。例如，翁家港之战，天员率领僧兵抗倭："天员率僧兵二十五骑前哨，众兵继之。倭贼登屋瞭望者二人。天员率诸哨骑为先锋，月空等排阵于后。"（郑若曾《江南经略·卷八下·僧兵首捷记》）行兵列阵，收放自如。

"见贼下屋，天员心觉其设伏，即冲前堵杀，不容埋伏。贼忙迫换计，裹衣包为八扛饵我兵。天员下令曰：如有抢倭财物妨误大事者，斩。众骑不敢有所取。"（郑若曾《江南经略·卷八下·僧兵首捷记》）立场坚定，不贪恋财物。

"月空、无极横列阵为长蛇之形，韩都司、王守备等继其后，相离百余步。

阵法：两人持长枪，夹一钩枪手于其内，稍退一步。钩枪之傍，长枪之后，铁棍砍刀相间而列，弓弩火器左右参错。阵形既定，各嚙靛花一丸于口。"（郑若曾《江南经略·卷八下·僧兵首捷记》）协同作战，交相呼应。

"交锋，无极摧阵，呼伽蓝三声，大喊杀、杀。长枪手奋勇前戮，贼舞刀乱砍，钩枪手随长枪而进，从隙钩贼之足，箭手发射，铁棍随钩枪而进，击死钩倒之贼，刀手继之。贼一面欲支长枪，又欲却箭，不虞钩蛇循地而至，不能更顾其足也。"（郑若曾《江南经略·卷八下·僧兵首捷记》）僧人技艺高超，此乃正义之战，必胜。

在作者看来，通过运用鬼斧神工的战术，僧兵的高超技艺和他们之间的紧密配合，全歼倭敌是意料之中，不禁感叹："然观于翁家港之捷，天员智谋纪律有古名将之风，不特技艺之绝人而已。"（郑若曾《江南经略·卷八下·僧兵首捷记》）

通过此次战役，终结了三十七连败的颓势，大振我军士气。首次大捷使百姓坚定了胜利的决心。但是战役中的伤亡是不可避免的，了心、彻堂、一峰、真元四名僧人为国捐躯，"义僧彻堂、一峰，苏门人；真元，楚人；了心，杭人。月空其师也，居虎跑寺"。（冯恩：四义僧舍利碑铭记，见黄宗羲《明文海·卷四百六十七》）

僧兵为国捐躯战死沙场，在其他史书中亦有记载：

> "嘉靖癸丑，倭初至海上，屯下沙镇……后贼埋伏草房中，缚人妻女，令其夫给僧，讹指他路，贼追至，杀数僧，僧遂去。"（《云间杂志·卷上》）

> "任公环勒兵战于叶谢镇马家洪，斩获颇多。援兵不继，僧大有、西堂、天移、古峰等二十一人死焉。"（郑若曾《江南经略·卷四下》）

倭寇横行在明朝初年就已经出现，嘉庆年间最为严重。"国家初平，海内所歼灭群雄方若张皆在海上，故部党通诛不能出者，则窜而之海岛，纠群倭入寇掠，以故警之发乃在开国味《高皇帝录》载洪武二年，倭犯山东、淮安。明年，犯浙东、福建。其五年，寇我橄浦，杀略人民。"（顾炎武《天下郡国利病书·浙江备录·海盐县志》）

随着时间的推移，明朝的倭患越来越严重，朝廷军队已经无法控制局面，只好想尽办法来增加兵员。

对于僧人来说，杀戮是不应该的，佛法教引向善，但是随着倭寇的侵扰，民不聊生，生灵涂炭，吃斋念佛赶不走入侵者。

佛教的宗旨是教人向善，自东汉以后，百姓多信奉佛教，烧香拜佛，祈求平安，朝廷对佛教徒多是加以笼络，有些皇帝更是从信佛教，大肆修建庙宇，让佛教徒既信佛又维护朝廷，人心稳固，维护统治，一举两得。唐代有如下记载：

> "（会昌六年）宝应寺改为资圣圣，青龙寺改为护国寺，菩提寺改为保唐寺，清禅寺改为安国寺。"（《唐会要·卷四十八》）

从寺庙的名字就可以看出，朝廷是以维护统治施以礼佛的用心了。

僧兵的出现最重要的原因是朝廷政权的需要。明朝也是如此，在下面两则敕文中也可以看出其维护统治的目的：

> 《明神宗皇帝赐藏经敕》："皇帝敕谕普陀山宝陀禅寺住持及僧众人等。朕惟佛氏之教，具在经典，用以化导善类，觉悟群迷，于护国佑民不为无助……"（秦耀曾《普陀山志：卷十四》）
>
> 《明万历御制重建普陀寺碑》："朕仰承慈谕，首捐内帑。其自朕躬而下，悉输诚发愿，以次助施。遣官督建，迄今落成，而圣母喜可知也，因题额名'大明勅建护国永寿普陀禅寺'。"（工亨彦《普陀洛迦山志·卷五》）

以护国之目的礼佛，以上两篇敕文中均有提到。

因此朝廷兴修寺院、拨款、给予名号，是要利用礼佛来掌控人心。政府给予财政支持，相应的寺庙也会应朝廷的要求替朝廷办事。僧人自己也会对自己有要求，比如，报效国家、报效朝廷，因此才会对朝廷的招兵予以响应。

在特定的时期，抗击敌寇是特定时势的需求。明代中后期，江浙地区的倭寇问题日益严重。"铅海备不复设，碎闻变，皆望风奔溃。""军政日益废纪，丁壮困诛求，屯田苦兼并，诸隶卫尺籍者率通逃亡耗居半，其仅存者伍，亡虑皆楞腹篓人，倚月粮以糊其口，又不能以时给……卫所军之不可复驱以即戎，无论淮以南，即天下犹是矣。"（顾炎武《天下郡国利病书·扬州府备录·兵防考》）没有练兵的军队和敌寇抗争，没有半点胜算。

处在内忧外患的局面下，朝廷不能把所有兵力都集中对付倭寇，其他地区的国防安全依然严峻，兵力短缺是棘手问题。因此，朝廷便招募僧兵来缓解兵源短缺的问题。

抗倭名将胡宗宪在其《筹海图编·卷十一·僧兵》中有言："今之武艺，天下首推少林；其次高伏牛，要之伏牛诸僧，亦因欲御矿盗而学于少林者耳；其次高五台，五台之传本之杨氏，世所谓杨家枪是也。之三者，其刹数百，其僧亿万，内而盗贼，外而夷狄，朝廷下征调之命，蔑不取胜，诚精兵之渊薮也。"朝廷也希望少林寺的武僧能用高超的武艺抵抗倭寇。

僧人清修需良好环境，当静心修行之环境被打破，且无法生存时，吃斋念佛就变得没有意义了。倭寇在东南沿海浙江、福建一带横行，僧人生活越发清苦，甚至会性命不保：

> 本空名圆献，余姚人。嘉靖间，卓锡普陀，精专五戒，悟空五蕴。遭倭变，朋徒西窜，遍归姚江玉皇殿聚徒薰修。隆庆间，总督刘公迎回山中，居西天门之圆通庵，梵修益虔，远近闻风者莫不奉为金仙，尸之祝之，塔在西天门左。（工亨彦《普陀洛迦山志·卷七》）

> 嘉靖癸丑，岛夷犯顺，据（宝陀禅寺）为巢穴，轩构摧纪，缁锡解散，国朝敕赐碑文俱断裂仆海中，所仅存者独圣寿寺琉璃、无量等殿，梵音虚寂、鼎篆尘芜者垂数年。（工亨彦《普陀洛迦山志·卷五》）

> 嘉靖末，洛迦山普陀寺毁于倭，而大士像独巍然烈焰中，此即唐时倭使所迎及莲花洋而舟阻，因供奉于山，世传不肯去观音是也。（工亨彦《普陀洛迦山志·卷五》）

> 瑞祥寺：在汤山上，去顶百余步，旧址在顶上，火于倭变。（李碻《乍浦九山补志·卷四》）

> 报恩东岩教寺：嘉靖间，僧宗祥、定澄相继修建，佛殿及两廊壬戌寇毁。（汪人经《兴化府莆田县志·卷四》）

> 灵岩广化寺：嘉靖戊午重修，其法堂、方丈、溪声阁·库堂、香积等处俱被壬戌寇毁。（汪人经《兴化府莆田县志·卷四》）

> 万寿宫：玉皇殿，嘉靖壬戌寇毁。（汪人经《兴化府莆田县志·卷四》）

以上几则材料表明，僧人已经没有可以安心修行的环境了，一些寺庙也毁坏在倭寇手中，倭寇并没有礼佛的习惯，对待僧人和百姓采取烧杀抢夺的方式。被害得家破人亡，直接导致有些人出家为僧："勉庵法师，讳如幻，俗姓刘，福建莆田人。幼业儒，年十四即列诸生。十九岁时，倭夷寇闽，父母俱丧于兵。师大泣曰：'人命固如是乎？何恋恋乡井为？'"（释德清《憨山老人梦游集·卷十五·三角山勉庵幻法师塔铭》）勉庵法师就是倭寇祸患的受害者之一。因此，一些僧人愿意拿起武器走向战场，抗击倭寇也就不难理解了，国仇家恨让本应该传佛礼佛的僧人走向战场，也是一种悲哀。

倭寇横行后，僧人们失去了精研佛典的寺庙，又要缴纳沉重的赋税。在没有倭患的时候，僧人是免于缴税的，但是朝廷为转嫁剿寇负担，增加赋税，赋税的征收开始面向僧人。

> "嘉靖四十二年，闽省兵兴，军储告匮，军门议将各寺田产，扣除迷失崩陷外，每实田十亩，扣抽六亩充铜，四亩还僧。按寺田四六充铜，实出军兴权宜之策，后沿为例，遂不可更，故随时斟酌不同。"（顾炎武《天下郡国利病书·福建备录·兴化府志》）
>
> "万历二十三年，户部据抚臣题覆僧田每亩定征银一钱二分。二十五年，巡抚金学曾以倭警，议增兵铜。以旧例，虽四分焚修，然寺大田多者，所得利尚厚，下所司议寺田除二千亩照旧四六给，其余悉按亩征铜银一钱二分，惟田不及二千亩者，仍其旧。所征铜倍于异时，而寺田累极矣。"（顾炎武《天下郡国利病书·福建备录·漳州府志》）

赋税沉重，本来修行清苦的僧人生活变得更加难以为继，有些寺庙如"在县署西北，石晋天福间建。明嘉靖间议弩寺助军需，潘恭定恩捐资赎留"。（应宝时等《周治上海县志·卷三十一》）上海广福寺被拍卖了。连寺院都没有了，僧人只能被驱散。

所以，僧人愿意走向战场抗击倭寇一方面是保家卫国，另一方面是因为生活难以为继，必须要把倭寇赶走，百姓和僧人才能过上正常的生活。

四、僧兵抗倭之文化意义

嘉靖时期，僧兵能在抗倭战争中勇于承担责任，共赴国难，可以归纳为两个原因。

1. 佛法护国思想对僧人影响深远，所谓念佛不忘护国，促使僧兵奋起护国护教

佛教思想中，有专门的护国思想。护国即藉教法镇护国家之谓，亦指止国难、降服怨敌、安泰国家而讲读经典或修法，这是源自《仁王护国波若波罗蜜经》及《金光明最胜王经》的思想信仰。我国历代王朝常有仁王法会之设，大都依本经所说仪规建立道场，讲颂本经，以图镇护国家，祈禳灾变。另外，佛教也是一种解脱的宗教，要把人们从现实人生痛苦中解救出来。战争让百姓处在水深火热之中，佛法让僧人对国家和百姓的怜爱之情更加深重。因此，"杀敌"与"戒杀生"并不矛盾，对于倭寇的疯狂侵扰，只能用武力去驱逐它，这其实也是积善行德的菩萨救世行为。

2. 僧兵在历史上有着报国护国的传统

隋朝末年，天下大乱。李渊、李世民起义于太原，能任用贤臣，安抚百姓。而占据洛阳等地的王世充却统治残暴，不得民心，少林武僧志操、昙宗等人执其侄王仁则归于李世民，迫使王世充投降大唐。李世民对少林武僧评价甚高："王世充叨切非据，敢违天常。法师等并能深悟几变，早识妙音，擒彼凶孽，廓兹净土。闻以欣尚，不可思议。"少林寺的僧兵通晓大义，支持李世民政权，这也是爱护百姓、守护国家之举。北宋靖康年间，五台山僧人真宝与其徒习武事于山中，积极参与抗击金兵。宋钦宗听闻后，召见真宝于便殿，对其嘉奖赏赐有加。并命真宝还山，组织僧兵队伍以抗拒金兵。后来金兵大至，真宝率领僧兵与之"昼夜苦战，寺舍尽焚。为金所得，诱劝百方，终不顾……怡然受戮"。金兵在灭亡北宋时奸杀掳掠，大肆破坏。真宝等僧兵为抗金捐躯，亦属于保护百姓、守护民族的正义之举。嘉靖时期倭寇在我国东南沿海纵横肆虐，僧兵作为大明子民，在历史上又有着报国护国的优良传统，抗倭保国实属其义不容辞。

第二节　僧兵参与的其他武事

一、明代僧兵的戍边事略

明朝，少数民族叛乱对朝廷的影响巨大。正德年间，朝廷一直受蒙古贵族的入侵；西南地区少数民族叛乱，也加剧了社会动荡。明朝初年，朝廷先后设立了

"辽东、宣府、大同、延绥四镇，继设宁夏、甘肃、蓟州三镇，而太原总兵治偏头，三边制府驻固原亦称二镇，是为九边"（张廷玉《明史·卷九十一·兵志三》），保护边疆。但随着战事延续，兵力不足，战斗力下降，朝廷便调派武艺高强的僧兵来增援边疆。友公三奇和尚塔铭文云："敕赐大少林禅寺救名天下对手教会武僧正德年间、蒙钦取宣调镇守山陕等布政边（境）御封都提调总兵统云南烈兵扣官赏友公三奇和尚之寿塔。"（周伟良《明清时期少林武术活动的历史流变》）据铭文可知，和尚友公三奇，受命于朝廷协助边防部队作战。正统初期，朝廷有令："山西、河南班军守偏头、大同、宣府塞，不得代。"（张廷玉《明史·卷九十一·兵志三》）至边关，三奇和尚战场神勇，被封都提调总兵。在安定边防方面，三奇和尚先参与平定云南十八寨少数民族上层贵族之叛乱，后又征战云南边境参与平定少数民族之叛乱。据记载："巡抚云南副都御史何孟春讨平弥勒州苗。"（张廷玉《明史·卷十六·武宗纪》）《明史·何孟春传》云："以右副都御史巡抚云南，讨平十八寨叛蛮阿勿、阿寺等。"（张廷玉《明史·卷一百九十一·何孟春传》）三奇和尚戍边卫国，战功显赫，被封"御封都提调总兵统云南烈兵"，获"天下对手，教会武僧"之称。又万历三年（1575 年）《竺方参公塔铭》载，嘉靖三十二年（1553 年），明朝曾宣调周参率僧兵 50 名参加截杀师尚诏起义军。又据万历九年（1581 年）《豁免粮差碑》、康熙十六年（1677 年）《改公禅师塔铭》载，明代少林僧兵还参加了镇压刘六、刘七、王堂和李自成起义。

二、少林武术文化与卫所

在抗击倭寇和平定战乱的战争中，有些僧人没有直接上阵杀敌，而是在军队中指导训练，成为教官，致力于提升部队的作战能力。如《明史·史记言传》载："陕当贼冲，记言出私财募士，聘少室（少林）僧训练之。八年冬十月，流贼犯陕，记言御之，斩数十级，生擒二十余人。"（张廷玉《明史·卷二百九十二·史记言传》）少林武僧用自身习武经验指导部队的近身搏击，使战斗力提升迅速。"阁部杨嗣昌提清，奉旨征讨山西、湖广、河南等处地方，提取少林寺武僧守备道宗、道法、庆盘、庆余、同贺、铱清"（唐豪《行健斋随笔》）等人随军作战，又指导军队练兵，教授武艺。在少林寺塔林中，至今保留着两块少林武僧传授明军武艺的碑文，一块是嘉靖四十三年（1564 年）二月建立的"敕赐祖庭大少林禅寺庄严圆寂亲教师就公天竺和尚之塔"的塔铭，另一块是万历四十七年（1619 年）三月建立的"敕赐少林禅寺授教师武功本乐和尚享受四十一之塔"的塔铭。（赵宝俊《少林寺》）两则塔铭上明确写出明代朝廷给予这两位僧人教官的头衔，他们随着部队四处征战。少林武术重视近身搏斗，实战性强，在战场上特别适用，因此受到很多军队将领的喜爱，例如，戚继光在战场上"曾请少林武僧去充当教师，江南各地方武装，也都曾来少林寺请过教师"。（赵宝俊《少林寺》）由此可以看出，少林僧兵参与军队训练是经常的。

少林僧兵被朝廷征兵不仅仅是因为少林僧人能帮助教授武艺，训练军队，还在于他们能上阵杀敌，勇猛至极。僧人多是独身之人，无牵无挂，武艺高强，无欲无求。古云："怯敌还是艺浅，善战必定艺精。古云：'艺高人胆大'，信不诬也。"（戚继光《纪效新书·卷十四·拳经捷要篇》）少林武术名冠天下，其发展几经曲折，声名最盛的时候是在唐朝，"十三棍僧救唐王"的故事让少林寺名声确立。《过少林寺》是明代傅梅所写的一首古诗："地从梁魏标灵异，僧自隋唐好武名。"在朝廷的支持下，少林寺的香火极盛，习练少林武术的俗家子弟也极多，与各地的武术爱好者相互切磋武艺。北宋初年，少林寺僧"福居邀集全国十八家武林高手，大会少林寺切磋武艺。"（赵宝俊《少林寺》）以武会友逐渐成为少林寺的一种文化，少林寺成为武林中的重要门派，代表着正义。"其拳也为武艺之源……既得艺，必试敌……勉而久试。"（戚继光《纪效新书·卷十四·拳经捷要篇》）《宁波府志》记载云游在外的少林武僧会经常寻求武术知己，切磋武艺：

> 时少林僧以拳勇名天下，值倭乱，当事召僧击倭，有僧七十辈闻松溪名，至鄞求见，松溪蔽匿不出，少年怂恿之，试一往见，诸僧方校技酒楼上，忽失笑，僧知其松溪也，遂求试，松溪曰：必欲试者，须召里正约死无所问，许之，松溪袖手坐，一僧跳跃来蹴，松溪稍侧身，举手送之，其僧如飞丸陨空，堕重楼下，几毙，众僧始骇服。（曹秉仁《宁波府志·卷三一·张松溪传》）

《涌幢小品》中亦载：

> 董青芝祠部闻楼儆（警），集教师数十人讲武事，与一少林僧角拳皆仆，僧曰：此谓花拳入门，错了一生矣。祠部恫然，亦不腹谈。玉龙溪得一僧，曰孤舟者，善棍，荐于府，府集教师二三百人与试，约角死勿论，咸俯首愿受教，后卒死于楼。（朱国祯《涌幢小品·卷二八·拳棒僧条》）

综上所述，随着明代执政者对少林寺及少林武术的推崇，僧兵的活动范围除了抗击倭寇保家卫国之外，还参与了戍边、军队训练、平定边陲的地方叛乱等。通过这些军事活动稳定了明代王朝的统治，保护了国家不受外敌侵害，百姓安居乐业，明代僧兵名声大噪，少林寺也由此名声大增。

第三节　少林寺僧的习武情况

一、僧徒云集少林之考论

少林禅宗武道，从北魏稠禅、慧光入寺到明代末年已经历经了 1100 多年的人世沧桑，蜚声海内外。加之边关多难，僧徒云集，武杰荟萃，同习禅武，卫国安邦，当是很自然的时代产物。这方面不少文献均有记载。如俞大猷《诗送少林寺僧宗擎序》云："……僧自负精其技者千余人。"十方禅院的落成，也是少林禅武群贤毕至、高手云集的铁证。《正气堂集》载：嘉靖、万历两代，少林寺征战有功的名僧就有洪转等 33 人。明代王士性《五岳游草·嵩游记》中记载，寺僧 800 人，各习武艺俱绝。《中国武术史》曰：明代少林寺僧普遍习武，以搏名天下。明代抗倭名臣唐顺之诗云："浮图善幻多技能，少林拳法世希有。"《少林武术大全》曰："明代从洪武到崇祯 260 多年，武僧多至万余。"还说："明代少林寺习武人数最多，擅长棍棒、搏击、气功、剑术等，僧兵常备不懈……有名可考者如月空、便公等，先后应诏卫边者达 30 多人。"武艺高强，屡立战功。"明代少林寺武僧为历史数据之峰，武技卓绝之冠。是少林武术发展的极盛时期，又称少林武术的春秋时期。""僧人几乎全部习武，常备僧兵三千。"由此足可证明明代少林寺确实汇聚了众多僧徒，而且名手辈出，把禅武推到了极高境界。有人赞誉少林禅武"运大智于沙场，战雄兵于倾刻"，誉不为过。

二、武僧制度与武术文化

戒律或称约戒，历来是寺僧养性、健体、精技的道德规范，是风貌举止、传灯授徒的准绳，是保障少林禅武沿着正确轨迹向前发展的路标。少林禅武戒律，自古有之。12 世纪，觉远和尚有"十禁"之戒。明朝末年，社会动荡，边陲多难，僧徒剧增，凡圣掺杂。少林僧众奉为至尊的约戒，一改禅宗"不立文字"

之例，进而跳出寺院，吸收社会有识之士的意见，形成系统条文，方便砥砺，广为传播。这对弘扬禅武和卫寺、养性、健体，显然是有利的。《少林拳术秘诀》载，明圆性禅师创十戒约规，复经痛禅上人（明福王堂叔朱德畴）稍为增易，全文计448字，阐明习武不忘国。迄至明室鼎改，到清朝顺康年间，明朝的故老遗民，忠胆侠士，隐迹丛林，遁入空门，广结僧徒，重行增订约戒。一改约戒仅对个人立言之故态，含国家、民族主义于其间，明文昭彰，引起清王朝统治者的震慑，多次布令禁止僧俗习武。此次修订之后的十约戒，直到20世纪初清王朝覆灭，才渐自终止，其间持续近300年。少林禅武的道德内涵，不仅继承了少林禅武的约戒精华，而且随着时易势移，增添了时代的光环；形式也由言行垂示，到简约文字再到条理系统。它是随着时代前进的步伐而推陈出新的。后人不论从哪个角度看，都应历史地、客观地认为这是个进步。虽然历史上的少林禅武约戒还有许多局限之处，但对习武者的道德培养在当时是有积极意义的，对今天制订新约戒仍有极大的借鉴价值。

三、武僧技击技术的发展

明代是少林武术体系的形成时期。这期间关于武僧习武、用武的记载比较详尽。首先，少林武术在拳棍的技艺和内容方面有了很大发展。万历九年（1581年）王士性《五岳游草·嵩游记》载："山下再宿，武僧又各来以技献，拳棍搏击如飞，他教师所束手视，中有为猴击者，盘然踔跃，宛然一猴也。"从这个记载可知，明代少林武术已经向套路方向发展，并形成了象形拳猴拳。再从"拳棍搏击如飞"看，此时的寺僧演练的少林武术仍是以"搏击"为目的的，就是说少林武术的功用主要还是在于格斗方面。

少林寺千佛殿脚坑

少林寺僧习武图卷局部（明）

对明代的少林武术用于格斗，史籍还有很多记载。万历三十六年（1608年）金忠士《游嵩山少林寺记》载："午刻，少参君招饮溪南方丈中，观群僧角艺。""角艺"即格斗比武。又万历三十九年（1611年）袁宏道在《嵩游记》中写道："晓起出门，童白分棚立，气观手搏。主者曰：'山中故事也。'试之多绝技。""手搏"就是徒手格斗。这些记载都说明当时僧人习武是以格斗为目标的。

明代少林武术的内容大大增加。万历四十三年（1615年）文翔凤《嵩游记》载："归观六十僧，以掌搏者、剑者、鞭者、戟者……"由此可见，明代少林武僧使用的兵器种类在大大增加，但不论什么兵器，其作用都是格斗搏击。

四、武术文化与俗家弟子

明代的社会背景影响着少林武术文化的发展，特别是影响了一系列拳械技术著作的产生，如《少林棍法阐宗》等。明清时期，少林寺招收俗家弟子习武。俗家弟子首先需要提交一笔押金，用来支付日常开销。当完成学业后，要经过考试才能走出少林寺，否则，不能返还押金，也不能号称自己是少林寺俗家弟子。考试的内容多是在屋中设置一些木质的机关和人偶，一经触碰，就会遭遇拳脚相加。如果毫发无伤地完成考试，则可以离开少林寺，正式成为少林寺俗家子弟，并且设宴送别；如果没有学成，则需要再次学习。有的人资质较差，学了很多年也没能通过考试，只好跳墙逃出少林寺，所交的押金也不能返还。上述所说记载于徐珂的《清稗类钞》第六册《技勇类以摸钱掷石习拳法》中："少林寺拳法著于世，学者先存赀若干，衣食之费皆取给予赀之息。学成将行，从庙后夹弄出。门有土木偶，触之，即拳杖交下，能敌之而恙，可安然行矣。行时，僧设饯于门，反其赀。不然，仍返而受业。有数年不成者，即越墙逸去，赀亦不可得矣。"

明代的武术宗师程冲斗就是少林俗家弟子，字宗猷，安徽休宁人，出身商贾世家，但从小不喜欢经商，却喜欢舞枪弄棒。一次运货途中，途经武林圣地少林寺，被少林寺的武术氛围吸引，便拜师武术高僧洪纪、洪转法师学艺。十年后，"学成者能打散众木偶，方许出寺；否则必故去者，乃由狗窦出耳。宗（冲）斗学既久，独能打散木偶"。打败铜人木桩阵，顺利出师毕业。据《怀秋集》记载，程宗猷出少林寺后：

> 惧祖责，不敢归，父造人访得之，闭诸室不令他游。后父挟重赀、偕之往北京，道遇响马贼，父惧甚、匿草间，宗（冲）斗独敌数十人、

皆辟易。响马惊拜曰：神人也！邀其父子至山，宴而后归其橐，宗（冲）斗从之。方半酣，偶闻门外喧哗，急跃起如飞鸟掠檐间，忽不见。群盗惊甚，少顷，自门外从容来曰"吾乍闻喧、将试吾拳勇，乃下人噪杂，不足辱一挥也。"盗皆色然恐，还其行装，送其父子归。其父亦讶甚，襄亦不知其技勇若此也。

内中言及技艺惊人，为实现理想，开始闯荡江湖。根据程宗猷的自述：

> 余自少年即有志疆场，凡闻名师不惮远访。乃挟赀游少林者，前后阅十数载。始师洪纪师，油迹徒众，梗概粗闻，未惮（殚）厥技。时洪转师年逾八十耄矣，棍法神异，寺众推尊，嗣复师之，日得闻所未闻。宗想、宗岱一师，又称同好，练习之力居多。后有广按师者，乃法门中高足，尽得转师之技而神之，耳提面命，开示神奇。后从出寺同游，积有年岁，变换之神机，操纵之妙运，由生诣熟，缘渐得顿，自分此道，或居一得。至于弓马刀枪等艺，颇悉研求，然半生精力瘁矣。

程冲斗猷在少林寺学艺，最喜欢研习棍法，拜师学习。后以少林白眉棍法在武林立足。除了精通棍法，其诸般技艺皆精。其双手刀法得自浙江刘云峰，弩法则是其游寿春遇土人、得六中铜机而创，后又拜师河南李克复学习枪法，又迎请少林寺僧至六安，教授武艺，不惜钱财学艺，成为枪棍俱精的武林名家。由此可见，程冲斗志向远大，可以不畏千里，为习得绝艺，前往讨教切磋。除此之外，程冲斗还融会贯通多种兵器，推陈出新，研发便携式弓弩，他改古新制铜弓附加铜弩，增加了弓弩的战斗力和实用性，"中力即能挽，下愚亦可，习朝学可以暮成"（程宗猷《蹶张心法》），编写兵法，武术专著《耕余剩技》。《少林棍法阐宗》刊行后不久，著名军事家茅元仪即评论道："诸艺宗于棍，棍宗于少林，少林之说，莫详于近世新都程宗猷之，阐宗乡，故特采之。"（《武备志·卷八十八·阵练制·练·教艺·棍》）茅元仪对《少林棍法阐宗》一书称赏备至。在晚年，程冲斗因壮志难酬，只好回到家乡开班授艺。盗贼猖獗时，程冲斗组织子弟抗击倭寇。在明王朝处在风雨飘摇的阶段，为了提高明军的战斗力，他开始编写提高战斗力的书籍，明天启元年（1621 年），在其 60 岁时完成了《耕余剩技》一书。《耕余剩技》成为继戚继光《纪效新书》之后，对后世武术发展影响极大的、较为完备的武术专著，其中的《长枪法选》，是研究少林枪法的重要资料。

本章小结

首先，明代僧兵在倭寇入侵的国难当头，毅然血洒疆场，这种"忠、孝、侠、义"的入世德行不仅体现了少林武术文化之价值精髓，而且升华了人们对明代僧兵的英雄情结。抗倭僧兵多少与少林寺有关，分为两类：一类是从少林寺走向战场的少林寺僧；另一类是少林派僧。

其次，对明朝嘉靖时期僧兵作为民间武装力量参与抗倭的原因进行了考证与推论。

从明代兵制的角度来看，明代基层兵制，即卫所制度的弊病在 15 世纪中期就已经到了无可挽回的地步，加之王朝的制度本身缺乏灵活性和改革的可能性，使得募兵在明朝立国 70 年左右，成为一种常态化的国家行为，募兵与屯驻于卫所内的国家正规军相比，具有更高的素质和战斗力。这成为促使僧兵能够参与抗倭的直接原因。

由于政治制度安排的弊端和白银货币化的问题，致使明代社会在结构上上下脱节，在经济上全面市场化，国家意志不能通过行政手段得到贯彻，成为名义上的国家，丧失了对社会基层的组织和动员能力。加之明代军事制度安排中产生的问题，导致募兵成为 15 世纪以来国家的常态化行为。寻求通过募集更有战斗力的僧兵实现既定的战术和战略意图，也就成为彼时政治制度弊端和社会经济发展状况导致的一种必然的国家行为。这是僧兵参与抗倭的根本原因。

使用僧兵参与军事行动，是明代政治文化之传统。这一传统是由洪武、建文、永乐这明初三朝确立的，且这一传统在整个明朝都得以延续。由于在中国古代社会中，祖训和成例具有类似宪法的性质，不仅能够对后继之君的行为构成约束，亦能为其施政提供参照。因此，嘉靖时期的僧兵抗倭，应该是彼时明朝政府在面对类似问题时对传统政治经验的遵行。

综上所述，少林寺僧乃出家之人，理应"出世、修行"，然而，明代僧兵的活动范围除了抗击倭寇、保家卫国之外，还参与了戍边、军队训练、平定边陲的地方叛乱等活动。这与明代执政者对少林寺及少林武术的推崇有关。通过这些军事活动，稳定了明代王朝的统治。在此基础上，推动了少林寺武术的发展，是少林寺武术发展的一个重要时期，形成了少林寺特有的武术文化内涵，奠定了少林武术在武术界的重要地位，保护了国家不受外敌侵害，百姓安居乐业，明代僧兵名声大噪，少林寺也由此名声大增。

第三章

清代少林武术文化的兴衰与抗争

少林武术在清代的发展并不是很顺利。清朝初期，少林寺受战争重创走向衰败。清康熙初期，登封知县叶封的《少林寺志》描述了战后少林寺的情景："乱余僧亦少，晚坐静无哗；古殿聊支水，丰碑漫似麻。"进士王无忝《少林寺》亦有："寺破山僧少，人来夏涧幽。"可知，清康熙初习武公开，但少林寺僧大量减少，习武者也大为减少。清朝的宗教取向是藏传佛教，以禅宗为主的少林寺开始衰落理所当然；此外，明政府对少林寺有很多恩惠，使清朝统治时期，少林寺与清政府的关系并不是很好，经常受到政府的压迫。

清朝中期，少林寺受到了更加严重的压迫。康熙中后期，民间反清教会力量壮大，为了达到反清目的，寻觅反清力量，他们打出了"反清复明"的旗号。久负盛名的少林武术及少林僧兵，便成了民间教会及秘密社会组织利用的对象。面对汉族地区各种秘密教会的反清活动，清政府便开始采取大规模的禁武行动。雍正时期，在少林寺已基本见不到武僧公开习武、演武的场面。雍正到道光初期，文人墨客游少林寺后所写的各种游记、纪胜诗及所立碑刻等，基本上都找不到记述寺僧习武演武的情况。雍正十三年（1735 年）至乾隆五年（1740 年），施奕簪任登封知县，游少林寺后所写《上元后三日偕友游少林寺》一诗，描述了当时寺僧习武及少林寺的状况："武功魔渐息，禅律讲何曾……吴画委荒草，唐文叠石层。瑶楼藏鼠雀，丽宇聚蜂蝇。无复前朝树，空闻古涧藤。"由上可知，当时少林寺僧习武受到了空前的抑制。

清朝后期，随着社会的动荡，清廷已自顾不暇，雍乾时期禁教的高压政策到道光时已大为削弱。但寺僧仍惧怕清廷追究，所以秘密习武，到道光初朝仍沿袭不变。道光之后，清廷腐败，社会更加动荡，禁教习武的法令已形同虚设。少林寺因有麟庆对寺僧习武的肯定，故习武已不再是秘密进行。

清末，寺僧甚至将麟庆观武的场面，以大型壁画的形式公开绘于白衣殿的北壁上。据寺僧德禅讲，在壁画中指挥练功的就是曾隐居石沟寺练功的湛举。在绘此壁画时，毫无顾忌的寺僧甚至演化出了乾隆帝游少林寺观武的场面，并将其绘于南壁上，至今犹存。

少林寺白衣殿观武壁画（清）

第一节　清政权鼎革的空前冲击

一、少林寺在压迫与反抗中挣扎

（一）清初期少林寺之落魄

史料记载，明末清初时期，由于战乱，少林寺变得非常荒凉。用一派荒凉形容清初的少林寺，毫不为过。

付景星写道：

> 明末揭竿四起，风沙迷月，梵宇穿云。洞天福地，铁甲金戈。少林祖庭，遭赤眉（李际遇）夜占南山，祸及险危[1]。

---

[1] 温玉成. 少林访古 [M]. 天津：百花文艺出版社，1999：331.

顾炎武亦叹道:

> 今者何寂寥,阒哉成芜秽。坏壁出游蜂,空庭雏荒雉……山僧缺餐粥,住守无一二 [1]。

张思明记其游少林:

> 久经劫火,法堂草长,宗徒雨散矣。慨然久之。偶步千佛殿西,见榛莽荒秽中,散瓦数椽,风雨不蔽。僧允石咨叹,指余曰:"此白衣大士殿也,昔创于魏孝文帝,规制宏敞,中更寇乱,废圮至此!" [2]

明政府对少林寺有很多恩惠,明清鼎革之后,少林寺遭受清政府的压迫,与清政府的关系交恶,于是定下寺规:

第一,肄习少林寺技击者,必须以恢复中国为意志,朝夕勤修,无或稍懈。

第二,每日晨兴,必须至明祖前行礼叩祷,而后练习技术。至晚归寝时亦如之,不得间断。

第三,少林技术之马步,如演习时以退后三步,再前进三步,名为踏中宫,以示不忘中国之意……

第四,凡少林派之演习拳械时,宜先举手作礼。唯与他家异者,他家则左掌而右拳,拱手齐眉;吾宗则两手作虎爪式,以手背相靠,平与胸齐,以示反背胡族,心在中国……

第五,传授门徒,宜慎重选择。如确是朴厚忠义之士,始可以技术相传。唯平生之得力专门手法,非相习久而相知最深者,不可轻于相授。至吾宗之主旨,更宜择人而语,切勿忽视。

第六,恢复河山之志,为吾宗之第一目的。倘一息尚存,此志不容稍懈。如不知此者,谓之少林外家。

第七,济危扶倾,忍辱度世。(《少林拳术秘诀考证》,转引自《少林寺资料集》)

满族入主中原后,采用高压手段推行剃发、圈地等措施,残酷镇压各地的反抗。明朝以来的恩惠消失,加之遭受清王朝压迫,很多寺庙怨恨非常大,有了反

---

[1]温玉成.少林访古[M].天津:百花文艺出版社,1999:331.

[2]同①.

清复明的意愿。彼时，民间的秘密宗教组织，大多以反清复明的形式，纷纷出现。为了遏制地区宗教的扩张，《大清律例·户律》中明确规定：

> 凡寺观庵院，除现在处所外，不许私自创建增置，违者，杖一百，还俗，僧道，发边远充军，尼僧女冠，入官为奴。若僧道不给度牒，私自簪剃者，杖八十。若由家长，家长当罪。寺观住持，及受业师私度者，与同罪，并还俗。入籍当差……民间子弟户内不及三丁，或在十六以上而出家者，俱枷号一个月，并罪坐所。僧道官及住持知而不举者，各罢职还俗……民间有愿创造寺观神祠者，呈明该督抚具题，奉旨方许营建。若不俟题请，擅行兴造者，依违制律论……僧道年逾四十者，方准招收生徒一人。如有年未四十即行招收及招收不止一人者，均照违令律笞五十。僧道官容隐者，罪同，地方官不行查明，交部照例议处。所招生徒勒令还俗。（《大清律例·户律》卷八）

清政府不仅对寺观的设置、百姓出家与僧道招徒的条件等严格限制，而且制定了严厉的惩罚措施。在佛教界有特殊地位，作为"禅宗祖庭"的少林寺，必定受此政策影响。这正是少林寺与清政府关系紧张的根本原因。

顺治年间，少林寺住持彼岸海宽，开始与清政府修好。并在顺治九年（1652年）到十一年（1654年），连续三年举办"天地冥阳水路赈孤荐祖大法会"，追荐在连年战争中逝去的亡灵。此外，海宽还参加了清初的"僧诤"。他在《释氏源流五家宗派世谱定祖图序》中，对当时"党护门风，不通议论者""不遵皇藏，颠倒伦常者"作了尖锐的批判。经过苦心经营，到了顺治末年，少林寺僧众已恢复到600余人。

（二）清中期少林寺受约束

清朝中期，少林寺与清政府之间的关系有所改善。康熙初期，康熙道："迩年水旱频仍，盗贼未靖，兼以贪官污吏肆行剥削，以致百姓财尽力穷，民不聊生。"（《御制文集》卷一《谏谕·谕史部》）说明康熙初年，天灾降临，奸臣当道，民不聊生。

民间生活不好，很多百姓选择出家谋生。但清朝初期，清政府与少林寺关系恶劣，使得"豫省少林寺年久失修"。（叶封、施奕簪《少林寺志·艺林·衰翰》）这不仅堵塞了百姓出家谋生的道路，而且使很多僧人迫于生计背井离乡，或当镖师，或开武馆，或街头卖艺来谋求生路。

此外，一些武僧背井离乡，仗着自己一身的武艺，恣意妄为，严重影响了当时的社会治安，清政府从寺院、道观处获得的税收微乎其微。乾隆年间，有人向乾隆建议取缔少林寺，乾隆道："冷之僧、道实不比昔日之横悠，其教已式微，不足以惑世诬民，反而可以养流民，若大量裁减，则将此数千百万无衣无食、游手好闲之人置之何处了？"[1] 说明清政府已经意识到少林寺的重要性，对少林寺的态度也开始慢慢改变。

康熙中期，清朝政府趋于稳定，进入"康乾盛世"。社会虽然稳定，但对于很多生活贫困的人来说，出家是唯一的出路。乾隆曾说："彼为僧为道，亦不过营生之一术耳！穷老孤独多赖以存活。其劝善戒恶，化导愚顽，亦不无小补。帝王法天立道，博爱无私，将使天下含生之类，无一不得其所。僧道果能闭户焚修，亦如隐逸之士遁迹山林，于世教非有大害。"（清《高宗实录》）一味地打压少林寺，不利于社会的稳定，而若与之改善关系，可借助其"禅宗祖庭"的宗教地位，促使佛教界服务于清朝的统治，之后便出现了清政府频频向少林寺示好的局面。

"康熙二十三年（1684年），河南分守道张思明至少林寺，次年，倡议为寺僧净升修慈云庵；康熙三十五年（1696年），刑部左侍郎田雯祭中岳时至少林寺；康熙四十三年（1704年），康熙帝赐少林寺御书'少林寺'，匾额上嵌'康熙御笔之宝'，方形印玺和'宝树芳莲'匾额；雍正十三年（1735年），雍正谕令大规模整修少林寺，此工程耗银九千两；乾隆五至十三年（1740—1748年），河南分巡道、按察使司副使张学林每年祭中岳时都至少林寺；乾隆八年（1743年），乾隆赐少林寺《大藏经》；乾隆十五年（1750年），乾隆驾临少林寺，热情接见寺僧善修、净府等人，驻跸方丈，题诗书匾。汝州知州王祖晋奉命督修少林寺；乾隆三十七年（1772年），河南巡抚何煟至少林寺；乾隆三十八年（1773年），开封府知府王启绪至寺，并倡议重修千佛殿。河南巡抚徐绩（次年十月任豫抚）等官员踊跃捐资，至乾隆四十一年（1776年）工竣；嘉庆八年（1803年），河南道员麟庆至少林寺，表示若只为保山护寺，寺僧可以习武，随后观看武僧比武。"[2] 从清政府示好少林寺这件事，可推断清政府欲与少林寺修好。

[1] 小横香室主人. 清朝野史大观·卷十一·清代述异·僧道不必沙汰 [M]. 上海：上海书店，1981：127-128.
[2] 赵长贵. 试论嵩山少林寺与清政府关系之演变 [J]. 世界宗教研究，2011（6）：33-41.

清政府虽有意与少林寺改善关系，但无时无刻不约束着少林寺。雍正十三年（1735 年），雍正谕令大规模整修少林寺，曾道：

> 朕览图内门头二十五房距寺较远，零星散处，俱不在此寺之内。向来直省房头僧人，类多不守清规，妄行生事，为释门败种。今少林寺既行修建，成一丛林，即不令此等房头散处寺外，难以稽查管束，应将所有房屋俱拆造于寺墙之外左右两旁，作为寮房。其如何改造之处，着王士俊酌量办理。至工竣后应令何人住持，候朕谕旨，从京中派人前往。（叶封、施奕簪《少林寺志·艺林·衰翰》）

清政府意在加强对少林寺的管理。乾隆四十年（1775 年）五月，乾隆帝闻知河南巡抚徐绩聘请少林武僧到兵营教习武艺，急忙发谕旨阻止、痛斥徐氏道：

> 僧人既已出家，即应恪守清规，以柔和忍辱为主，岂容习为击刺，好勇逞强？有地方之责者闻之，当设法潜移默化，何可转行招致传授，令售其技乎？且以僧人教习营兵，既属非体，且使人传为笑谈。徐绩何不晓事若此？著传旨申饬。（《高宗纯皇帝实录》卷·九八三）

由此可以看出，清政府反对少林寺参与政治和军事，恐其有反叛之心，影响清政府的地位和社会的稳定。

总之，清朝中期，清政府开始改善与少林寺的关系，同时对少林寺无时无刻不保持警惕。少林寺与民间很多秘密组织存在联系，清政府对少林寺的警惕也不无道理。两者关系有所改善，但相互制约。

（三）清后期少林寺之回暖

清朝后期，主要是从道光到宣统年间，清政府开始闭关锁国。道光二十年（1840 年），第一次鸦片战争爆发，清政府遭遇外国列强的侵略，经济、政治、文化等遭受严重打击，逐渐走向没落。清朝中期，社会生活趋于稳定，少林僧众对"反清复明"已不抱幻想，恋明怨清情结日趋淡化。少林僧众在清廷压制之中，逐渐明白佛教的盛衰"每系乎时君之好恶"（宋濂等《元史》卷二百零二《列传·释老》）、"不依国主则法事难立"（释慧皎《高僧传·卷五·释道安》）的道理。

　　清朝后期没落，少林寺也随之衰落。据统计，在清朝后期，清政府和少林寺仍有一些修缮活动："道光七至八年（1827—1828年），河南巡抚杨国桢重修寺内钟鼓楼、御座房和御碑亭；道光二十七至三十年（1847—1850年），登封县僧会司重修少林寺山门前的少阳桥；咸丰元年（1851年）秋，河南府知府贾臻祭祀中岳时至少林寺。"[1] 即在道光和咸丰年间，清政府和少林寺还能维持一些宗教活动。清朝后期也对以上宗教活动有记载。

　　清政府遭遇外国列强侵略，间接导致了少林寺的没落。咸丰五年（1855年），战乱频繁，少林寺僧人出于自身安危的考虑，立下了《合寺僧俗公议规矩碑》：

> 　　近经兵荒，匪人蜂起，混迹道门，借游滋事。有入田窃取禾稼者；有黑夜砍伐树木者；更有结队成群谋为抢掠者。合寺均受其累，寸衷实属难堪。因同公议，设立规矩，以杜匪患，以端风俗。共立条规，开列于后，犯者按规致罚。如不受罚，合寺人等送官究治。如此则还真返朴，本业各安……因勒石，永为垂戒云。（张廷玉等《钦定人清会典则例》卷九二《礼部·方伎》）

以当时的情况来看，少林寺并没有受到太大的威胁。

　　咸丰以后，外有列强侵略加强，内有农民起义频发。在内忧外患之际，清政府无暇顾及少林寺，对其监管有所放松。

二、少林武术由式微向复兴的过渡

（一）清初荒凉的少林武术

　　明朝，少林寺与明政府关系紧密，有僧兵抗倭的历史事件，从中可以推断出少林寺非常拥护明政府的统治。清朝初期，社会动荡不安，民间"反清"组织众多，均有强烈的"反清复明"意愿。于是，清政府为自身考虑，立下了禁止民间宗教组织的法令，但当时民间的"反清"组织并不是太明显，力量相对比较薄弱，而且这些初兴的民间宗教组织与少林寺及少林、武术并无什么关系。所以，清初清廷并没有把少林武僧的聚众习武等同于民间秘密的反清组织，也没有

---

[1] 赵长贵. 试论嵩山少林寺与清政府关系之演变 [J]. 世界宗教研究，2011 (6)：33-41.

采取限制和禁止措施。

清初，关于少林寺僧习武情景的记载很多，如顺治年间焦复亨在《少林寺》中所写的"艺高白棓（棒）手，夏解碧莲宫"，所写的便是对少林武术的一种称赞。此外，清初的顾祖禹在《读史方舆纪要》中也对少林寺和少林武术有一定的赞赏："其北有少林寺，原魏所建，历代尝修治之，近代所称少林寺之僧兵也。"清初对少林武术称赞的还有很多，如顾炎武游少林寺后，在其所写的《天下郡国利病书·嵩高》中写道："至今寺僧以技击闻，其由来久矣。"而其所写的《少林寺》诗中也写道："颇闻经律余，多亦谐武艺。"清康熙时进士景日昣在其所著《说嵩》一书中亦云："今寺僧矜尚白棓。"从中可以看出，少林武术在清朝初期并不被禁止。

少林武术在清朝初期虽然没有被禁止，但习武的人数大大减少，其原因只有一个，就是战乱导致少林僧人的数量大量减少，之前也曾提到，少林寺由于战争的重创而走向衰落。登封知县叶封在《少林寺志》中也描述了战后少林寺的情景："乱余僧亦少，晚坐静无哗；古殿聊支水，丰碑漫似麻。"康熙初进士王无忝也在《少林寺》诗中提及："寺破山僧少，人来夏涧幽。"虽然由于寺僧大量减少，清初武僧习武规模较小，但是公开的。所以，在清朝初期，寺僧习武规模和人数较少的原因，在于明末战乱对少林寺的重创。

（二）清中期少林武术渐趋衰微

清朝初期，政府对少林寺实施打压政策，少林僧兵的队伍被解散，少林僧人习武由公开转入地下，规模大大缩小。清朝中期，清政府与少林寺的关系虽然有所改善，但是在对少林僧人习武的打压上还和清朝初期保持一致，甚至更加严厉。

雍正时期，雍正对僧人的管理加强，曾说道：

> 朕每览所奏，罪犯案内多有僧人不法致干宪典者。为僧，无清净行，行凶顽事，则其非僧也必矣。朕尝览释教，虽不足为治世理民之用，而幻其身世，遗其荣利，有戒定慧之学，有贪嗔痴之戒，为说虽多，总不出乎寡欲、摄心、戒恶、行善四端，为大要也。为其徒者，虽有为禅、为律、为讲、为持诵四种之不同，然莫不以四端为之本。尚有数种名僧非僧者，饮酒食肉，专为不法……若是戒僧，为干犯法纪之事，朕已有旨，必严加治罪。（《世宗宪皇帝上谕内阁》卷三十一）

雍正十三年重修少林寺，下旨说：

> 据河东总督王士俊奏称，豫省少林寺岁久失修，今委员相度确估，重
> 加修建，绘图呈览等语。（叶封、施奕簪等《少林寺志·艺林·宸翰》）

从以上资料可以看出，清朝统治者对少林僧人犯罪事件非常反感，对其管理
严厉，加之寺僧犯罪众多，政府禁武更加坚定，律例也随之增加。虽然清政府对
少林武僧习武打压厉害，但仍然有少林武僧习武，"不守清规，妄行生事"，明
显为统治者针对少林寺武术和练武。为了加强对少林寺的控制，少林的住持开始
由清政府统一任命。

《朱批奏折》乾隆四年十月十九日兵部右侍郎雅尔图奏：

> 直省之中，如湖广、山东、河南等省，常有邪教之事。而河南一省
> 之民情，尤愚而易诱，每有四方游棍、僧道之徒，假挟治病符咒诸邪
> 术，以行医为名，或指称烧香礼斗、拜忏念经、求福免灾为词，轰动乡
> 民。遂致愚夫愚妇，一时被其煽惑归依邪教。自一方而渐流数处，辗转
> 纠集蔓延，人数既多，奸宄百出。后妄生不轨之谋，致易起啸聚之患……
> 更豫省少壮之民，习于强悍，多学拳棒。如少林僧徒，向以教习拳棒为
> 名，聚集无赖。凶狠不法之辈效尤成风，邪教之人，专意诱骗此等入
> 伙，以张羽翼。稍怀私忿，即令角斗，逞其刚暴，何所不为？

由此看来，清朝中期汉人对政府的反抗对立情绪非常强烈。期间，可能有少
林寺僧卷入了"反清"活动，并在其中传授武艺。康熙、雍正、乾隆三世，少
林寺与清朝王室关系密切，从少林寺住持由清政府直接任命来看，这不太可能由
少林寺牵头组织，参与的少林寺僧也不会太多。即便如此，清王朝也采取了相应
的压制措施。清王朝对少林寺的管理软硬兼施，一方面严厉镇压，另一方面又极
力拉拢。清代的少林寺，似乎从武术的喧嚣复归于禅林古刹的静谧。

（三）清末少林武术趋于平静

施奕簪在《上元后三日偕友游少林寺》中曾说："祖义今谁解，家风久乏
承。武功魔渐息，禅律讲何曾。"意思是，武术在少林寺式微了。清朝末期，少林
寺已经没有了大规模的习武行为，去少林寺的人基本上没人提少林武术。从表面上

看，少林僧人已经停止习武，少林武术已经走向没落。彼时，少林武术更多地反映在小说中，如《老残游记》《隋唐演义》《三侠五义》等作品，均提及少林武术。

道光年间，内忧外患致使清廷自顾无暇，雍乾时期的禁教高压政策至此时已大为削弱。少林寺虽无大规模习武，但在内部仍有少数寺僧习练少林武术。寺僧秘密习武沿袭至道光初不变，以规避清廷之追查。

道光八年（1828 年），麟庆代巡抚杨海梁祭拜中岳。麟庆久闻少林武功名冠天下，3 月 25 日走马至少林寺，参观后令武僧演练武术。因麟庆为满族大员，且聚众演武被清政府明令禁止，寺主僧当即回绝寺僧练武。麟庆知寺主僧担心朝廷追责，曰："谕以少林拳勇，自昔有闻，只在谨守清规，保护名山，正不必打诳语。"（《鸿雪因缘图记·少林校拳》）此番言论对于少林寺僧习武的解答，具有定性之含义。麟庆此番平反式解答，寺主僧听后宽心。当即挑选武艺高超的武僧，为麟庆演武于紧那罗殿前。麟庆看后称赞："熊经鸟伸，果然矫捷。"（《鸿雪因缘图记·少林校拳》）此次寺僧为麟庆所办演武，是康熙后期至道光初唯一可在少林寺查询的大型公开演武。少林武僧演武被麟庆"正名"，加之清廷放宽聚众习武之限，道光后期，少林寺公开其雍正年间便开始"夜演武略"的秘密。《西来堂志善碑》立于道光二十六年（1846 年），记载："余自祝发禅门，禀师教之重，修弟子之职，昼习经典，夜演武略，亦祇恪守，少林宗风，修文不废武备耳！"此碑可证武僧湛声等习武之历程。

清末僧众演武无后顾之忧，俗家弟子公开至寺院学武亦为社会普遍现象。《西来堂志善碑》记载了俗家弟子王生随武僧习武之事。咸丰四年（1854 年），福山王祖源、关中力士周斌结伴前往少林寺学艺："尽得其《内功图》及《枪棒谱》以归。"（王祖源《内功图说·序》）

由此可见，清朝末期，少林寺僧在习武方面非常宽松。辛亥革命推翻了清王朝，禁武的规定也就随之消失，少林武术终于再一次浮出水面。

第二节　少林武术与内外家之说

一、内家与外家之说缘由

黄宗羲在《王征南墓志铭》中，记载了有关内家拳的一些说法。其中有对于内家和外家的界定："少林以拳勇名天下，然主于搏人，人亦得以乘之。有所

谓内家者，以静制动。犯者应手即仆。故别少林为外家。"这就是对"内家"和
"外家"的总结。文中又说道："盖起于宋之张三峰。三峰为武当丹士。徽宗召之。
道梗不得进。夜梦玄帝授之拳法。厥明以单丁杀贼百余。"这段话则说明了，内家
拳的起源和创造者为宋徽宗时期张三丰。之后写到内家拳的传承：

> 三峰之术，百年之后，流传于陕西。而王宗为最著。温州陈州同。
> 从王宗受之，以此教其乡人，由是流传于温州。嘉靖间，张松溪为最
> 著。松溪之徒三四人，而四明叶继美近泉为之魁。由是流传于四明。四
> 明得近泉之传者，为吴昆山、周云泉、单思南、陈贞石、孙继槎。皆各
> 有授受。昆山传李天目、徐岱岳。天目传余波仲、吴七郎、陈茂弘。云
> 泉传卢绍岐。贞石传董扶舆、夏枝溪。继槎传柴玄明、姚石门、僧耳、
> 僧尾。而思南之传，则为王征南。

在其最后则写道：

> 铭曰：有技如斯。而不一施。终不鬻技。其志可悲。水浅山老。孤
> 坟孰保？视此铭章。庶几有考。

这段话说王征南为内家的最后一个传人，但是否真实就不得考证。从《王征
南墓志铭》中我们可以分析出以下几点。

①明代以前，确实有少林武术，以搏击为主。

②当时有所谓的"内家"，其特点是"以静制动""犯者应手即仆"。

③为了区别少林武术，故把少林武术称为"外家"。

④"内家"起源于宋代张三丰时期。

《王征南墓志铭》已经清楚地界定出了"内家"和"外家"，也将其特点分
析了出来，但是对于内家拳是否为张三丰所创，无从考证。

内家拳的出现还有另外一种说法：清朝少林寺成为反清组织和运动的象征，少
林武术成为反清复明的武装手段，造成了巨大的影响，使满清王朝舆论不得不捏造
出一个实际上不存在的"内家"，把少林武术定义为"外家"，还进一步用所谓的
"内家"来攻击和诋毁少林武术，从而产生"内家"和少林武术舆论的战争[1]。

---

[1] 程大力. 少林武术通考 [M]. 郑州：少林书局，2006：200-201.

这个观点，将"内家"和少林武术作为一种政治斗争而展开，清朝很多史料都存有一些贬低少林武术的意味。

《清稗类钞》五十《技勇类·刘胜能饭而多利》中记载：

　　武当山某寺僧悟心，方丈也。少习拳于少林，年六十余而精悍不减少壮，寺僧皆能拳，承其教也。山下农家子刘胜，有力，善饭，无以为生，叩寺门行乞，众僧殴之，刘若不觉。骇而告悟心，悟心问刘曰："尔何求？"曰："欲饭耳。""尔何能？"曰："能造饭耳。""尔力几何？"曰："不知。""能食饭几何？"曰："亦不知。"悟心笑之，命食之以饭，将尽二斗米矣。饭后，引至隙地，有巨石二，重各八百斤，刘以手左右挟之而舞，殊从容也。乃授以拳法，而蠢甚，茫然莫解，因置之香积厨，众藐视之。一日，来挂单僧，衣履极敝，而神气奕奕，众僧加以白眼，刘常私食之。悟心方教其徒以武艺，挂单僧视之，默不一语。或谓挂单僧曰："尔能乎？"曰："不能。"习罢，归食堂，挂单僧独立，众莫之顾，刘招其食。挂单僧谓刘曰："尔何不学拳？"刘曰："不知也。"挂单僧曰："我教尔。"于是教以手势。夜半，挂单僧引刘对坐，久之，刘忽悟曰："我知之矣。"乃尽教以奇正虚实之道，进退起伏之节，戒之曰："尔由此熟练，无敌于天下。尔善用之，我去矣。"遂一跃而逝。自是，刘辄于夜静私习之。

　　越二年，悟心集众僧语之曰："吾将往天台，有武艺超群者，当授以方丈之位。"最后得一僧，名超凡，将以方丈授之，刘上前曰："稍迟，我尚未试也。"众哗笑之。刘曰："尔辈之拳，不过外家之粗浅者耳。"因解衣跳跃。悟心惊曰："尔何能此？此等拳法，我尚不如也。"刘乃自道挂单僧所传授，遂为某寺方丈，改名天禅，于是武当之拳法得与少林齐名。

中国之名山，多为佛道寺观杂处，且经历几代更替，庙宇僧徒应存在于早期武当山之中。按此说法，武当武术应为武当山和尚所拥有。然而武当和尚之武艺，师出少林寺，且武当内家功夫由和尚所传授，少林功夫传授对象为武当和尚，由此可印证武当之"内家"是由少林武术所创生。

根据以上的说法，可以总结出关于内家拳和外家拳起源的几个观点：

①以上说法都证实了"外家"就是指少林武术。

②"内家"起源于宋代张三丰时期。

③"内家"是清政府畏惧少林武术而编造出来的。

④"内家"是由少林武术衍生出来的。

总之，不管"内家"如何起源，"内家"武术在清朝的史料中，都和武当的武术挂钩，从而可以确定，在清代，武当武术为"内家"，而少林武术为"外家"。

二、内外之争与少林武术

上文曾说道，在清朝，反清复明的武装手段之一为少林武术，反清组织和运动的象征则为少林寺，其影响之大使清朝统治者不得不虚构出一个不实的舆论概念"内家"，来抗衡"外家"少林武术，进而利用"内家"来攻击和诋毁少林武术，从而产生"内家"和少林武术舆论的战争。

关于"内家"的起源，说法也不一样。清代文献基本上都写道，内家拳要胜于少林武术。黄宗羲在《王征南墓志铭》中也写道："予尝与之入天童。僧山焰有膂力。四五人不能掣其手。稍近征南。则蹶然负痛。"这段话说，有个和尚叫作山焰，很有力气，四五个人不能抓住他的手，他稍稍靠近王征南，就负痛跌倒。再次说明，内家的传承人王征南，很容易就打败了外家和尚。

《宁波府志》载：

> 时少林僧以拳勇名天下。值倭乱，当事者召僧击倭。有僧七十辈，闻松溪名，至鄞求见。松溪避匿不出。少年怂恿之，试一往。见诸僧方校技酒楼上，忽失笑。僧知其为松溪也，遂求试。松溪曰："必欲试者，须召里正约，死无所闻。"许之。松溪袖手坐。一僧跳跃来蹴。松溪稍侧身，举手送之。其僧如飞丸陨空，堕重楼下，几毙。众僧始骇服。

上述文字记载了少林寺僧被武当传人张松溪击败一事。该文字出现于雍正时期，武当属于"内家"，该文字有很明显的"贬外保内"的含义。但是唐豪先生曾说："以证少林僧的拳勇，并不如内家所称的那样鄙陋。"[1] 有力地质疑了上

[1] 唐豪. 少林拳术秘诀考证 [M] //少林寺资料集. 北京：书目文献出版社, 1982：293.

述内家武术记载之真假。不得不说，清代内家对少林武术的冲击非常大。

《清稗类钞》中也有关于"内家"和少林武术的记载：

> 叶鸿驹者，嘉定人。少孤，然多力异常儿。有游方僧见而奇之，度为徒，携之入少林。鸿驹入其中，十年，尽得其秘。而思归，询之同侪，佥云："庙规本有艺成准出之条，然大门有大师严守，不得出，欲出者，须自庙后夹弄出，惟险甚。弄中有机百数，艺稍疏者，辄死于机，非一人矣。"鸿驹恃其艺，且归家心切，不为沮，乃破机出。归后，馆于某富室，出其艺以授人，受其教者，咸能十人敌，于是鸿驹之名大噪。一日，信步河滨，有牵舟者过其前，厉声命让道，不服，大声曰："我叶鸿驹也。"其人不声，取肩上牵板掷地，悉陷入，即曰："吾特访汝而来，请一较。"许之。斗良久，牵舟者负，陨入河。后三年，复来较，仍不敌，为鸿驹所败。其人去后，鸿驹告人，谓："彼技已大进，特以疏故，为我败耳。再三年，我不能敌之矣。"后三年果复来，鸿驹避他出，设棺于堂，诡云已死，其人信之，乃行吊祭礼。奠毕，以指插入棺中，取石灰一握而去。鸿驹归，视其插处，如利锥所凿，叹曰："彼已入武当内家宗矣。"乃遍访诸内客之有名者而尽习其术，于是鸿驹以外客而精内家，而性亦彬彬如儒者矣。

以上文字所述，叶鸿驹少林武术功力深厚，然"入武当内家宗"，他就变得狼狈躲避、不堪一击，之后他又拜师学习内家拳，于是武功更上一层楼。这很明显是内家借助外家的一种宣传。

清代内家和少林武术，主要以对立的形式存在。史料主要通过记载内家武术练习者击败少林寺僧和精于少林武术者，来宣传内家武术要高于少林武术。总体而言，清代的内家是作为一种政治武器而出现的，主要用来对少林武术进行攻击。

三、清代之少林外家武术

清代康熙时期，传说：

> 传言天地会之起因者，颇近神话。谓在福建福州府莆田县九连山中

之少林寺，地至幽邃，人迹罕至，伽蓝堂有塔耸峙林间，规模极庄严，相传为达摩尊神所创建。寺僧诵经之暇，恒究心于军略武艺焉。康熙时，藏人寇边，官军征讨之，大受创。圣祖乃悬赏，谓无论贵贱男女僧道，有能应募征服之者，有重赏。寺中诸徒有勇武绝伦之郑君达者，偕一百二十八僧应募，誓必扫荡西藏。抵京，圣祖召见，许从军，欲任以总兵，询以需兵几何，需饷几何。答言不需一兵，有粮马已足。乃即授以征讨全权，赐以剑，剑有"家后日山"四字之铁印。僧择吉日，整装行，辟山通道，临流架梁。不数日，达藏，张营建栅。藏人探知，突进攻击。僧军乃转守为攻，一战破之，斩将搴旗，累战俱捷。藏人行成，约仍献贡物，遵约束。僧军出征未三月，不损一人，不折一矢而凯旋。圣祖忻赏有加，将如约，惟所欲与之。而僧等乃一无所欲，各愿放归故寺，优游以终。君达留就总兵职。上乃大赐宴，赏金银绢帛无数，并御书"圣泽无疆"匾额，以及"英雄居第一，豪杰定无双""不用文章朝圣主，全凭武艺见君王""出门朝见君王面，入寺方知古佛心"各联。僧军归寺，居民欢迎。（徐珂《清稗类钞》）

这段话记载了清代有名的征西鲁的故事，天地会的成立就和征西鲁有关。

顾是时，廷臣有陈文耀、张近秋者，怀叛志，以僧军武勇，惮不敢发，谋除之，百计谮于帝，谓官军屡为藏人所败，寺僧乃能征服之，设若辈有异志，朝廷灭亡犹反掌耳，窃为国家危之。帝聆言大惊，曰："然则奈何？"文耀、近秋言有守兵三四百足灭之，帝不许。文耀、近秋谓以火药焚之，必尽歼。于是命文耀、近秋率兵至闽。顾九连山既极幽深，而寺又在邃密之地，正在搜索，有马仪福者，愿为先导。仪福亦寺僧，武艺居第七，然性极好色，卒以引诱君达之妻郭秀英及其妹玉兰，为众所不容，驱之出，仪福衔之。至是，文耀、近秋居为奇货，许酬以官。因乘夜引至寺，埋火药，复积柴草，引以松香燃之。达尊神现灵救之，遣朱开、朱光二天使引十八僧遁。仪福见有遁僧，急追踪擒之，忽浓雾蔽天，追者迷于所向，十八僧乃得达沙湾口。道经黄泉村，有十三僧战死其地，于是徒党相谓曰："彼等虽死，纵历万年，此仇不复不已。"时生存者五僧，曰蔡德忠、方大洪、马超兴、胡德帝、李式

开，即所称为前五祖者也。仪福卒为同党友人所杀。以仪福武艺居第七，故会中禁言七。（徐珂《清稗类钞》）

康熙帝曾征调福建莆田南少林高手为军官，远征西藏之虏，凯旋后，却有人诬告这些高手意图造反，于是朝廷派八旗兵，火烧南少林寺，将之除灭。有五个少林俗家高手逃脱不死，从此痛恨清廷，请万云龙做首领，陈近南做军师，建立洪门，是为"洪门五祖"，以"天父地母"，立誓以反清复明为己任，故称天地会，尊郑成功为开山老祖。上文就是天地会的起源，虽然只是传说，不能考证真假，但是足以说明天地会和少林有一定的关系。

清代，"内家"主要是指武当武术，"外家"主要是指少林武术。明代，少林僧兵作为明政府的一种军事力量存在，对内维护社会安定和政权统治，对外抗击侵略。虽然没有史料记载，但几乎可以确定，明代僧兵参与了对清军的战争。满人不可能让这支队伍存在下去，就有了"清初停发了僧兵粮饷"的说法，随之少林僧兵逐渐解散。流散于各地，同时武艺亦随僧兵传至全国。

有些史料记载"拳勇之技，旧推少林僧，今则散见诸方丛林中，往往有能者"（《江湖异闻》，转引自《少林寺资料集》）。所言丛林应为庙宇即天地会，旧时少林僧兵活跃于军队，然武僧则隐匿于民间天地会。少林武术堪称中国军事武艺的最高峰，早期少林寺派教师在军队和民兵中传授武艺，后来则直接在民间授武，自然而然地就有了"天下武功出少林"的说法。

清政府的镇压政策，使少林武术离开了军事活动，转为民间活动，主要有以下几种形式。

1. 保镖护卫

传统四民中，商业利润之高，人所共睹，在中国传统社会后期，人们对商业的观念逐渐改变，商业成为人们乐居的行业。清代的商业活动，受交通状况和社会治安影响较大，风险指数高。康熙时，有盗贼团伙以老爪为首，烧杀抢掠客商不计其数。清代商人为降低商业风险，常有行商者习武自卫，大多数商人为防不测，不惜重金雇佣镖师。少林功夫家喻户晓，身怀绝技的少林武者成为镖师之首选。《清稗类钞》（五十《技勇类·孙贡玉碎铁署》）记载："孙贡玉曾习拳于嵩山少林寺，归后商贾多聘其护镖。"当时，社会动荡，治安混乱问题突出，个人的生命财产难以保全。如清初太湖有赤脚张三等在白昼抢劫，绑架缙绅、富人，勒索巨资；夜晚则烧杀恫吓，令缙绅们心惊肉跳。（八十三《年盗贼类·苏盗打粮》）为保全性命财产，富有商人、地主、官僚为防强盗杀人越货为非作歹，高薪雇佣技艺超群的保镖护卫家院，由此推测，通晓少林武艺的镖师在这个时期市场需求旺盛。

2. 民间传艺

统治者对嵩山少林寺实施高压政策，大量僧人被迫外逃。《清稗类钞》记载："叶鸿驹曾入少林寺习武十年，归后即设馆授徒。"开设武馆教授徒弟，收入颇丰且比较安全，成为少林武僧谋求生存的重要途径之一。不少少林武僧转型成为教头，抑或为镖师，有些落草为寇，更有甚者流落街头靠卖艺为生。《清稗类钞》明确记载，一少林武僧携带一徒弟，师徒二人徒步从千里之遥的嵩山少林寺辗转至南海，设场卖艺，以卖拳棒糊口谋生。街头卖艺，在客观上起到了传播少林武术文化的作用。清代少林武僧窘迫至极，所谓流落街头卖艺，从某种程度上说明，少林武术在明时的风光局面已经荡然无存，清代之后反遭身价大跌。

3. 健身延年

少林武术的社会功用之一为健身。《清稗类钞》记载，有失明者前往嵩山少林寺请求拜师学艺，寺僧将五百铜钱掷于少室山中，让其找寻，找足后传以技艺。失明者摸索寻觅，找到 499 枚后，拼命寻找最后一枚。一日，忽然找到，狂喜之后眼睛复明，如愿受艺而去。另有一下肢瘫痪者以健身之名前来学艺。

少林武术在清朝淡出政治，在传播与生存空间方面，仅通过民间社会输出少林武术，与明代相比，其生存与发展渠道受限严重。然而随着中国近代化进程的推进，特别是近代交通、通信、金融等行业的发展，清代中期以后，特别是清末，原本狭隘的少林武术传播空间更趋萎缩。钱庄和票号出现之后，客户可方便又安全地凭票到指定联号兑取现银，彼时镖师雇请量急剧下降，在商业保镖领域，少林武术逐渐退出。近代热兵器之应用普及后，少林武术之战术意义逐渐丧失，实战功能空前弱化。少林武术的健身空间，也受到近代医术的发展带来的挑战。清政府压制疏远，加之近代化等因素之挤压，清代少林武术之没落成为必然趋势。

与明代相比，清代鲜见少林武术，且有关少林武术理论的著作数量和质量都无法与前代相提并论。吴殳的《手臂录》与曹焕斗的《拳经拳法备要》等著作大多翻版明代，由此，说少林武术于清代衰败毫不为过。义和团运动失败后，许多拳术、技械明显被冷落，甚者失传。

第三节　清代少林武术文化的特点

一、少林武术神秘化阶段

少林寺与清政府关系对立，少林武术在清朝发展困难，使少林武术流落民间。少林武术在民众之间广为流传的同时也被大肆渲染。清朝很多小说也把少林武术写得非常神秘。

其实，关于武术的神奇传说，在中国早就有了。唐代笔记小说，就已经把剑仙武术描绘得神乎其神。到了宋代、明代，笔记杂录、传奇志异，诸如走丸、飞檐走壁之类的故事比比皆是。但在明代以前，神话的武术和实际的武术，却如平行线一样，永远没有交集。把武术吹得天花乱坠的只是小说家，正史形容武术高强，只是说"弓马娴熟""精于骑射"，武术家们练习的则是实实在在的武艺。但从清代开始，这两种武术开始合二为一。也就是说，武术家们开始练习神秘莫测的武术。

《少林拳谱》记载，少林寺原有三十六硬功、三十六柔功，又称三十六外功、三十六内功，均在少林门中秘传，但无详细记载。现在所说的"少林七十二艺"，通常被认为是少林功夫的总称。而"擂台""机关木人"等常在传说和近代的武侠小说中被称作神功。少林武术在神秘的面纱背后难现"庐山真面目"。

少林拳谱

在清代，有两大民间组织，北方为白莲教，南方为天地会。前者是一个秘密宗教组织，后者则为一个秘密会社组织。白莲教诞生于宋代，在元、明、清三代都发生过起义，以宗教作为号召；天地会诞生于清代，以"反清复明"作为政治凝聚。正是因为有向统治者进行武装反抗的需要，这两大反清组织都非常重视武术，都有组织内部成员习练武术的传统。

白莲教系统的组织，亦有以少林为号召者。如道光年间，四川南川县韦绍闲兄弟和罗声虎兄弟等，在云南开化府经商，遇同乡陶月三传以青莲教，陶"传以符水治病术""只用清水一碗，烧燃檀香，在水碗上画符念咒，吃水之人，即有神附体，自能打拳弄棒，名为少林神打。男女皆可学习"。这种"画符念咒""有神附体"的"神打"，居然也称少林。清代以后少林武术神秘化，少林武术技术中混进巫术内容，白莲教显然要负主要责任。

天地会系统主要是政治组织，它依靠坚定的政治信仰和严密的组织纪律，并不完全需要以巫术之类的手段来笼络、蛊惑会众。但天地会毕竟不是现代政党，也没有先进的思想装备，其成员多数是没有文化的下层群众，其组织更是旧式的模仿宗法血缘的形式。由此推断，天地会也不会完全不借助巫术或神秘化的手段。乾嘉时期，天地会内部传习的拳棒符书中，就有"废出新弟子，十八般武艺，手段高强。千拳打不动，万拳打不人"及"天地、阴阳、兵符，雷兵雷将"等语。回顾少林武术在清代的神秘化，显然不能说与天地会毫无干系。

首先，在天地会编造的关于少林寺的传说中，有了一些神秘化的内容。如征西鲁的故事中，领兵的少林寺方丈达宗和尚，首战便是"抽出宝剑，施以法术，口中念念有词，祈求上天和六丁六甲助他取胜。当战斗激烈进行时，果然天空中飞沙走石，狂风四起，灰尘蔽天，西鲁士兵互相践踏，终于完全溃败"。（《清史资料丛刊·天地会》第一册"反清复明"条，转引自《少林寺资料集》）达宗的手段，显然是巫术而不是武术。

在清代，巫术开始大量流入少林武术中。金恩忠在《少林七十二艺练法》中写道：

> 一指禅功为阴手，亦少林七十二艺，软功中之狠毒者。练全功于一指，如少林江南著名拳师滕黑子，一指功夫，曾练四十年；然一指竟能漫游南北无敌手，是亦难能而可贵也。初练时，悬一铁锤于常经过之要道，出入必见，见必以一指击之，每日如此。初时指着锤而锤不动，其

后渐能摇动，然后渐渐向后移步，至能指不着锤，凭空一指，锤亦动摇。至此一指禅功，第一步功夫已成就矣。然后于广庭之中，置灯若干，每于夜静更深之际，一一燃之，人立于灯前，以一指遥指之。初时仅灯焰摇摇，如被微风者然。习之既久，但用一指，向灯弹之，被指之灯，立时扑灭，指无虚处，竟如有扇扇灭者。于是第二步功夫成。再以纸幕灯之四周，作风灯状而习之，至纸不破而灯熄，于是第三步功夫成。再以玻璃隔之，至一指即灭，而玻璃不损者，一指禅大功告成矣。至此须十年苦功，较红砂掌、黑砂掌、五毒手更进一等，难须恒字，方可成功。

欧阳绍熙《清潭》载：

一日，有瞽者来请业，僧视其瞳尚在，特外受膜障，持青铜钱五百，撒掷山上下，使瞽者觅之曰："尽得当传汝技。"初不得，甚焦急。渐得一文辄喜，复连得数枚，日以为常。两餐外，踯躅山上下，暗中摸索。阅年余，竟得四百九十九枚，其一大索不得，忽一日摸得之，狂喜，目顿明，竟受其技去。又有患痿症者，两股不能动，亦持资来学。僧命沙弥拾石子，筐盈置其旁。山上画大墨圈，命之击。既久，辄中。又画小圈，无不中。乃命击飞鸟，鸟应手下。后以石子小于芥者，掷鸟目，目穿而坠。前后左右，惟所击之，无不如志。师曰："当技成矣。"后每坐船头护水标，身旁置石一器，剧盗咸不敢近，遂业此终老焉。

这两个故事和《列子·汤问》中纪昌学射的故事异曲同工，但二者的目的显然都不可能达到。直觉类推是巫术的特点之一，武艺再精进也有限度。不断地盯着目标就能使目标变大，不断地去指就会力量大增，不断去练竟能以小石子击中鸟目，这只是一种模仿巫术的想象。这和认为向着一个方向、一个物体努力不懈地刺去，就能作用于它，最终刺倒它，完全是一回事。

指禅

二指神功

横踏壁行

倒挂金钟

《少林拳术秘诀》中还有关于所谓"腾身纵跃术"的练习方法：

> 至腾身纵跃术，习之殊不易，若在少年时，专心学之，三年功夫，可以飞腾二丈以上，再久练不辍，更能逐渐增高。此术在道咸间，北方健儿能之者不少，近则滇黔豪客最喜习此技。如吾所见滇黔人士之以此技著称者，已有十余人之多，亦风尚使之然也。其法：先于地面掘一圆径之穴，深度则初时以五寸内外为限，宽则以能容双足为度。演练时，立足于其中，直腰硬腿，向上作跳跃式。每次只可跳跃三五十回，以后则逐日增加，倦即稍息，不可过劳。凡初习时，虽跳跃此五寸深之穴，非半年功夫，难于跃出，因直腰硬足，不易用力故也。至能跳高四五寸后，则逐渐将穴掘深一二寸，如是增加，约至尺余，则曲腰作势，可以飞腾逾丈矣。然此非二三年苦功夫不可，勿宜求速效也。如至跃能逾丈

后，再须以铅锡铸造圆瓦形之物，紧扎于腿胫间，每张铅片初则五斤，十斤，以次递加，量其力之所及，与功夫之深浅。倘能于左右腿扎紧铅片二三十斤，直其腰可跳高一尺余之土穴者，则解去铅片，便能飞腾数丈矣。但此总须恒心耐苦以习之，无有不如愿以偿者。

毋庸多言，飞檐走壁纯属虚构。但总是有那么几个人拼命去做，坚持不懈以为能达到目的，这显然是巫术思想。但正是这些巫术思想存在并融入少林武术中，使少林武术在清代非常神秘。

二、武术之正宗说法出现

在"天下武功出少林"传闻的影响下，武侠小说中经常将"少林派"描绘成隐然执天下武林的名门正派。相关的武功，如"七十二绝技""易筋经""佛影杖法"等，无不声威远播，成为武功的翘楚；江湖上许多武功，也多半是由少林武功派衍生而出的。如金庸《笑傲江湖》中，林平之的外公金刀无敌王元霸，就是出身于"南少林"（福建莆田）的高手。"俗家弟子"在武侠小说中往往仅是聊备一格，无非借以强调少林武学开枝散叶的声势，真正的高手还是出在嵩山的少林寺中。但是，据载籍的实际叙述，少林的武功，自宋以后盛衰不一，明代中叶，甚至一度跌入谷底。其间振衰起敝，重衍少林武学命脉的，不是在寺里的高僧，而是"俗家弟子"俞大猷及其《剑经》的功劳。

少林寺被武侠小说奉为武学正宗与武林第一门派，然而门派观念却在武侠小说中出现较晚。清代，关于少林僧人、少林武功的描写才在小说中出现，清代以前几乎没有类似表述。

清光绪十九年（1893年），少林派以武林门派出现。石印本小说《圣朝鼎盛万年青》（又名《乾隆游江南》等）中，第一次出现关于少林派与武当派、峨眉派争斗的描绘，结局则为少林派全军覆没。然此少林派非嵩山少林寺，而是福建少林寺。福建的少林寺被称为"南少林"，嵩山少林寺与之相对，则被称为"北少林"。"南少林"存在与否，地点在莆田、泉州抑或是福清，现无定论。从现有资料（关于民间的武林流派、现有的文献记载和武术界人士的认可程度）来看，"南少林"在泉州的说法更被人接受。《圣朝鼎盛万年青》面世后，"南少林"的故事在武侠小说与影视中出现的频率，便如雨后春笋，层出不穷。但主角似乎一成不变，出不了《圣朝鼎盛万年青》中的方世玉、洪熙官、至善禅师、五枚师太等人。

明代，少林棍术已经声名远播，少林武僧则致力于提高拳术。明末，少林拳术"犹未盛行海内，今专攻于拳者，欲使与棍同登彼岸也"，因而寺僧多攻拳。此时，国家内忧外患，文人以图报国，主动习练武术，一时掀起文人习武之风。武装抗清大败，耿介之士不愿蓄发留辫，耻于臣服于新朝，争相剃度为僧，隐退于山林。这些隐士文化素养高，且武术功底深厚，他们将汉族民间之武术与少林武术融合，使少林武功越发精良。

清代，习武之风依然盛行于中原腹地。雍正五年（1727 年），朝廷发文严禁汉族在民间习练武术，然少林寺僧众暗中演武从未中断。少林寺反清复明的意识引发朝廷关注，汉族民间之少林武术则通过秘密会社广泛外传。此阶段，寺院武功发展迅速，成为中国武术史上一个备受瞩目的景象。

明末清初，少林武术在自身基础之上与北方拳派融汇提炼，形成技艺超群的少林拳系，且被尊崇为武术正宗。僧俗两界武艺交融共生，促使少林武术之声名愈加响亮，北方某些新派假借少林之名出现。少林拳系实则几乎囊括中国北方区域所有的武术派别，是以有"天下武功出少林"一说，中国北方武术统称为少林武术。

三、少林武术的民间地位

清代，由于朝廷禁教少林武术而遭到压制和禁止，武僧练武由公开变为隐蔽，演武活动销声匿迹，直到清末。但在社会上，少林武术声誉更加卓著，流传更加广泛。康熙后期，少林武术在社会上的传播已相当广泛，不仅天地会说武艺出自少林寺，民间习武者也沿袭教会、帮会的说法，说自己的武艺出自知名的少林寺。清康熙时长洲人褚人获《坚瓠集》载："今人谈武艺，辄曰：'从少林寺出来'。"这句话实际上就是后来所说的"天下功夫出少林"的早期表述。

少林武术在清代非常神秘，关于清代少林武术的民间传说有很多。

《清稗类钞》五十《技勇类·石达开碎碑》载：

　　道光中，石达开游衡阳，以拳术教授弟子数百人。其拳术，高曰弓箭装，低曰悬狮装，九面应敌每决斗，蠢立敌前，骈五指蔽其眼，即反跳百步外，俟敌踵至，疾转踢其腹脐下，如敌劲，则数转环踢之，敌随足飞起，跌出数丈外，甚有跌出数十丈外者，曰连环鸳鸯步，少林寺、武当山两派所无也。教授于古寺中，前幢有丰碑，高二丈，厚三尺。一日，石将远去，酒后，言："吾门以陈邦森为最能，应一较艺吾身紧贴碑，任汝击三拳，吾还击汝，亦如之。"邦森拳石，石腹软如绵，邦森拳如著碑，拳启而腹平。还击邦森，邦森知不可敌，侧身避，石拳下，碑裂为数段。

由此记载，石达开身怀绝技，武功之高深，受人敬仰，可见当时武术的社会地位。

《清稗类钞》五十《技勇类·眇僧用五毒功》载：

嘉庆时，湖州练市镇有拳师濮焕章，名甚著，尝应聘四方，后年老倦游，乃家居。邻有鱼牙沈大，孔武有力，能以一手断奔牛脊骨，亦粗通拳脚。性横，好斗。所居近塘为南北孔道，一日，有商载巨资泊舟河下，二少年保镖，登岸市鱼，偶与沈忤而相竞，为沈击败，天明解维去。

越岁余，镇忽来一眇僧，折臂跛足，若不胜衰迈者。日乞于市，经沈门，沈呵叱不去，不与，强索。或劝之行，僧曰："余索钱，以时之久暂论数之多寡，此间居士当厚我偿。久立，庸何伤？"沈闻，大怒，骂曰："秃贼将诈我耶？"直前批其颊。僧闪过，骈二指捺沈臂，曳之。沈被曳，遽出槛外，复腾一足起，未及中僧，反颠仆数尺外。僧乃疾趋而去。濮时适倚门闲眺，睹状大疑，追及僧，揖而问曰："老和尚何来，与沈何仇？"僧笑谢无他。濮曰："是必有故，愿无深讳。"僧始自言从少林寺来。因转诘姓氏，濮告之。僧拱手致敬曰："慕盛名久矣，既承下问，焉敢固秘？烦代寄声沈某，曩年遭击之二镖师，小徒也，彼如欲活，须于明日往龙翔寺方丈觅余，过午，则行矣。"濮骇问何功，曰："此名五毒功，异人传授，不在寻常武艺之中。学此术者，平日搜罗虺蝮等最毒之物和药啖之，使毒气深入肌里，功行既足，凡以一指著人肤者，其人七昼夜后皮肉悉化脓血，无药可治。然余有秘方，可愈也。"濮亟为沈详述之。沈初不信，既而渐觉僧所捺处微痒，搔之，觉甚适。而创痕渐阔，皮肉应指腐落，血流衣袖，作深黑色，始大怖。乘夜奔至龙翔寺，果得僧，即长跪乞命。僧诮让良久，然后徐徐出药一丸，如龙眼大，令调水服之，笑曰："愈矣。"沈拜谢而返，臂创果愈，但痒处黑毛丛生，剪去复茁。

由此段资料记载得知，少林武术已在当时社会传说中被神化。

铁头功

卧修龙潭

倒卷帘

连环穿心脚

《清稗类钞》五十《技勇类·周保绪习易筋经卷帘术》载：

荆溪周保绪教授济，嘉庆乙丑进士，为淮安府教授。少工辞章，与张翰风、李申耆善。又习易筋经、卷帘诸术，拳勇技击一时无两。初客宝山县署，县令钜野田钧敬礼之为上客。田丁忧，以交代未清，羁苏州，时李文成之乱连及山东，田念母柩未葬，虑毁于贼，北望号泣。周慨然，与武举任子田往视，两人单马持矛出入贼薮，凡刺杀百数十人，葬田母毕，复并骑反，历十八日以报田，田泣拜之。

官淮安日，与漕督周文忠公天爵、知府周听松焘并以勇力闻，号淮有三洲，以洲之音同于周也。城守营参将某以剿川、陕教匪立功，自矜武力，周曰："姑至敝署一较，何如？"翌日往，共赌跃大成殿，周十上十下，如飞鸟濯翼，超过檐际，某仅得其六，微侧，遽堕，折其右足，医数月，卒跛而行。

山阳有豪胥，士绅多折辈行与交，见周，唱喏而已。一日，周散步署前，胥适过，呼之来，以所吸烟筒铜斗遍击其首，叱曰："速去。"胥至家，首暴痛，肿几如斗，呼暑求死。胥妻子知胥罪，泣跪阶下求救，命舁至，又以铜斗微击数周，痛立时止。

两江总督孙寄圃制军重其才，属统江淮缉私之任，资以厚糈。乃招置奇材剑客，辟园亭于扬州，日夕训练，先后捕获枭匪数辈报孙，凡累致数万金。当其盛时，妖姬曼舞，迭侍左右，醉则使矛如风，或纵笔为巨幅山水，一时尽十数纸，下款署介存。久而厌之，散遣壮士，斥财立尽，一意闭关著书，遂成《晋略》。周文忠督鄂日，犹招其一往，未几卒。

该段文字记载了"易筋经、卷帘诸术"的高深莫测，掌握此功法者受到当时社会的称颂与官府的重用。

《清稗类钞》五十《技勇类·李有山用枣木棍》载：

新会李有山习拳棒，少林派也。游都门，在豫邸数年。有某师者，禅杖重数十斤，有山持枣木棍，与较胜负，竟败之，名噪甚。中岁归里，隐居授徒。偶值乡中赛神演剧，往观，其徒旁侍，徒之徒又旁侍，列其旁者殆数百人。一日，有一人年约二十，衣服华美，神采焕发，从一鬈发奚童，年十三四，盖外来人也。乡人尊有山为师傅，凡师傅过处，辄相避成路，而外来人未之知也，望望然，柴立其中央。其徒辈讶其不避，厉声叱之，其人仰首应曰："是官也耶？"则又叱之曰："尔盲耶，不识李师傅耶？"其人逡巡欲避，鬈发奴曰："是尚可忍，主人不动手，奴亦不能恕之矣。"有山门人皆少年喜事，蜂拥而前，主仆二人举手提人，掷诸数十步外。有山不得已，亲往交手，一迎拒间，其人喝曰："止，尔少林派也。尔师为谁？"有山告之，其人袒臂示有山，贴金刺字一行，则少林传授世系也，盖与有山之师同出一门焉。

此段是记载少林棍及少林棍法之强大，习练少林棍法被当时社会热烈推崇。

霸王敬酒　　　　　　　　　　　　　　　罗汉睡觉

龟吸大法

《清稗类钞》五十《技勇类·郑大腹水面作蜻蜓点》载：

常熟西乡有郑姓者，失其名。殊健饭，食兼人犹不能果腹，每日抚其腹曰："如此大腹何?"人因以大腹名之。多力，善技击，得少林宗派，能于水面作蜻蜓点，一跃数十丈，视城垣如门阈。时江湖多盗，行旅皆以壮士为卫。有汉口富商，以巨瓮纳白金万余两载舟南下，郑与偕行。行扬子江，日向夕，风利不泊，旋觉有异，泊焉，检瓮，则已失。遥望烟波中，隐约有人影奔窜，郑跃水迅追。稍近，微辨其为僧，手提两瓮，踏波如飞，郑点水尾之，僧登岸，郑亦登岸。

行里许，有兰若，四周石壁颇峻，僧耸身入，郑随之。僧至佛殿，置瓮廊下，顾郑笑曰："劳汝追随，且止宿。"郑领之。乃设酒食，恣饮啖，既毕，以灯导入禅房。房小而洁，中横石榻，左右列几，榻有衾褥，无帷帐，仰瞻屋梁，铺板作阁，板多隙，僧挂灯于壁，拱手请高枕，遂出户，反扃其门去。郑疑，不敢卧，假寐几侧。夜将半，闻板阁有声，簌簌如密雨，从隙中落榻上，郑惧，不敢一探首。逾时始寂。天明视之，则短矢猬集，长三寸，聚刃盈榻下。郑知僧所为，乃蟠坐矢端，而矢不一折。及僧启扃入，笑谓郑曰："夜间相戏，汝乃尔尔，不免大材小用。"郑曰："我坐蒲团耳。"僧点首，挽郑出，盥栉讫，进以麦饼。郑请还瓮，僧曰："必一角胜负，胜则许，负则否。"郑曰："如何？"僧指石壁曰："递相袒腹，背倚此壁，各击腹三拳，无伤者胜。"郑问孰先，僧曰："子，客也，主不先客，请子先击。"言毕，慨然袒腹倚壁，曰："来。"郑自恃其力，奋拳击僧腹，如击巨石，寂不动。郑骇极，拳再下，腹坚如前，僧但微笑，而郑力疲矣。及三击，僧鼓腹郑前，示无伤意，然后请还击。郑颇窘，然不能辞，乃逡巡效僧所为。僧从容进，左手揭衣袖，右手挺拳入，郑急以背缘壁上跃，避僧拳，此名壁虎游，盖少林秘传也。僧出不意，收拳不及，入于壁，没腕。郑骤落，力挫僧臂，臂者如藕折。僧曰："好，子可取瓮去，异日再相见也。"郑亟提两瓮返。

郑自此隐姓名，徙居远乡，无子，唯一女，亦以力称，得父传。家甚贫，郑每食不获饱。女嫁武弁某，常馈米肉，颇不乏，勤于省父，旬日一归宁，归必致父于醉饱，常佣于人以疗饥。一日，女归省，突有人排门入，视之，僧也。郑不及避，僧已至前，揖郑而言曰："访君久矣，今始得晤，别来当无恙。"郑知其意，乘未备，起右脚踢僧肾，僧让步，骤以左手接，变色责曰："君殊孟浪，故人远来，不叙寒暄，而遽用武，岂我臂未痊，不能擒君足耶？君断我臂，我断君足，不亦可乎？"郑以足在僧手，窘甚。女从旁呼曰："父亲何不作双飞蝶？"郑顿悟，左足又起，僧伤颐而仆，郑与女共杀之，瘗于后圃。所谓双飞蝶者，乃两足并起之名。凡少林派，虽一足为人所执，一足犹能平地疾起，力踢敌人之颐，此固郑所素习，仓卒间忘之，微女之呼，几丧僧手。由是愈不轻出。

此段记载主要描述了少林武术的轻功和气功之玄妙、高深。

《清稗类钞》《盗贼类·胡大拒捕》中有：

> 粤东有胡大者，积年剧盗也，雄捷能跃楼门。少时习少林拳棒，得秘授。其师曰法云上人，尝戒之曰："观子之貌，当入于邪僻，以非命终。然子之聪明才力，实为及门冠，吾传衣钵得矣。吾有绝技，舍汝无可传者。但传之，则恐汝为害于人；不传，恐此艺湮没，岂不可惜。"胡指天自誓，谓必束身正道，不为师门玷，法云乃尽心教之。
>
> 及胡父母亡，乃为盗，明火执仗，横行乡里，积案累累。捕役畏其勇，莫敢撄。一日，胡潜至省垣，匿城西塘鱼栏附近，踪迹诡秘。某弁亦以拳勇名，闻之，选壮勇百余，各持枪械前往，围之三匝。时胡手无利器，从容启户，以酒肴陈于厅事，高坐细嚼。众相视，莫敢先发。某弁大怒，持矛迳入，众亦随之。胡掷杯大笑，跳而前，大声谓众曰："勿太相逼，乃公去矣。"言未毕，滚入人丛，三起三仆，凡壮勇手中所持刀棍皆落地，若有摔之去者。某弁举刀飞掷之，误中阶石，火星迸发，而胡已逝矣。然壮勇已死三人，伤者十余人，盖皆在前列，而为其拳脚所奋踢者也。

此故事详细描写了少林武术为坏人所掌握，为百姓带来的灾难。

在《少林拳谱》中的少林练功总诀中载有："少林武艺十八般，拳法首列诸艺源。拳术一通晓百械，拳法初功优占先。运气用气与纳气，手足身法眼法合。筋法合法练身法，虚实进退灵中练。呼吸动静久磨练，枪刀剑棍皆为源。单练功深双群打，对练步步出实战。少林功夫出苦恒，少林武技妙在精。"[1]

以上关于少林武术的传说，不一定真实，但也有一定的依据。少林功夫内容丰富、套路繁多，有内功、外功，还有空手器械等。少林武术，无论是养生还是技击，都有较强的实用性。以上为清代关于少林武术的部分传说，把习练少林武术之人说得神乎其神。可见武术通过民间传播，有了很多神话的色彩，少林武术在清代民间很被认可。虽然传说的真假有待考证，但这足以说明，少林武术在当时社会的影响力极其强大。

---

[1] 德虔. 少林拳谱 [M]. 北京：人民体育出版社，2010.

本章小结

少林武术文化历史流变与社会互动发展离不开社会主流文化意识形态。少林寺的发展随着统治者的价值取向变化及社会环境的变化而发展。在清代，少林武术的发展经历了异常严峻的历史阶段。

首先，"内家"和"外家"两词开始出现。在清代，"内家"和"外家"相互对立存在，它们的主要代表是武当和少林。不管是在宗教、政治还是军事上，"外家"少林寺、少林武术都被打压，顺势而起的"内家"在当时占有了一定的地位。

其次，从宗教上来讲，清代各统治者遵从藏传佛教，对中原佛教态度冷漠，而中原佛教起源于少林寺，这就使少林寺失宠于清政府，得不到发展。少林武功在清朝作为神秘的化身，自然有很多神话传说。

①少林武术在清代被传授者加入了巫术。当然，少林武术并没有想象中那么神秘。《易经·系辞上》曰："化而裁之，存乎变；推而行之，存乎通；神而明之，存乎其人。"

②清代关于少林武术记载的真实性有待考证，清代的一些小说家大肆渲染，使少林寺和少林武术略显神秘。

③少林寺和少林武术神秘的色彩确保少林武术在清代得以生存。从武术角度看，少林武术是固定的，所谓练到"化"境，就是"化而裁之"，其关键在于变化。是否精通，要实战，即"推而行之"。至于是否能达到"神明"之境，则要看人的追求、悟性和实践了。这就是少林武术神秘的地方，就像王宗岳《太极拳论》所说："由招熟而渐悟懂劲，由懂劲而进阶神明，然非用力之久，不能豁然贯通焉。"

再次，从政治上来讲，少林寺和明政府关系友好，在清朝初期，少林寺非常拥护明政府的统治，还制定了一系列的寺规来对抗清政府。清政府统一中原后，不可能让这样的组织过于强大，所以采取了一系列的打压政策，使少林寺的生存空间逐渐减小。

最后，从军事上讲，明代僧兵参与军事战争拥有较高威望，使清政府畏惧少林僧兵和少林武术，致使在清政府统治中原后，对少林寺和少林武术采取打压政策，也就有了禁止少林僧人习武的说法。期间又有"反清复明"的民间组织，借少林寺的名义进行"反清"斗争，使清政府对少林武术的态度越来越冷漠。

第四章

民国时期少林武术文化的沉沦与进步

　　民国时期政局动荡、内战频繁，经济凋敝、民不聊生，虽然这一时期持续时间短，但经历复杂。在这一特殊时期，少林武术的发展举步艰难，在几代少林住持的保护下，少林寺及少林武术在困境中顽强生存。民国时期提倡的实用主义体育思想、军国民教育思想和民族体育思想占据主流地位，这三大思想对我国武术理论有着深远的影响，因为符合当时的历史发展状况，与当时的政治、经济、思想、文化和军事紧密相连，且对武术思想的提倡和发展，乃至对当今武术理论倡导也有很好的借鉴价值。民国时期，鉴于少林武术在社会上的广泛流传，虽然少林寺没落，但少林寺僧依旧保持着习武传统。另外，在这一时期，河南省国术馆在几代馆长的打理下取得了很好的发展，学员人数众多，在很大程度上传承和传播了少林武术，为日后少林武术的发展奠定了基础。

第一节　民国时期的时代特征

　　民国时期是中国历史上的一个特殊过渡时代，它是中国社会由传统向现代转型的一个特殊时期。民国自 1912 年至 1949 年，历经 38 年，分为三大阶段：第一阶段，1912 年 1—3 月，南京临时政府统治时期。此阶段社会相对来说比较安定。第二阶段，1912 年 3 月至 1926 年 7 月，北洋军阀统治时期。北洋军阀政权主要代表大地主、大买办阶级和帝国主义的利益，对内压迫剥削人民，实行专制独裁统治；对外奉行妥协退让，出卖国家权益，博取帝国主义的支持。其在此期间的时代特征是政局动荡、内战频繁，经济凋敝、民不聊生，社会动荡不安。第三阶段，1927—1949 年，南京国民政府统治时期，其在此期间的时代特征是政治独裁、排除异己，军阀混战、反共反人民、经济掠夺。

民国持续时间虽短，但经历却实为复杂，民国在混乱中求生存、求发展。

一、"沉沦"与"进步"共生

1911 年辛亥革命爆发，1912 年在南京成立临时政府。从此绵延两千多年的封建君主专制制度在中国彻底覆灭，资产阶级共和国由此诞生，这在中国人民反帝反封建的斗争史上具有里程碑式的意义[1]，实现了中国社会由传统向现代的属性转变，推动了中国社会的进步和发展。辛亥革命后，新的社会因素无法在短时间内完全代替旧有的社会因素，故而，当时的中国出现了严重的社会与政治难题。主要的难题有：①帝国主义势力仍然存在，骑在中国人民头上作威作福；②落后的政治、文化、思想根深蒂固，还难以消除，有时甚至会掀起复旧风浪；③旧有的自然经济模式依然占据主导地位，先进的资本主义经济制度发展微弱；④北洋政权内部争权夺利，战争连绵不断。据此，"沉沦"与"进步"共生成了民国时期社会的一大特征。

二、"土体育"与"洋体育"之争

辛亥革命结束了中国两千多年的封建君主专制制度，但从政治、经济、文化等方面并没有彻底摧毁其在中国的影响。随着袁世凯专制独裁、复辟帝制与革命党人坚持民主共和、反对复辟之间的政治斗争，文化界展开大论战，这在当时是一场前所未有的东西方文化碰撞。这场论战以如何确立中国现代化的文化取向为中心。"土、洋体育"之争其实质就是，当时中国是走民族传统体育的发展之路，还是走西洋体育发展之路的争论。所谓"土体育"是指以武术为代表的中国民族传统体育项目，如武术或称国术。所谓"洋体育"是指以现代奥林匹克为代表的西方体育项目，如由欧美传入的近代田径和球类运动项目。当时国内一些"国粹"保守派排斥外来文化，认为西方文化源于中国，他们恪守中国本位文化，笃信中国传统文化必然胜过西方文化。而积极派则认为以欧美为代表的近

---

[1] 陈胜粦. 论孙中山在创建南京临时政府时期的斗争 [J]. 中山大学学报（哲学社会科学版），1979
（4）：61-80.

代体育运动项目，按照一定体系标准制定章程来布局运动竞赛，具备科学性与先进性，因而倡导实行"洋体育"。

第二节　民国时期少林寺住持伟绩

一、恒林住持亲任护寺团总，担起地方治安重任

释恒林（1865—1923 年），俗姓为宋，出家后法名恒林，号云松，河南伊川县人[1]。恒林住持的父亲以耕种田地为生，恒林有读村塾经历，学问虽不高深，但能读通常规书本。1912 年，恒林担任少林寺保卫团团总。面对当时的混乱局面，为维持地方安宁，恒林召集众多人员，购买枪支、训练战技，组织民团，担负起维护地方治安的重任。1920 年，天逢大旱，农民颗粒无收，乡间土匪十分猖獗，劳苦百姓苦不堪言，恒林率民团与土匪多次交战，最终在少林寺附近西熬子坪将土匪一举歼灭，从此土匪再无骚扰，少林寺周边得以安宁。恒林事迹获得当地政府赞赏，方圆数十里居民也都对他的行为大加称颂。

二、妙兴住持开创传武先河，摒弃秘籍传授旧习

妙兴（1891—1927 年），字豪文，河南省临汝县谢湾村人，由于他的武功高强，因此被人称为"金罗汉"。妙兴，八岁出家，师从恒林，在恒林的悉心传授下，习得少林嫡传拳术以及镇山棍、罗汉拳、点穴、卸骨、擒拿、按导、练气行功等功夫。

1923 年，恒林圆寂，妙兴继任当家和尚。妙兴为发扬武术，强种强国，打破了院内历来武功秘技不外传之旨，从此少林历代宗派之秘技，广传于俗家弟子。妙兴这一举措，为少林武术的传播做出了不可泯灭的贡献。妙兴住持少林寺期间著《少林宗派渊源世系图解》《少林拳解》《少林棍解》《达摩五拳经》《禅杖图解》《少林戒约释义》《增补拳械箴言》等书多部。遗憾的是，少林寺连遭战争破坏，寺内浩瀚藏书破坏流失者，不可胜数。

民国十三年（1924 年），吴佩孚授命北洋政府掌管洛阳地区，其部下张玉山

---

[1] 释永信. 少林功夫 [M]. 北京：华龄出版社，2007：167.

获令收编第一师别动队在登封地区。传闻少林寺藏有缴获土匪所获枪支，张玉山属下卢耀堂下令收编少林寺僧为保卫团，任命妙兴为第一团团长。少林寺僧被收编后，继续驻扎登封，1927年，吴佩孚下令少林寺僧组成的保卫团调往郑州，后又调至舞阳，同年三月，妙兴阵亡，年仅三十六岁。当年六月，妙兴遗体由徒弟体信、护兵郑法永运回少林寺，安葬于其师父恒林墓旁。

三、素典知客广纳仁人志士，开设武术教学课程

素典（1878—1946年），少林著名禅师，号清禅，河南偃师逯寨人，光绪年入少林寺出家。1912年，为平匪患，素典辅助恒林建立少林保卫团，少林区域复得平静。走五台、奔峨眉、下宁沪，讲经传法，素典佛门扬名。1928年，千年古刹少林寺遭石友三大火焚烧劫难。素典受命于危难之间，出任少林寺知客，广泛接纳四方志士仁人，力挽狂澜，力图复兴少林。1930年，他协同淳朴、贞绪等筹募资金再建初祖庵大殿，才使河南最古老的建筑能够维存至今。为了应对少林功夫后继无人之局，素典与贞绪等齐心操练寺僧，并于少林中学开设武术教学课程，以继承和弘扬少林功夫文化传统。

四、贞绪住持重修少林建筑，训练武僧制敌秘诀

贞绪（1893—1955年），知名武术大师，字耀宗，巩县（今巩义市）鲁庄人，6岁出家巩县少林寺下院龙兴寺，拜纯智为师，1920年回少林寺，师从恒林，1929年任少林寺住持。1930年，为保护河南现存最古老的建筑，贞绪与淳朴、素典、贞俊、行敬等重修初祖庵大殿。1938—1944年，在天王殿到法堂之间植柏树200余株。贞绪担任主持时期，与寺僧共同修葺方丈室、立雪亭等建筑。在传承发展少林武术文化方面，他与吴三林大师等一起训练武僧，并著《交手三十诀》一书，书中阐明使用头、脚、手、臂、腿综合制敌之秘诀。

五、行正法师战乱之中护文物，带领众僧度荒年

行正（1914—1987年），字愿安，河南登封县（今登封市）城关镇刘庄人。6岁出家少林寺，拜师德保法师。1928年，千年古刹少林寺遭遇石三友火烧劫难，13岁的行正，与少林寺僧众于烈火中竭力抢救文物、法器，收拾断井颓垣

之残局。之后与寺僧一起耕田，保护寺院文物。1937 年，罕见的大旱天气"袭击"河南西部，少林寺田中禾苗多枯焦而死，行正大师不顾视力低下往返于崇山峻岭，卖煤换粮，带领众僧度过荒年。1944 年，日军侵略河南，嵩山地区战火弥漫，佛门圣地少林寺亦受日军侵犯，行正与素典、贞素等僧众，全力守护少林寺的文物及佛法。

六、德禅奋不顾身抢救文物，推动少林武术出国门

德禅（1907—1993 年），师从素光。1928 年，石三友火烧少林寺时，德禅目睹，心忧如焚的他奋不顾身于大火之中抢救出部分经卷和拳谱，为少林文化的传承立下了汗马功劳。1982 年，年迈体弱的德禅在寺院成立了"少林武术整理小组"，担任组长职务，他说"少林武术不能失传，我们要赶快整理出来，使它能发扬光大"[1]。1940 年，日本宗道臣拜他为师，学习少林武术，回国后便创建了日本少林拳联盟，在当时产生了很大的影响。德禅大师为中国少林武术走出国门做出了巨大贡献。

第三节　民国时期的武术生存状况

一、深受"三大主流"思想影响

中国武术作为华夏土地上传承几千年的传统运动项目，在不同时期倡导的武术思想不尽相同。在民国存在的 38 年里，中国政局动荡、军阀割据、战火连年不断、社会思潮猛烈碰撞、土洋体育之争等，都深深影响着中国武术的发展。虽处于战乱，但这一时期的武术仍呈发展趋势，并且取得了一定成绩。民国时期的实用主义体育思想、军国民教育思想和民族体育思想在当时占据着主流地位，这时的武术发展对近代中国武术产生了深远的影响。

实用主义体育是一种体育思想，倡导培养参与者民主自由的意识，注重体育的实用性价值，锻炼方法有效科学、运动方式自由活泼，力求参与者达到身心协调发展之目的。这种思想和当时的动荡背景亦步亦趋，并和实用主义教育，以及

---

[1] 徐长青. 少林历史与文化 [M]. 郑州：河南人民出版社，2008：176.

实用主义教学有着密切的联系，它注重用科学的方法、理论来指导体育的发展，这也表现出当时倡导的武术发展唯物观。在这一时期的主要代表人物是唐豪和徐致一。1923 年 4 月，首次中华全国武术运动大会期间，唐豪与医生一起对八十余岁的查拳大师何玉山进行了身体指标的多项检测，并观察武术对人体锻炼的效果，测试结果有力指正了相关传说。《太极拳浅说》就是徐致一参考西方体育运动的基础科学，论述拳术的技法与科学性。徐致一运用心理学原理解释太极拳对人体各部位姿势的要求，还运用力学原理解释太极拳发劲规律等[1]。以上研究，均足以说明实用主义体育思想对民国时期武术理论产生的影响作用。

在中国的封建社会时期，"儒家思想"占据主流，儒家提倡德政、礼治和人治，强调道德感化。在民国时期，这个军阀割据的动荡年代，一些有识之士为抵御外辱开始提倡"尚武精神"和军事训练。1903 年 3 月，梁启超在《新民说》一书中增加了《论尚武》一节，写道："彼日本区区之岛，兴立仅三十年耳，乃能一战胜我，取威定霸，屹然雄立于东洋之上也，曰惟尚武故。"日本强盛之因，梁启超认为是日本政府推行尚武政策。为了改变中国"重文轻武"的思想，增强军国民主义教育，蔡锷认为："军国民主义，昔滥觞于希腊之斯巴达，汪洋于近世诸大强国。欧西人士，即妇孺之脑质中，亦莫不深受此义，盖其国家以此为全国民国之普通教育，民国以奉斯主义为终身莫大之义务。"[2]

在辛亥革命的影响下，军国民教育开始受到重视，学校的武术课也开始兴起，对武术的挖掘整理开始被大多数人提倡。马良在《中华北方武术体育五十余年纪略》中说："辛亥以后，民国成立，国人益重体育。各界人士，竞尚各种体操，各种运动。嗣渐多趋重我固有之武术。而强民主义，始得倡行无阻碍。"[3]

程登科是中国近代体育史上倡导民族体育思想的代表人物之一。他认为：

①体育之目的是为健康与娱乐，但在战争年代，体育之目的不再是为娱乐与健康。此时，作为强国强种与民族复兴之希望，体育应组织化与纪律化，以实现"为国家、为民族而体育"之目的。

②全民体育化。即以平民化的运动去布局全民体育，融合西方体育之长于中国传统体育中，实现中心训练。

③体育军事化与军事体育化。基于强国强种、发展体育之意愿，民族体育思

［1］谭明玲. 民国时期武术理论对中华武术发展作用的研究 ［M］. 桂林：广西师范大学出版社，2010：5.
［2］吴图南. 国术概论 ［M］. 成都：四川教育出版社，1984.
［3］马良. 中华北方武术体育五十余年纪略 ［J］. 体育与卫生，1924（3）.

想主张体育应该推广，顺应了救国救民与图存抗日之时代趋势。

④利用军警权力推进全民体育。三青团与童子军的体育活动，有利于促进民族体育活动的开展。

民国时期提倡的军国民体育思想，符合当时的历史发展状况，与当时的政治、经济、思想、文化和军事紧密相连，对我国武术理论有着深远影响。同时，它对武术的发展与倡导起到推动作用，另外，它对当今世界的武术理论研究也有十分重要的借鉴意义[1]。

二、少林寺在战乱中被焚烧

民国时期，少林武术在社会上广泛流传，少林寺周边的几个地区成为少林武术的重要传播基地。在登封的少林寺村、骆驼崖村、雷村、塔沟村、南照沟村、磨沟村、阮村、大金店、文村等处的一些村民，习练少林武术者非常之多，并逐渐演化成了少林武术村。1937年，抗日战争全面爆发后，豫西九县成立了"少林武术救国会"，登封、偃师、临汝、巩义等县的村民为了抗日救国而积极响应，参加者有上万人，由此可见，少林武术在当时的普及程度很高。就全国来说，民国时期演练少林武术者和少林武术社团组织，数不胜数。

民国时期，少林寺虽然没落，但少林寺僧依旧保持着习武传统。少林寺的恒林和妙兴是最具影响力的两位武术大师。恒林精通少林各种功法，曾任少林寺武僧教头和住持，其门下习武弟子众多。1912年，土匪严重成患，精于武功的恒林出任少林寺保卫团团总，曾率领少林僧兵与土匪进行了大小数十次战斗，取得了多次胜利，成功地打击了土匪的嚣张气焰。恒林的弟子妙兴，在少林武僧中特别出众。他精通少林拳械及点穴、卸骨、擒拿、气功等诸多少林武术，且继任少林寺住持之后，他打破少林寺功夫秘籍不外传的旧俗，将少林功夫秘籍传授给了众多俗家弟子。1925年，段之善游少林寺，在他所著的《游少林寺琐记》中记述了妙兴及众弟子习武的情况："其初所练皆系单人拳法，功力严整，手眼身法，步步周密。演练时，全场肃静，中逢节段，莫不鼓掌如雷。复演双人对手，拳脚飞舞，纵横颠覆，犹令观者，警目夺神，为之叹赞。"妙兴大师及众僧演武情况是民国时武僧习武的写照。

[1]谭明玲.民国时期武术理论对中华武术发展作用的研究[D].桂林：广西师范大学，2010.

历史上，少林寺最鼎盛时期是在明代，曾拥有 3000 余寺僧。少林寺从明末开始衰败，至顺治末年尚有 600 余寺僧。到了民国时期，少林寺拥有 3000 多亩耕地，百余名寺僧。经过清代、民国和 1942 年河南大旱，至 1948 年，少林寺仍存 80 余寺僧，2800 多亩耕地。

1928 年，国民革命军进行北伐，建国豫军总司令樊钟秀将少林寺作为他的司令部，后被国民军石友三部击败。石友三攻入少林寺以后，一把大火将重要的殿堂焚毁，寺内所存少林武术资料被焚殆尽，寺内武僧亦四处逃散，少林寺因此走入历史最低谷。熊熊烈火在少林寺大雄宝殿燃烧了 8 天。在这之后不久，南京国民政府主办的中央国术馆（国术研究馆）宣告成立。然而，国术馆少林门门长之位由一个从来没有到过少林寺，更不会少林拳的大力士王子平担任。少林寺这一曾经的皇家寺院不复往日风采。但是，单凭武功而言，千年古刹少林寺仍然卧虎藏龙、高手如云。在恒林、妙兴、贞绪、素典之外，还有妙兴的徒弟体信、体钟，体钟的徒弟常秀、常青，以及追随素典习武的永祥，跟随贞绪训练的素喜、德根、行章等人。只可惜当时少林寺以武功汇聚人才和少林僧徒云集的时代不复存在。

三、河南省国术馆创建过程

（一）武术前辈们的卓越贡献

河南省国术馆成立于 1928 年，它是中央国术馆系统的一个分支，隶属中央国术馆管辖，下辖各县市设有河南省国术馆分支馆。1920 年陈泮岭在开封市创办了"青年改进俱乐部"，开始提倡武术。到 1926 年改名为"河南武术会"，后又于 1928 年更名为"河南省国术馆"。馆长由陈泮岭兼任，刘丕显任副馆长。武术教练多是从全国各地聘请的名家，先后有寇运兴、徐文炳、焦润田、郭详明、郑汝平、郭世铨、李承希、李义三、郭九享、时宪章、陈毅世、刘玉华等武术名家。河南省国术馆在 20 世纪 30 年代发展兴盛，曾先后举办 6 期国术人员训练班和 6 次国术省考。训练班每期招生百人，每届省考报名与参试人员达千人之庞大规模。凡省考优胜者授予"武士"称号，并颁发奖状和奖章。

民国中央国术馆馆长张之江

民国河南省国术馆馆长陈泮岭

1936 年，在柏林举行的第 11 届奥运会上，参加表演的中国武术代表团的 9 名运动员中，张文广、刘玉华、寇运兴、金石生是河南籍运动员。1937 年抗日战争全面爆发后，河南省国术馆因战火而停办。1946 年冬复馆，馆长仍是陈泮岭兼任，徐文炳、刘焕东担任副馆长，徐文炳兼任总教练。1948 年 6 月，开封解放，河南省国术馆停办。

河南省国术馆通过举办国术人员训练班，前后培养出了一大批优秀武术人才，通过举办全省范围内比赛性质的国术省考，调动了广大习武人士的积极性。涌现出很多优秀武术人才，正是这些优秀的武术人才，为中华武术的传承和发展做出了巨大贡献，尤其对河南省和开封市的贡献更具价值。

（二）河南省国术馆主要教授人员

民国时期，河南省国术馆的部分教练员身怀少林之技艺，而且大多教练员身怀多技，从下表我们不难发现，多数教练员都在馆中担任较高职务，正因为有这些高素质、高技术的教练员，河南少林武术功夫才得以很好地传承开来。其中，以陈泮岭为主要代表人物，曾任河南省国术馆馆长、中央国术馆副馆长、民国政府教育部体育委员会委员、国术教材编审委员会主任，自幼文武双修，在家习少林拳。陈泮岭生前从事革命，以办理教育、兴办水利、发扬国术、复兴固有文化、强种救国为其最大职志，生死之，后创办河南省国术馆，以"忠、勇、义、侠"为训，在抗日战争中曾发挥重要作用。

民国时期河南省国术馆的部分教授人员情况表

姓名	职务	擅长	备注
陈泮岭	曾任河南省国术馆馆长、中央国术馆副馆长、民国政府教育部体育委员会委员、国术教材编审委员会主任	少林拳、形意拳、八卦掌、太极拳、龙形剑、春秋大刀、七节鞭	—
刘丕显	曾任河南省国术馆副馆长	自创少摩拳、少摩剑，家传乾坤剑	有"神腿刘丕显"之称
徐文炳	曾任中州国术研究会会长、河南省国术馆副馆长	八式拳、长枪	有"金枪徐文炳"之称
温敬铭	曾任河南省国术馆教练，后任视察员	翻子拳、绵拳和大枪术	—
郑汝平	—	形意拳、八卦剑	二人并称"开封两条龙"
郭详明	—	太极拳	
郭世铨	曾任河南省国术馆教练员	少林拳	—
赵振尧	曾任河南省国术馆教务科长	形意拳、八卦掌、太极拳	—

河南省国术进入有组织阶段，各地经常有国术活动。1928 年，中央国术馆成立于南京，河南武术馆亦改名为河南省国术馆，武术亦改为国术。陈泮岭任馆长时，教练多是从全国各地请来的名家，其中有刘丕显、徐文炳、温敬铭、郑汝平、郭详明、郭世铨、赵振尧等，其中教练郑汝平得少林派真传，精于单枪刺法，其他教练也都有各自擅长的项目。这些教练对河南武术的推广起到了至关重要的作用。

第四节　民国时期具有代表性的武术专著

民国时期的武术专著主要分为三类：著作、期刊和档案。著作主要代表作品有尊我斋主人的《少林拳术秘诀》，徐震的《太极拳考信录》，马良的《中华新武术》，唐豪的《少林武当考》《少林拳术秘诀考证》《行健斋随笔》《中国武艺图籍考》《太极拳与内家拳》，吴图南的《国术概论》和金恩忠的《国术名人录》。

　　民国时期的期刊分为三类：第一类为体育期刊，当时以北京体育研究社编辑的《体育丛刊》和以上海东亚体育学校编印的《东亚体育学校校刊》为代表；第二类为武术期刊，这类期刊的数量还无从考证；第三类为档案，这类专著珍藏于南京中国第二历史档案馆的民国档案史料中。

　　民国时期，有关武术的书籍文献大量出版印发，涉及的内容甚是丰富，其中涉及武术理论、气功、拳术、器械及其他民族形式体育共计 5 大类。民国时期主要的武术书籍出版类型为拳术。民国时期武术书籍文献形成的方式也十分丰富，一共有 15 种组合形式：授、述、口授、笔录、著、演示、著摄、著绘图[1]。在民国时期，武术书籍主要的发行和出版单位一共有 126 家，共出版了 337 本文献书籍，以华东地区的上海为代表的商务印书馆是主要出版单位，出版的书籍远超其他地区。

　　查史料可知，纵观民国时期武术书籍文献出版的时间简史，1917 年是出版武术专著的高峰点，1929—1937 年是武术专著出版的高峰期，后由于受到抗日战争的影响，武术著作出版量出现下降的趋势，武术的发展也暂时停滞。

　　"天下武术出少林"，"少林武术"又可被称为"少林拳""少林功夫"。现在的武术技艺，没有不涉及少林功夫的，致使很多武术种类都被说成出自少林，少林武术被社会赋予了丰富的文化内涵，也被大家公认为天下第一武术。从某种意义上来说，"少林"这两个字不再是有具体内容的实际意义上的概念，而是发展成为一个以"少林"为符号的次生态文化，另外，少林武术本身就是一个不断汲取天下武功精粹的开放性系统。少林武术以其悠久的历史，丰富的文化内涵和自身具有的精湛技艺，被众多国人敬仰，它对中国武术文化的传播和发展起到了承上启下的作用。

　　20 世纪 20—30 年代，西方现代体育和本土传统体育，谁能成为中国体育发展的主流，在中国社会引发了一场关于"土洋体育之争"的论战，论战一定程度上促使少林武术专著出版高潮出现。1933 年，第五届全国运动会上国术成为运动会项目，这为武术书籍的出版搭建了平台。张之江、唐豪、马良、王子平等民族体育家大力推动武术的传播，加速了传统武术向现代武术的转型。

　　1928—1937 年，各种社会书籍出版旺盛，被称为民国出版业的"黄金十年"。《中华书局图书总目（1921—1949）》记载，"累计出版图书总数在 5700

[1] 熊姗姗. 民国时期武术书籍文献研究 [D]. 武汉体育学院，2015.

种以上"。当时的第一大民营出版发行机构为大东书局，除了创办印刷厂印刷书籍，同时还印制钞票与税票。中华书局则被认为是第二大民营大书店。

民国时期，少林武术书籍的出版印刷繁荣，武术著作的出版量超越前代，期间出版与少林武术相关的图书 57 种，其中出版率最高的书籍集中在少林武术技术方面，拳术类著作出版与再版率最高；武术理论专著出版极少，仅有唐豪的《少林武当考》和《少林拳术秘诀考证》、刘钰的《少林拳术选编》、赵荣的《少林拳术大要》等与少林武术书籍理论相关；综述类武术专著较多，包含气功养生专著、拳术图谱类和刀法类专著等。

出版书籍刊物是武术理论与技术传播方式之一。清末民初，上海地区每年出版新书的数量达千种以上，成为中国名副其实的出版中心。中国少林武术类书籍半数以上由上海出版社出版。民国初期，主张武术为国术的中央国术馆成立，其主要活动之一就是出版武术著作与刊物。在武术理论传播方面，武术社团也发挥了推动作用，例如，精武体育会创办了《精武》杂志，并编辑出版各类武术书籍教材。在武术需求方面，上海集聚了中国最多的知名拳师，且上海对习拳有需求者众多，同时大众对武术书籍之需求旺盛，这都在一定程度上促进了少林武术类书籍的出版。

1921 年，少林武术作品不胜枚举，少林武术类专著出版的第一个高潮出现。出版少林武术相关著作，在扩大少林武术社会影响力，传播少林武术文化方面效果显著，同时，它为当代的少林武术研究提供了参考。在社会呼吁强国强种的历史背景下，少林武术著作反映当时武术发展的状况，是中国传统文化发展史的重要组成部分。

第五节　民国时期学校少林武术教学内容

1936 年，刘长春代表中国参加奥运会失利，再次引发"土洋体育之争"，国人开始对武术体育与国家命运关系进行思考。社会上"武术救国"呼声高起，在社会名流的不懈努力之下，最终获得国民政府的支持。武术很快进入学校，为了规范其内容，国术馆根据实情编撰了一整套从小学到大学及专门学校的《大中小学国术教材标准》（以下简称《标准》）。《标准》的教学内容分为小学、中学、大学及专门学校三个阶段，并在每个阶段的每个年级都有相应的教学内容。

一、小学教学内容

从下表可以看出，民国时期小学武术课标中已设有少林武术内容，但数量不多。如在小学第四学年设有少林十二式。少林十二式"动作简单、姿势正确，便于教授"，与体操差别不大。小学生作为初学者，习练少林十二式最为合适。民国时期，由于在小学阶段开设有关少林武术的课程，使学生从小就养成习武的习惯，为之后少林武术的传承奠定了基础。

小学教学内容安排表

学年	教学内容	附注
第四学年	1. 太极拳 2. 少林十二式 3. 拳术基本（如蹓腿穿手等）	太极拳、少林十二式、拳术基本、岳氏连拳等，均已编有讲义，印刷成书
第五学年	1. 太极拳 2. 拳术基本（如各种桩步及单式等） 3. 简单拳术一种	
第六学年	1. 岳氏连拳（八路） 2. 太极拳	

资料来源：民国《大中小学国术教材标准》解析及当代启示（吉灿忠，刘帅兵）

二、中学教学内容

从下表中可以看出，中学阶段少林武术教学内容较为丰富，有拳类：少林拳术一路；刀：单刀一路（如六合刀、捷刀、梅花刀），双刀一路（如六合双刀、雪片双刀、段门双刀）；棍：棍术一种（如少林棍、夜叉棍、六合棍）；枪：枪术（如六合枪、器械套路、二十四式枪、战身枪）。更难能可贵的是，中学阶段增加了理论课的学习，实践技术加理论的授课模式更有利于武术的传承。

中学教学内容安排表

学年	教学内容	附注
初级中学 第一学年	1. 罗汉行功法 2. 弹腿（前五路或后五路） 3. 少林拳术一路（或岳式散打）	
初级中学 第二学年	1. 弹腿（后五路或前六路） 2. 少林拳术一种（或新武术各个教练） 3. 单刀一路（如六合刀、捷刀、梅花刀）	
初级中学 第三学年	1. 少林拳术一种（或新武术连贯教练第一、二段） 2. 对封弹腿 3. 棍术一种（如少林棍、夜叉棍、六合棍）	
高级中学 第一学年	1. 形意拳术（五形拳、连环拳等） 2. 双刀一路（如六合双刀、雪片双刀、段门双刀） 3. 少林拳术一种（或新武术连贯教练第三、四段）	
高级中学 第二学年	1. 形意拳（十二形） 2. 拳术对手 3. 其他拳术器械 4. 国术理论	
高级中学 第三学年	1. 八卦拳术 2. 器械对手 3. 枪术（如六合枪、器械套路、二十四式枪、战身枪） 4. 国术理论	

资料来源：民国《大中小学国术教材标准》解析及当代启示（吉灿忠，刘帅兵）

三、大学及专门学校教学内容

从下表可以看出，民国时期大学及专门学校所学武术内容较高中阶段有所增加，其中涉及的少林武术主要是第二学年学习的少林拳。少林拳作为传统武术的优秀拳种，具有丰富的文化内涵和健身功效，大学期间，学生心智已基本成熟，此阶段安排少林武术课程的学习，有利于学生更好地体会和把握其内涵，对少林武术的普及和推广有很大的推动作用。

大学及专门学校教学内容安排表

学年	教学内容	附注
第一学年	1. 太极拳术（十三式） 2. 剑术［如纯阳剑（武当）、神禹剑、昆吾剑（查拳）］ 3. 国术理论	
第二学年	1. 太极拳术（推手） 2. 对枪（对八枪、黑白鹞枪） 3. 少林拳术一种（唐拳、信拳、二郎拳） 4. 国术理论	
第三学年	1. 通臂拳术 2. 戟术 3. 国术史	
第四学年	1. 劈挂拳术 2. 鞭术、铜术 3. 国术史	

资料来源：民国《大中小学国术教材标准》解析及当代启示（吉灿忠，刘帅兵）

总之，从《标准》的教学安排上看，内容由少到多、由简到繁。从小学至大学及专门学校，教学内容由浅入深，讲究循序渐进。由步法到手法，再到腿法；由单练到对练，再到实用手法；由短器械到长器械，再到双器械，教学步骤程序非常清晰。虽然民国时期社会动荡不安，但正因这种动荡，才让国民认识到要强国必先强种的真理。在当时强调"强国强种"的背景下，少林武术顺理成章地进入校园，有条不紊地开展起来，为少林武术的传承奠定了深厚的基础。

本章小结

民国时期是中国由传统社会向现代社会转型的一个特殊时期。少林武术在民国时社会的混乱中求发展，在军事的混战中求生存，总体呈现如下特点：①在几代少林住持的保护下，少林寺及少林武术得以传承。②民国时期提倡的实用主义体育思想、军国民教育思想和民族体育思想占据主流地位，这一时期的武术发展对近代中国武术产生了深远的影响。③民国时期少林武术具有较好的普及程度，社会上"武术救国"呼声高起，在社会名流的不懈努力之下，少林武术获得了国民政府的支持，演练少林武术者和少林武术社团组织数不胜数。④民国时期少林武术的广泛传播和出版事业的繁荣发展，给少林武术专著出版带来了第一个高潮。

第五章

经典少林武侠小说、少林功夫电影的社会贡献

少林武术文化这一世界宗教史上的奇观，源于佛教文化与中国传统文化的融合与发展。少林武术积厚流光、博大精深，在海内外有着很高的知名度，是中国传统历史文化的杰出代表。少林武术文化是中国文化的一部分，是一种独特的文化现象，是 1500 多年发展和传承下来的中国传统文化的精髓。少林武术已经跳出体育的范畴，被全世界人民广泛关注，其价值是其他体育项目无法替代的。目前，少林武术文化更成为中国在世界上的一张亮丽的名片，是当前中国"文化自信"的重要组成部分。

由于少林武术诞生于河南省，又因河南省少林武术文化保留最为完整、发展最为彻底、研究资料最为丰富，所以对河南省少林武术文化进行研究就非常具有代表性。

本章在研究新中国成立后各历史阶段少林武术文化发展的基础上，将一部分重点研究视角集中于河南省当代少林武术文化的传播途径与方式上，希望对少林武术文化在世界范围内的繁荣与发展起到"以点带面"的作用，并为其他国家和地区少林武术文化的繁荣与发展提供参考，进而促进少林武术文化在全世界范围内更好、更快地发展。

第一节　少林武术文化在新中国成立后不同阶段发展概述

中华武术源远流长，拥有数千年辉煌的发展历史，在不同的历史时期形成了不同的武术文化特征，各自发挥着不同的作用。

根据史料记载，少林寺建于北魏时期，盛于明清时期，其中明朝是少林寺发展最为鼎盛的时期。1644 年（明崇祯十七年、清顺治元年），满人入关始建清朝，因为满人信仰藏传佛教（喇嘛教），比较抵制汉人所传承的佛教，由此少林寺影响日渐式微。再加上清末八国联军的入侵，洋枪、洋炮等兵器的使用，使武术的发展更加受到限制。直到民国时期，受当时西方文化的影响，武术被列为"国术"以后，少林武术作为其中一个子项，发展情况才逐渐好转。

1949 年，中华人民共和国成立，推翻了旧的社会制度，中国社会面临着一个全新的局面，各行各业都面临蓬勃发展的大好势头。少林武术文化同样借助新中国社会主义建设的东风，迎来了发展契机。少林武术在"文革"期间受到了很大的冲击，几乎处于停滞状态。受当时"破四旧、立四新"大环境的影响，很多史料被毁坏或丢失。十年"文革"给当时国内各种文化都造成很大的冲击。但文化之所以强大，是因为无论遇到何种创伤，都不会完全泯灭，尤其是优秀的文化。所以，在十年"文革"结束之后，少林武术重新得到国家重视，少林武术文化也在改革开放之后得到快速恢复、迅速发展，并逐步走向国际化传播之路。

一、新中国成立初期

新中国成立至 1965 年，是中国体育事业的创立及初步发展时期。同时期，武术作为中国特色的体育项目，也跟随着体育事业前进的步伐在发展。由于当时国家各行各业都处在空白状态、急需发展，这个时期的体育事业是完全借鉴以"苏联模式"为主体的社会主义国家的体育体制及经验，在其基础上开始构建具有中国特色的社会主义体育事业。中苏关系破裂后，在社会主义建设问题上，中国共产党提出了"三面红旗"（"大跃进""人民公社化运动"和总路线），计划在 15 年内超过英国（实际上是超过苏联），武术在此期间也因政治问题被批判，武术"技击属性"引起很大争议，但是这一时期的武术发展路线还是得到了及时纠正。

在 1949 年作为中华人民共和国临时宪法的《中国人民政治协商会议共同纲领》中，明确提出了"提倡国民体育"。1950 年，全国体育总会筹委会提出的任务之一是"经常举行运动竞赛和运动会"，时任中华人民共和国副主席的朱德同志提出"体育事业一定要为人民服务，要为国防和国民健康的利益服务"，努力使体育运动成为爱国主义教育的一部分。1952 年 6 月，在中华全国体育总会第二届代表大会上，毛泽东为新中国体育事业写下"发展体育运动，增强人民体质"的光辉题词，确立了新中国体育事业的最高指导思想，极大地推动了中国体育事业的发展。"发展体育运动，增强人民体质"的题词指出了新中国体育发展的任务是"增强人民体质"，同时体现了新中国体育的社会主义本质是"为人民服务"。从 1956 年毛泽东闲暇时写的诗词《水调歌头·游泳》中，也可以看出中国时任国家领导人对体育运动的热爱。

在"发展体育运动，增强人民体质"这一思想指导下，1952 年 11 月，中央人民政府委员会第 19 次会议决定成立中央人民政府体育运动委员会，1954 年改称中华人民共和国体育运动委员会（简称"国家体委"），并设立了民族形式体育研究会。中央人民政府体育运动委员会作为新中国体育事业的最高领导机构，为社会主义新体育事业指明了方向，新中国体育事业的发展迎来了新的契机。中央人民政府体育运动委员会党组《关于加强人民体育运动工作的报告》（以下简称《报告》）提出，加强体育运动的宣传工作，大力培养训练体育工作干部，开展各厂矿、学校、机关等基层单位的运动竞赛，注意运动员的训练工作，着手研究和整理民族形式体育。《报告》明确指出了新中国体育事业的任务和发展方向，为群众体育、竞技体育和学校体育运动的开展指明了方向，并且《报告》也明确提出了"在训练运动员的过程中必须明确：迅速提高我国在国际体育活动中的地位"。1953 年，中国运动员第一次在国际体育比赛中获得金牌，更大大激起了全国体育事业的训练热潮，并举办了全国少数民族形式体育表演和竞赛大会，贺龙为该大会提出了"发掘、整理、提高、推广"的指导方针。《中共中央批转中央人民政府体育运动委员会党组〈关于加强人民体育运动工作的报告〉》批示，改善人民的健康状况，增强人民体质，是党的一项重要政治任务；人民的体育运动还是国家的一项新的事业，各级党委必须予以充分的重视，加强领导，协助政府配备必要的干部；建立和充实各级体育运动委员会。由中共中央的批示可以看出，中共中央对中央人民政府体育运动委员会工作报告的肯定，以及对新中国体育事业给予很高的重视。

在全国中等以上学校学生中，有准备、有计划地推行"准备劳动与卫国"体育制度（简称"劳卫制"）的预备级，并选择其中条件最好的学校，重点试行"劳卫制"，以便组织学生在课余时间按照一定的运动项目和标准进行经常性的体育教育和锻炼，但应事先做广泛宣传，根据自觉、自愿参加的原则，逐步地加以推广。然后在这个基础上，在全国范围内逐步推广"劳卫制"并施行运动员的等级制度，其中"劳卫制"实行的原则是自觉自愿，并没有强制执行，而且是在一些教育设施最好的学校重点试行，并没有全国普及推广，这又限制了体育运动在学校教育中的开展，当然这也是结合我国当时的实际情况制定的。

时任国家领导人的重视及其做出的重要批示和各种专门机构的设立，以及各种相应政策的制定，为新中国少林武术在社会体育、学校体育、竞技体育方面的发展提供了良好的发展土壤，少林武术也在各行各业都攒足劲发展的大环境下开始崭露头角，但因新中国成立初期，我国的实际国情及综合国力等因素的影响，少林武术的发展不可避免地受到了一定程度的制约。

二、"文化大革命"期间

从 1966 年 5 月至 1976 年 10 月，"文化大革命"历时 10 年。这场政治运动被认为是自 1949 年以来最为动荡不安的阶段。"文化大革命"爆发后，整个国家陷入了全面的混乱。在这次内乱中，武术被列入"四旧"，基本上被全面禁止，甚至被扣上"传播封建迷信工具"的帽子，遭到批判。许多武术家遭受迫害，大批从事武术工作的教练被迫下放、改行，武术社团被关停，武术器械被收缴破坏，拳谱等武术书刊及武术文物被查抄烧毁。虽然"文革"期间的武术发展思想被扭曲，武术沦为了为政治服务的工具，但武术的精神并没有消亡，而是在被取缔、被打压中艰难地发展。

"文化大革命"期间，武术被认为是腐朽的封建思想，很多武术资料也被认为是"牛鬼蛇神"，使武术的发展进入了空白的阶段，为了延续不得不委曲求全，艰难生存。1966 年底，一群"红卫兵"来到少林寺，在寺内"打砸抢"，将寺内的建筑几乎毁坏殆尽。然而，塔林却十分坚固，"红卫兵"砸不动，于是就商量着要运来炸药炸毁塔林。有人将情况报告到登封县委，县委又上报到省委，省委直接上报给周恩来总理，周总理接到报告后，立即下了"制止炸毁少林寺"的明确指示，责成河南省公安厅负责人解决。河南省公安厅负责人迅速带领部分解放军战士奔赴少林寺，当他们火速赶到少林寺时，情形已万分危急，"破四旧"的队伍已运来了一车炸药，埋满了塔林，只差点燃导火索。河南省公安厅负责人和解放军战士迅速行动，及时制止了这一破坏行为，保住了塔林。

1978 年，党的十一届三中全会以后，少林寺被交付僧徒自己管理。少林寺有 20 多亩山坡地可以耕种，并成为全国第一个向游客收取门票用于自身建设的寺院，同时，从 1979 年起，国家不断地投入大量资金，对少林寺进行大规模修整。至此，古寺渐渐摆脱了凋敝的景象。

少林武术文化在新中国成立初期，由于"文化大革命"这一历史原因，导致该时期有关少林武术的记载少之又少，给后期该阶段的研究增加了难度。但纵观整个少林武术文化，一方面，少林武术在该阶段拥有其发展机遇，但由于历史的特殊原因，遏制了其更好地发展；另一方面，对比改革开放后的迅速恢复和蓬勃发展，也体现出少林武术文化自身的顽强性、坚韧性与优越性。

三、改革开放之后

改革开放为少林武术文化的大繁荣与大发展带来了前所未有的良好机遇。随着电影《少林寺》的热播，少林武术热潮席卷全球，少林武术的价值定位也具有了新的时代内涵。遍地开花的少林武馆、每两年一届的郑州国际少林武术节、以"武术搭台，经贸唱戏"为口号的活动等，都取得了良好的社会影响和经济效益。少林武术文化不断继承和弘扬中华优秀传统文化，丰富了人们的精神世界，提高了人们的健康素质，促进了人们的全面发展。随着社会的不断进步与发展，人们对少林武术价值的认识也在不断丰富和发展，更赋予了其新的时代内涵。少林武术在新时代背景下开始服务于社会经济发展、满足人民的文化需求，并通过文化交流，提升中华文化的国际影响力。河南省作为少林武术的发源地，拥有绝对的地理环境优势和大量的少林武术资源。因此，本文关于改革开放后少林武术的发展研究，以河南省为主、以其他省市为辅，分析改革开放后少林武术的发展情况，以及少林武术文化与社会的紧密互动。

从国际化传播与汉语言推广方面来看，中国少林武术文化是中国传统文化的一部分，也是汉语言教学内容的一部分。少林武术文化与汉语言推广结合，是对外汉语教学与汉语国际推广多样化的一个典型结合，是汉语言内容和形象推广的扩展。嵩山少林武术学院作为汉语言推广基地，是汉语言推广与少林武术文化结合的典型实证，其采用多种形式探索与发展，取得了可喜的成果。

从少林武术演艺市场方面来看，电影《少林寺》的一举成功，意味着整个少林演艺市场的全面开始。通过研究少林武术表演产业的发展情况及经营状况，归纳分析河南省武术表演产业在商业运作过程中取得的成功以及存在的问题并提出可行性对策，有利于保留武术表演产业发展的优势，适时调整战略战术，克服制约武术表演产业发展的不利因素，突破瓶颈，指导武术表演产业的社会互动与持续发展。

从少林武术旅游市场方面来看，该研究主要包含武术文化、禅宗文化、佛教文化等中国传统文化。少林武术旅游是以"禅武少林"为主题的高端且富有内涵的中国传统文化旅游的一个分支。少林武术旅游产业是融娱乐性、知识性、文化性、参与性和体验性为一体的多样化新兴旅游产业。少林武术旅游业除了给当地带来不可小觑的经济效益外，还大力促进了当地相关产业的发展，拉动了地方经济增长，给当地人们的生活带来了翻天覆地的变化。

从少林武术培训市场方面来看，目前我国培训市场在经济发达的沿海地区的需求量要高于经济发展相对落后的中西部地区，个体需求高于企业需求。目前，河南省武术学校在办学过程中存在着"馆、校、院"概念不清、名称混乱，多头审批、多方管理，学校师资不稳定、流动性大，管理人才匮乏，学校机构设置不健全、不合理，小规模学校办学条件差等现象。只有不断改进，才能适应在社会主义文化建设大环境下，少林武术培训市场蓬勃发展的需要。

从网站建设与运营方面来看，近 6 年来我国网站数量以及网民数量每年都在以惊人的速度增长，在这个大环境下，少林武术借助网站传播和发展，已经成为少林武术走向世界的一条必经之路。河南省的少林武术网站在全国占有重要地位，以少林寺官方网站为例，收录和反链结果显示，搜狗网站收录次数最多，谷歌网站反链次数最多。国外地区对中国少林官网的访问情况是印度和美国的访问量排名较为靠前。总体来说，少林寺官网内容丰富、结构合理，但网站建设方面仍存在很大的发展空间。

第二节　经典少林武侠小说时代特征与社会意义

新中国成立以来是少林寺发展的重要时期，在少林文化发展史上，经典少林武侠小说作为少林寺发展史的文化代表之一，占有重要的地位。少林武侠小说的发展历程对于提高少林寺和少林文化的影响力具有不可或缺的时代价值。武侠小说是中国古典小说的重要类型之一，长久以来其社会价值与影响均受到学术界的重视。少林武侠小说主要产生于 20 世纪 80 年代后，同一时期国内对于武侠小说的研究逐步深入，出现了一大批水平较高的研究论著和论文，遗憾的是，梳理和研究少林武侠小说发展史的课题却一直被忽视。尽管在 20 世纪 80、90 年代，已有多部武侠小说史出版，但未发现有哪位作者的写作重心是结合少林文化、少林功夫、少林元素进行构思的。

一、经典少林武侠小说的相关概念界定

（一）关于"经典"的概念界定

关于"经典"的概念主要有以下三种说法。

第一种说法是，经典一词最早出现于《汉书·孙宝传》："周公上圣，召公大贤。尚犹有不相说，著于经典，两不相损。"和《后汉书·皇后纪上·和熹邓皇后》："后重违母言，昼修妇业，暮诵经典，家人号曰'诸生'。"指作为典范的儒家经典。

第二种说法是，经典是指具有典范性的、权威性的、经久不衰的万世之作；经过历史选择出来的"最有价值的"、最能表现本行业精髓的、最具代表性的、最完美的作品。

第三种说法是，经久不衰的万世之作，后人尊称它为经典。

（二）关于"武侠小说"的概念界定

关于"武侠小说"的概念主要有以下两种说法。

第一种说法是在孙家富、张光明主编的《文学词典》中，武侠小说俗称侠义小说，是中国旧小说的一种，指以侠客、义士的故事为题材的作品。始建于唐代传奇中的部分作品，以及宋元时期"搏刀""赶棒"之类的话本，至晚清逐渐成熟，出现《三侠五义》《彭公案》等定型作品。早期多以描写主人公路见不平、拔刀相助为内容，表达人民群众在看不到自己力量时寄托的幻想。后期则为统治阶级所利用，多与公案小说合流，表现侠客、义士辅佐"清官"侦查破案、"除暴安民"，或保驾除奸、杀贼受赏，以维护封建统治秩序。

第二种说法是，武侠小说是中国旧通俗小说的一种重要类型，多以侠客和义士为主人公，描写他们身怀绝技、见义勇为和叛逆造反的行为。中国最早出现的长篇武侠小说为清代石玉昆的古典名著《三侠五义》。

通俗小说被纳入中国文学史的研究领域，这一观点已在学术界达成共识。武侠小说是通俗小说中的一个重要门类，理应包含在中国文学史中。但是"武侠"

一词是在 20 世纪初才出现。古代文献查询结果显示，虽有"游侠""仁侠""义侠""豪侠""勇侠""隐侠""儒侠""剑侠""盗侠""僧侠""女侠"等词汇，但"武侠"一词一直没有出现。直到 1905 年《新小说》（第十五号）《小说丛话》中评论《水浒》时提道："《水浒》一书，为中国小说中铮铮者，遗武侠之模范，使社会受其余赐，实施耐庵之功也。"自此，小说杂志中很多使用"武侠"一词。因此，很多研究者把古代的此类小说称为"侠义小说"，将 20 世纪以后产生的此类小说称为"武侠小说"。

（三）关于"少林武侠小说"的概念界定

少林武侠小说出自武侠小说概念，本研究认为，它最少须满足以下之中两点：第一，小说背景选取少林寺；第二，小说内冠名"少林"；第三，小说主角选取少林宗师、少林弟子、少林传人；第四，小说内选取的有少林武术元素。

综上所述，少林武侠小说的概念是：少林武侠小说是中国武侠小说类型的一个分支；是以"少林寺"为背景或冠名中含有"少林"一词，主角选取少林宗师、少林弟子、少林传人，内容选取少林功夫或少林武术元素的动作武侠小说。

（四）关于"经典少林武侠小说"的概念界定

结合"经典""少林武侠小说"的概念，经典少林武侠小说的概念应该是：最具有典范性和权威性的、经久不衰的、"最有价值的"，以"少林寺"为背景或冠名中含有"少林"一词，主角选取少林宗师、少林弟子、少林传人，内容选取少林功夫或含有少林武术元素的动作武侠小说。

二、经典少林武侠小说的创作历史

（一）港台武侠时期的武侠小说创作

港台武侠时期又称"新武侠"时期或"大武侠"时期。20 世纪 50 年代，港台的商品化和通俗化成为潮流，武侠之风也随之形成。它是以梁羽生和金庸为代表、以历史背景为创作主体、以武侠故事为创作内容的一个文学流派。新文化运动后，武侠小说受新文学的影响，开启白话创作的新文学形式。这个时代名家层出不穷，以梁羽生为开端、金庸为高潮、温瑞安为第二次高潮。金庸、古龙、梁羽生在当时被誉为"新武侠三大家"。

从下表中可以看出，这一时期的武侠小说大多数突破了民国武侠小说的剑仙斗法、门派纷争、镖师与绿林仇杀的题材范围，而是更多地表现人民群众的斗争，侧重于人物性格的描写，兼用中西技法，突破了旧武侠小说的模式，去除了旧武侠的鬼神色彩，对故事中的奇迹也限制在"人体潜能"的范围内。新武侠时期小说的缺陷之处是将侠客英雄超人化，他们跳出三界外、不在五行中，盖世天下。服务于商业需要，缺乏对现实主义的理解，导致故事情节俗套、没有新意。

港台武侠时期"新武侠三大家"基本情况一览表

姓名	生卒年	笔名	代表作品
陈文统	1924—2009	梁羽生	《龙虎斗京华》《武当一剑》《萍踪侠影录》《七剑下天山》《塞外奇侠传》《草莽龙蛇传》《云海玉弓缘》《白发魔女传》《女帝奇英传》
查良镛	1924—2018	金庸	《飞狐外传》《雪山飞狐》《连城诀》《天龙八部》《射雕英雄传》《白马啸西风》《鹿鼎记》《笑傲江湖》《书剑恩仇录》《神雕侠侣》《侠客行》《倚天屠龙记》《碧血剑》《鸳鸯刀》
熊耀华	1938—1985	古龙	《多情剑客无情剑》《楚留香传奇》《苍穹神剑》《浣花洗剑录》《大旗英雄传》《名剑风流》《武林外史》《绝代双骄》《陆小凤传奇》

1. 梁羽生、金庸作品及其贡献

梁羽生（1924—2009）原名陈文统，中国著名武侠小说家。代表作有《萍踪侠影录》《七剑下天山》《塞外奇侠传》《草莽龙蛇传》《云海玉弓缘》《白发魔女传》等，被誉为新派武侠小说的开山祖师。

梁羽生的武侠小说是在中华人民共和国成立、社会主义事业蓬勃发展的时代背景下创作的，所以他的小说受社会因素的影响，内容主要反映爱国主义、民族及国家利益大于一切的思想。在他的小说中不乏历史上的真实人物，主要是赞颂为国家、民族做贡献的英雄，也讽刺卖国求荣的民族败类。他的小说选择描绘的朝代非常具有历史特点，如晚唐、南宋、明清等，多是历史上民族矛盾较为激烈的时期，这样就更突出了其小说的主题。例如，1956年首次在《大公报》上开始连载的《七剑下天山》中，人民为了顾全大业、反抗清廷，更是放下个人恩怨与汉奸吴三桂合作[1]；在 1961—1962 年连载的《女帝奇英传》中，主人公李逸为了保卫国家民族的利益放弃国仇家恨与武则天合作；1983 年的《萍踪侠影录》中的主人公张丹枫为了民族的利益，放弃了家族的仇恨等。从上述作品叙述中我们可以清晰地了解，梁羽生的作品大多是以历史背景为主线，重点倡导爱国主义和正义气概。当时梁羽生生活的香港正处于英国的殖民地时期，可是凭借着一腔正气和爱国之情，他的武侠作品受到香港大众的喜爱，这也是他能在武侠小说作家中享受这么高荣誉的原因。

金庸（1924—2018 年）原名查良镛，知名的武侠小说家、新闻学家、企业家、政治评论家。代表作有《飞狐外传》《雪山飞狐》《连城诀》《天龙八部》《射雕英雄传》《白马啸西风》《鹿鼎记》《笑傲江湖》《书剑恩仇录》《神雕侠侣》《倚天屠龙记》《碧血剑》《鸳鸯刀》等。

虽然金庸与梁羽生生活的时代背景相同，但其创作思想和创作追求有所不同。他的武侠小说中也主张以爱国主义为思想、民族及国家利益大于一切，但在爱国的前提下，他把对人性、人权、人道和追求自由恋爱、男女平等、各民族平等穿插在小说故事情节中，使小说和社会现实联系得比较紧密，更能凸显金庸武侠小说以历史为主线的创作背景和创作真实感，他的小说继承了古典武侠小说的精华，开创了形式独特、情节波澜曲折、描写手法细腻，并且具有人性和豪情侠义的新派武侠小说的先河，受到很多人的喜爱。许多有才之人纷纷为其写书评，形成"金学"研究的热潮，并将其作品改编成多种形式呈现出来，如武侠影视剧集、武侠游戏、漫画等。金庸是新派武侠小说公认的盟主，被誉为武侠小说作家的"泰山北斗"。可见其作品的艺术成就和影响力之大，至今无人能与其比肩。

金庸武侠小说具有一定的"佛家思想"，例如，在 1963—1966 年连载的《天龙八部》中，主人公虚竹的亲生母亲天下第一恶女人叶二娘竟然和天下第一高僧少林寺方丈玄慈是情人关系，也就是说虚竹是少林寺方丈玄慈的儿子；《天龙八部》中的另一个故事情节是，主人公萧峰的父亲萧远山和慕容复的父亲慕容博都藏匿在少林寺偷学少林功夫，当时的他们被仇恨冲昏了头脑，失去了理智，最终他们被一个少林寺的灰衣扫地僧感化，化解血海深仇，放下个人恩怨，皈依佛门。又如，在 1957—1959 年连载的武侠小说《射雕英雄传》中，一灯大师说："虽然我所习是佛门功夫，与真经中所述的道家内功路子颇不相同，但看这总纲，

---

[1] 梁羽生. 梁羽生作品集 [M]. 广东：广东旅游出版社、花城出版社，1996.

武学到得最高处，殊途同归，与佛门所传亦无大别。"[1] 从以上论述中我们可以知道，金庸武侠小说比较注重"佛家思想"，因为这种思想的介入在满足现实生活中的人们追求精神自由、保全自然人性、虚幻精神家园的同时，也有效地节制了整本武侠小说满篇的杀伐之声。

2. 古龙作品及其贡献

古龙（1938—1985 年）原名熊耀华，著名的武侠小说家。代表作有《多情剑客无情剑》《楚留香传奇》《苍穹神剑》《浣花洗剑录》《大旗英雄传》《名剑风流》《武林外史》《绝代双骄》《陆小凤传奇》等。

古龙武侠小说的风格和当时他生活的环境与历史背景是分不开的，在金庸小说大热之后，古龙在台湾也掀起了一阵武侠热潮。随着他的代表作品《多情剑客无情剑》《楚留香传奇》《绝代双骄》等著名武侠小说的横空出世，武侠小说又迎来了一个新时期——古龙时期。随着当时的港台两地现代主义文学思潮兴起，国民党政府实行高压政策，恰恰培育了具有强烈反叛意识、现代主义意识的文人雅士。古龙在这个历史环境下进行创作，成为武侠小说史上最有个性的武侠作家之一。他的武侠小说基本上是以行侠仗义、报恩复仇、报国忠君、逃避现实等为主题。由于他的个性，他的作品体现的不仅是具有传统"救世主"色彩的侠士，也是一种自我表现的浪子，这也更能表现出现代人内心真实的欲望。古龙在这一时期不断追求"求新、求变、求突破"的思想，在他的小说中征用了现代主义思想，可是在当时现代主义与传统文化之间的融合确实有难度，也正是这样的革新成就了古龙，使其成为武侠小说现代主义流派的创始人。

3. 温瑞安、黄易作品及其贡献

温瑞安（1954 年至今）原名温凉玉，著名的武侠小说家。代表作有《四大名捕》《神州奇侠》《血河车》《逆水寒》《温柔一刀》等。

20 世纪 80 年代初，金庸、梁羽生纷纷封笔，1985 年古龙去世之后，港台武侠小说呈现出一片凋零之象。温瑞安是后金庸时代非常重要的武侠小说作家之一。他具有强烈的创新意识，能够非常巧妙地运用现代主义手法，因此其武侠小说具有一定前卫性。他的小说辞藻华丽、情节变化多端，而且比古龙的小说更加

---

[1] 金庸. 射雕英雄传 [M]. 广州：广州出版社、花城出版社，2002：1066.

玄幻缥缈,这就使其小说作品具有"快餐文化"的特点,即缥缈的内容加上短促优美的句子,形成了一种便捷、轻巧的阅读效果[1]。

这一时期的温瑞安出于"求新、求变、求突破"的心理,从 1986 年底开始大力倡行"超新派武侠",或称"现代派武侠",把大量主流文学的东西引入武侠小说。其核心就是使侠客的心灵世界和性格现代化,相应地江湖也就现实化了。在他的小说中可以看出一种理想化的、逆境中的人性与人情。"侠义依然是正义的力量,却已不是解决方案,只是制衡力量"[2]。正如温瑞安所说:"'侠'本就活在今时今日,'侠'是现实里的英雄。"如流行过的"英雄电影",以及在中国香港崛起的"古惑仔系列",都是"侠"的"现代化"。其"兴味中心与趣味中心,早已移情至'今之侠者'的架构上,就算我在写古代的故事,也是用现代的情感与笔触。[3]"这也是温瑞安能够被列为第三代新武侠小说的代表,与第一代的梁羽生、金庸,第二代的古龙并称的原因所在。

黄易(1952—2017 年)原名黄祖强,著名的武侠小说家。代表作有《大唐双龙传》《寻秦记》《覆雨翻云》《破碎虚空》等。

黄易是后金庸时代武侠小说另一位重量级作家。从 20 世纪 90 年代至今,他的武侠作品一直备受欢迎,创下了出版史上的神话。他的武侠小说融合武侠、科幻、玄学、魔幻、历史等多种元素于一体,主题简单明了,情节热闹紧凑。在黄易的小说中,侠客不再单纯地树立传统的正义理想,而是注重功利性的成功,这正是对时下年轻人渴望成功的时代氛围的回应。他的小说主人公达到成功的途径主要是通过玄学。在玄学中注重玄妙、玄远境界,这也是领悟、感受宇宙、人生、历史和生命的一种玄妙形式。也正是这种对科幻元素的添加,使得黄易的武侠小说情节大变,倍受读者们的喜爱。例如,《寻秦记》中的"科幻元素"首先是借助外来因素的影响,使主人公项少龙通过时光机器回到公元前 251 年;其次是作者赋予他"先知"的角色——一个 21 世纪的现代人,他熟读历史、了解历史,并通过 21 世纪的知识、技术掌握整个历史发生的局面,帮助秦始皇嬴政,为他统一六国出谋划策,最终实现了秦国统一天下的历史伟大壮举。正是黄易武侠小说中的这些科幻情节,使他的小说彻底打破了现代武侠小说以"侠骨柔情"

[1]吴秀明,陈洁.论"后金庸"时代的武侠小说 [J].文学评论,2003(6):63-69.

[2]韩云波.论 90 年代"后金庸"新武侠小说文体实验 [J].重庆大学学报(社会科学版),2005(4):71-75.

[3]陈国阵.温大侠访问记(中篇)[J].高手,1998(3).

为中心的局面。另外，由于当时网络技术的发展，黄易的武侠小说被各大网站所收集，在网上广泛传播，他也因此被称为"网上文学"中最受欢迎的华人作家。

（二）大陆（内地）武侠时期的武侠小说创作

新中国成立至 20 世纪 80 年代，大陆（内地）武侠几乎处于停滞阶段，由于中国大陆（内地）当时的特殊环境和历史背景，武侠小说在大陆（内地）广泛开展的时间比较晚。直到 20 世纪 80 年代通过改革开放的潮流，大量港台经典武侠小说传到中国大陆（内地），才对大陆（内地）武侠时期的武侠小说发展起到了一定的推动作用。

1. 20 世纪 80 年代

20 世纪 80 年代，随着中国改革开放的热潮，对外经济和文化的交流增多。以梁羽生、金庸、古龙等为主流的港台经典武侠小说流传到中国大陆（内地），掀起大陆（内地）武侠小说的浪潮。当时的武侠小说的发行量大大超过了纯文学作品，带来了武侠小说在中国大陆（内地）上的第一次高潮。下面我们以金庸武侠小说对大陆（内地）武侠的影响进行分析。

从下表中可以看到，金庸作品在改革开放以后多次在中国大陆（内地）不同时间、不同出版社连载出版。例如，《射雕英雄传》从 1984 年至 1985 年 4 月连续出版了 7 次；《天龙八部》从 1985 年 3 月至 1986 年 7 月连续出版了 4 次；《鹿鼎记》从 1985 年 9 月至 1988 年 6 月连续出版了 2 次；《倚天屠龙记》从 1985 年 3 月至 8 月半年中连续出版了 2 次；《书剑恩仇录》从 1981 年至 1987 年连续出版了 3 次；《神雕侠侣》从 1984 年至 1985 年连续出版了 2 次；《飞狐外传》从 1985 年 1 月至 1985 年 3 月连续出版了 3 次等。这些作品深受大陆（内地）读者喜爱，这些武侠小说的传入带动了我国大陆（内地）20 世纪 80 年代武侠小说的快速发展。

金庸作品在大陆（内地）连载时间及数量情况一览表

金庸作品名	出版时间（年）	内地出版时间（年）及出版社
书剑恩仇录	1955	1981 广州：科学普及出版社广州分社（现广东经济出版社）；1985 天津：百花文艺出版社；1987 石家庄：河北人民出版社
碧血剑	1956	1985 福州：海峡文艺出版社；1985 哈尔滨：北方文艺出版社

金庸作品名	出版时间（年）	内地出版时间（年）及出版社
射雕英雄传	1957	1984 长春：吉林人民出版社；1984.10 福州：福建人民出版社；1984.11 长春：时代文艺出版社；1984.12 武汉：长江文艺出版社；1985.1 哈尔滨：北方文艺出版社；1985.4 哈尔滨：北方文艺出版社；1985.4 扬州：江苏广陵古籍刻印社
神雕侠侣	1961	1984 长春：时代文艺出版社；1985 西安：陕西人民出版社
雪山飞狐	1961	1985.6 北京：中国文联出版社
飞狐外传	1961	1985.1 厦门：鹭江出版社（附《雪山飞狐》）；1985.2 沈阳：春风文艺出版社；1985.3 杭州：浙江文艺出版社
倚天屠龙记	1961	1985.3 长沙：湖南人民出版社；1985.8 北京：宝文堂书店
连城诀	1963	1985.3 福州：海峡文艺出版社
侠客行	1965	1985.2 南昌：江西人民出版社
天龙八部	1966	1985.3 西安：陕西人民出版社；1985.4 合肥：安徽文艺出版社；1985.10 北京：宝文堂书店；1986.7 南昌：江西人民出版社
笑傲江湖	1969	1985.10 济南：山东文艺出版社
鹿鼎记	1972	1985.9 北京：宝文堂书店；1988.6 成都：四川文艺出版社

20 世纪 80 年代，大陆流传广泛的武侠小说大多还是以金庸、古龙、梁羽生的武侠作品为主。大陆作者自己的作品极少，比较好的作品如任清的《今古传奇》、欧阳学忠的《武当山传奇》、聂云岚的《玉娇龙》、王占君的《白衣侠女》等，率先突破了大陆侠义题材的限制，为 20 世纪 80 年代武林小说的崛起奏响了序曲。柳溪的《燕子李三传奇》、冯育楠的《津门大侠霍元甲》、冯骥才的《神鞭》也都是这个时期的代表作品。

20 世纪 80 年代大陆（内地）武侠时期作者及代表小说一览表

作者姓名	代表作
任清	《今古传奇》
欧阳学忠	《武当山传奇》
聂云岚	《玉娇龙》
王占君	《白衣侠女》

续表

作者姓名	代表作
柳溪	《燕子李三传奇》
冯育楠	《津门大侠霍元甲》
冯骥才	《神鞭》

20世纪80年代的大陆武侠小说主要还是继承了港台武侠小说家的创作特点，表现历史上的武侠剑客和形形色色的社会现象之间的矛盾，对武侠小说发展方面没有太大的创新。

2. 20世纪90年代

20世纪90年代的大陆（内地）武侠小说也就是大陆（内地）的"新派武侠"，可以说是大陆作家对港台武侠的模仿。这一特点可以从沧浪客的武侠小说中看出。沧浪客在1990年出版的《一剑平江湖》，可以看作大陆（内地）派武侠的第一部作品。这个时期的武侠小说整体缺乏文化内涵、创新意识，一味地沿袭港台新武侠的路子讲故事，所以这一时期作品的影响也非常有限。沧浪客的作品《乾坤残梦》其实是金庸《天龙八部》的续集，作品情节中掺杂了很多天龙八部的故事情节。这一时期的作品还有青莲子的《威龙邪凤记》《青猿神剑白虎功》、火梨的《舞叶惊花》、张宝瑞的《京都武林长卷》《醉鬼张三》《形意游侠录》、熊沐的《骷髅人》、魏琦的《金帖侠盗》、周郎的《鸳鸯血》等。

20世纪90年代大陆（内地）武侠时期作者及代表性小说一览表

笔名	从事职业	代表作
沧浪客	武侠小说作家	《一剑平江湖》《乾坤残梦》
青莲子	作家、编剧	《威龙邪凤记》《青猿神剑白虎功》
火梨	知识分子	《舞叶惊花》
张宝瑞	新华社记者	《京都武林长卷》《醉鬼张三》《形意游侠录》
熊沐	作家、编剧	《骷髅人》

从上表中我们可以看出，20世纪90年代的大陆武侠小说家们的工作不再是单纯的武侠创作，还从事着其他行业。例如，火梨是上海知识分子，因病在家待

业，闲来无事，一时兴起开始对武侠小说进行创作，她的代表作为《舞叶惊花》；张宝瑞是新华社记者，他通过闲暇时间进行武侠小说创作，其代表作有《京都武林长卷》系列六部和《醉鬼张三》《形意游侠录》等。

20 世纪 90 年代末，由于黄易武侠高潮逐渐平息，加之网络文学不断兴起，活跃在网络上的武侠写手也越来越多，随着读者对阅读质量的要求提高，武侠写手们也在逐步提高自己的写作水平。其间也出现了部分质量较高的武侠作品，如1999 年上海《大侠与名探》、2001 年武汉《今古传奇·武侠版》、2002 年郑州《武侠故事》等杂志的创刊，促进了武侠风潮。

3.21 世纪以后

进入 21 世纪的武侠小说，也可以称为现代时期武侠小说。它是继大陆（内地）新武侠之后的又一武侠时代。随着 21 世纪的社会环境、历史背景发生变化，和平与发展成为世界的主题，以经济建设为中心的中国取得举世瞩目的伟大成就。换言之，这个时代的武侠小说不再像以前一样注重江湖侠客对社会的不满，聚义进行反抗，或通过自身功夫行侠仗义，而是通过简单的漫画影视、快捷的网络对武侠进行传播，网络武侠开始主张无厘头的青春武侠，如《游侠秀秀》等；纯言情武侠，如《血薇》《镜·双城》等；古仙武侠，如《灵仙侠世传》等。

21 世纪后，大陆（内地）新武侠涌现出很多的女性作家。例如，《今古传奇·武侠版》2003 年第 17 期推出的"今古八艳"狼小京、优客李伶、沧月、沈璎璎、萧如瑟、斑竹枝、李歆、楚惜刀，都是大陆新武侠女性作家群体的代表，致使这一时期作品的女性视角非常明显，女性从被动走向主动，第一次真正成为武侠小说的主人公。例如，沧月《马后桃花马前雪》里的苏曼青和拓政锋；沈璎璎《如意坊》里的师姐林如意和师弟慕容；夏洛《玉碎》里的殷枫和薛无伤等。当她们面对人生命运的考验时，做出了女人式的选择，别有一种凄美的风格。大陆新武侠的女性写作，增强了女性主体意识，触及了女权主义盛行以来的性别政治。

三、经典少林武侠小说的时代特征

中华人民共和国成立以来，少林武侠小说作为武侠小说的代表类型，它不仅是中华文化的结晶，也是中华优秀传统文化的真实存在，更是当时社会时代背景下的真实社会特征的缩写。所以，读好一部经典武侠小说对于了解当时的社会时代特征是十分重要的。

金庸、古龙部分作品及代表人物一览表

作者	出版时间（年）	作品名称	代表人物
金庸	1957	《射雕英雄传》	郭靖、黄蓉等
金庸	1959	《神雕侠侣》	杨过、小龙女等
金庸	1961	《倚天屠龙记》	张无忌、赵敏、谢逊、张三丰、周芷若等
金庸	1966	《天龙八部》	萧峰、段誉、虚竹、少林方丈玄慈等
金庸	1972	《鹿鼎记》	韦小宝、康熙、陈近南等
古龙	1968	《多情剑客无情剑》	李寻欢、林诗音、龙啸天、阿飞等

（一）追求男女平等思想的特征——以金庸武侠小说《射雕英雄传》为例

金庸武侠小说《射雕英雄传》以宋宁宗庆元五年（1199年）至成吉思汗逝世（1227年）这段历史为背景，反映了南宋抵抗金国与蒙古两大强敌的斗争，充满爱国的民族主义情怀。同时，这段历史也比较注重男尊女卑，一直以来，中国古代都以男性为主导地位，男性是整个社会的统治者，女子必须嫁夫随夫，对自己的丈夫无条件服从。

金庸武侠小说《射雕英雄传》打破了当时的旧有模式，特意塑造了女主人公黄蓉这个角色，她生性活泼、可爱、美丽多姿、机敏聪慧，她追求男女平等的社会生活，她突破了中国古代社会女子扮演的只能传宗接代或供男人享乐的角色，打破了男尊女卑的这一思想束缚，赋予了女性和男性一样的机会和社会处境。由于金庸本人对中华传统文化具有渊博的知识和深厚的修养，再加上他生活在香港当时的特殊环境下，又获得了传统与现代、东方与西方文化的兼容性，所以他的小说能够用现代的思想意识对传统的观念进行创造性的审视和改造。在他塑造的女性形象中，既能看到传统对女性根深蒂固的影响，又能看到现代的意识对于传统的反叛和解构，加上女权主义运动的影响，在很大程度上成为解放女性地位的助推器。就《射雕英雄传》中的主人公郭靖与黄蓉的角色形象和两人在一起相处的实例而言，可以推断他们对彼此非常尊重。从郭靖对黄蓉的包容也可以了解到金庸对现实生活中女性平等思想的认可。

（二） 批判传统大男子主义思想特征——以古龙武侠小说《多情剑客无情剑》为例

古龙武侠小说《多情剑客无情剑》时间背景是明朝中期成化年间，当时的男主人公李寻欢由于是文武全才年轻时就仕途得志，早年已于朝廷为官。后来，由于被胡云翼上奏弹劾，以他淡泊名利的性格，终于辞官而去。最后李寻欢投身江湖，成为首屈一指的武林人物，以飞刀神技闻名。在他投身江湖遇难之际被武林高手龙啸云相救，二人结为义兄弟。李寻欢和林诗音从小指腹为婚，彼此相爱，但是龙啸云爱上了义弟之妻，为成全龙啸云李寻欢远走他乡。在古龙武侠小说《多情剑客无情剑》中，主人公李寻欢就是传统的大男子主义的典型案例，为了报答兄弟的救命恩义，不经任何人同意主动将自己全部家产和心爱的恋人林诗音让给龙啸云，自己隐居山林。可是他却难以克服来自内心的对林诗音的思念，这使他陷入了从前侠客们从来没有遭遇过的困境——自我感情和理性之间的分裂。最后由于一直克制不住自己的情感，再加上和林诗音孩子龙小云之间的冲突等，使兄弟和心爱的人双双身亡，自己最后伤心欲绝，以悲剧收场。

古龙是华语文坛现代新派武侠小说家。由于他破碎的家庭及生长环境，造成他的浪子个性。因此，很多评论都把《多情剑客无情剑》中主人公李寻欢当成古龙的影子，他们内心同样寂寞、孤独："古龙不可一日无女伴，但他常常会为了朋友，而舍弃他心爱的女人。他总认为女人可以再找，朋友知己却是难寻，怎么可以舍朋友而重女人呢？"而李寻欢为了龙啸云抛弃了自己深爱的林诗音，所以说李寻欢就是古龙的影子，说明古龙具有大男子主义思想，这也是对大男子主义的一种批判。

（三） 追求男女自由恋爱特征——以金庸武侠小说《神雕侠侣》为例

金庸武侠小说《神雕侠侣》主脉写的是"叛国贼"杨康之遗孤杨过与其师父小龙女之间的爱情故事。杨过从小师从小龙女于古墓之中苦练武功，师徒二人情深义重，却无奈江湖险恶，金兵铁蹄来犯使得有情之人难成眷属。历经一番坎坷与磨难的考验之后，杨过冲破封建礼教的禁锢，最终与小龙女由师徒变为"侠侣"。同时，在这段磨难经历中，杨过也消除了对郭靖、黄蓉夫妇的误会，在家仇与国难间做出抉择，成为真正的"侠之大者"。

从《神雕侠侣》中我们可以了解到，金庸的爱情模式虽然是倾向于互相平等的男女爱恋关系，但是在当时的社会背景下大多数是由父母包办婚姻，子女还是遵循传统的爱情婚姻模式。《神雕侠侣》小说具有浓厚的传统观念，虽然当时众多女性都有了自我意识的觉醒，都想追求自由恋爱的权利，但并不是所有的自由、热情都有好的结果，大多为了追求自己想要的婚姻、和自己心爱的人长相厮守的爱情，会付出很大的牺牲。《神雕侠侣》中男、女主人公杨过、小龙女经历过世间百态、社会的舆论、世人的反对等，可是杨过、小龙女不去理会世人以及社会对他们的压力和看法，一心爱着对方，最后通过两个人的坚持感动了他人。两人也最终走到了一起，也得到了世人的认可和祝福。

金庸在《神雕侠侣》中表达出对男女自由恋爱的尊重，反对传统包办婚姻的做法，支持当时的年轻人勇于追求自己心爱的人，也就是说男女的爱情并不是靠对方的外表、权势来吸引彼此，而是心灵的交流和灵魂的契合。每个人都应该在爱情世界里具备独立思想，并有自己选择的权力和机会，这样才是真正的理想中的男女平等的爱情观。

（四）追求民族平等的政治特征——以金庸武侠小说《鹿鼎记》为例

金庸武侠小说《鹿鼎记》以清代康熙年间的社会历史为背景，描写了一个出身于社会最底层的少年韦小宝的传奇经历的故事。《鹿鼎记》中的主人公韦小宝在小说中的形象是一个赖皮市井之徒，精于赌术，好色，但是为人重情重义，具有国家利益高于一切的意识。他的一生凭着误打误撞享尽荣华富贵、红颜美色。韦小宝出生于妓院，和母亲韦春花相依为命。因救好友双儿遇上老太监海大富，继而入宫冒充太监，与康熙皇帝展开错综复杂之"兄弟情"，也开始了个人与帮派、个人与国家之间的利益取舍和政治斗争。

在金庸武侠小说《鹿鼎记》中，权力争夺总是政治斗争的中心。虽然小说中也存在江湖中一些帮派对统治者不满而一心想推翻朝政的情况，但是到最后为了顺应当时的时代特征和社会发展的必要性，个人利益最终还是屈服于国家利益和人民利益。小说主人公韦小宝生性狡猾、头脑灵活、做人圆滑，他凭借这些个人特点巧妙地生活在康熙皇帝与反清复明的"天地会"之间，同时受到两边的重视。当时"天地会"以陈浩南为首的一行人为了完成反清复明的大业，冲昏了头脑，不用真实的眼光去看待当时大清王朝的进步、社会的繁荣昌盛，一心想推翻清王朝的统治。当时的主人公韦小宝游走在康熙皇帝和"天地会"之间，他虽然生性爱财、胆小怕事，但是在"个人""帮会"和国家整体利益上，他最后还是做出了正确的决定，在个人利益和国家利益有冲突时做到了国家利益高于一切。最后他选择了保全清王朝的统治，自己带着老婆和孩子退出朝廷，归隐山林，永远不再过问政治。

鉴于此，新中国成立以来金庸关于民族大义的武侠小说在此阶段得到不少读者和研究者的青睐，都在情理之中。在经典武侠小说《鹿鼎记》中，通过帮派夺权活动，影射了现实政治斗争。不管是在帮内还是武林中，权力斗争都是残酷的，只有心存善意者、淡泊名利者才能走到最后。这也告诫我们在个人利益和国家利益对立时，一定要有正确的人生价值观，不能迷失方向，永远保持国家利益高于一切的思想。小说中把康熙皇帝描写成一个足智多谋的明君，里面有这么一句台词："虽是满清皇帝但比汉人更懂得勤政爱民，我们有什么理由要把他推翻呢?"[1] 这也充分说明了金庸在《鹿鼎记》中注重各民族之间的平等。金庸在北京大学演讲时曾说过，一个民族内部长期僵化，没有改革、没有进化，肯定会衰落，外族入侵常常是一个民族的转机。他揭示了汉人的缺点及不足，对少数民族的贤人志士给予肯定，也表达了中国政府对人才的渴望：只要你有才华，不管你的出身，只要愿意为国效力一定会被予以重用。

（五）追求爱国主义特征——以金庸武侠小说《天龙八部》为例

金庸武侠小说《天龙八部》以北宋年间为历史背景，当时的北宋外族纷纷觊觎大宋国土，形成宋、金、辽、大理、西夏对立的局面。当时身为丐帮帮主的萧峰因拒绝副帮主之妻康敏之爱遭报复被指为契丹人后裔，而受尽中原武林人士唾弃。萧峰为平反四处追查自己的身世，其间认识了大理世子段誉及虚竹和尚并结拜为兄弟。《天龙八部》主要是讲述在当时北宋战乱的情况下，萧峰、段誉和虚竹三人在非同寻常的江湖生涯中遇见了各路高手，以及各种生死情仇、爱恨别离以及民族大义等故事。

金庸武侠小说《天龙八部》主人公萧峰，因为为人正直、武功了得，本是受江湖爱戴的英雄，但因为自己的身世而揭开他悲剧的命运，萧峰早年得知自己竟然是蛮夷之族契丹人的后代，难以接受，为了查明自己的身世，曾经滥杀无辜，潦倒江湖。作为一名契丹人，他对"大辽尽忠报国，是在保土安民，而不是为一己的荣华富贵，因而杀人取地、建立功业"。萧峰认为，对于大宋他爱之以

---

[1] 金庸. 鹿鼎记 [M]. 上海：三联书店，1994：473.

情，对于辽国他尽己本分。而不论是爱之以情，还是尽己本分，都是保百姓安家乐业；不论是辽国百姓，还是宋朝子民，都是平等的。这才是真正的当代大侠的爱国情怀的表现，在"个人"与"民族大义"中萧峰做出了正确的选择[1]。当他看到边境上宋朝、契丹两国兵士互杀对方百姓时，顿悟以血缘为基础的封建统治阶级的虚伪和残酷，以及百姓命运的悲惨。为了阻止这种循环的愚忠，他转而致力于天下和平。最终在雁门关为了保全宋辽两国无数人民的生命，牺牲自己性命将一场大战消于无形，践行了侠客止戈为武的最高境界，也是致力于天下和平的大政治境界。宁愿牺牲自己也不放弃民族大义，最后他虽然牺牲了性命，但受到了世人的尊重。萧峰这种大无畏的爱国主义情怀值得我们去学习。

《天龙八部》是涉及民族人物最多、民族关系最为复杂的武侠小说，例如，萧峰是契丹族；完颜阿骨打是女真人，即现在的满族；云南大理段誉是白族；鸠摩智是藏族；慕容复是鲜卑族；段誉母亲是摆夷族等。在那个时期就有这么多的民族在一起生活，为各自的利益你争我抢，不知发生过多少次战争。再看我们当今社会，中国是一个拥有 56 个民族的国家，在中国共产党的光荣领导下，我们56 个民族和谐、安定地生活在一起，共同努力最终实现共同富裕。所以，我们每个人要珍惜这来之不易的生活，给予为国家、民族大业牺牲的英雄们诚挚的谢意。

《天龙八部》中所涉及的少数民族及代表人物一览表

姓名	族别
萧峰	契丹族
完颜阿骨打	女真人
段誉	白族
鸠摩智	藏族
慕容复	鲜卑族
段誉母亲	摆夷族

---

[1] 金庸. 天龙八部 [M]. 香港：明河出版社，1978：548.

（六）追求人性解放的现代主义特征——以金庸武侠小说《倚天屠龙记》为例

金庸武侠小说《倚天屠龙记》选择元朝末年的历史为背景，小说中的故事情节主要是当时武林中盛传，谁能同时拥有屠龙刀和倚天剑，谁就将得知隐藏其中的巨大玄密，由此引发了武林对屠龙刀和倚天剑的争夺，掀起了江湖的风暴，各大门派为了夺取屠龙刀、倚天剑进行各种厮杀。小说中的男主人公张无忌，性格温顺、向善、重情重义，一心想凭借自己的力量消除武林各大门派对"明教"的误解，追求各门派之间的和谐相处、平等对待，期望不再有什么正邪教之分。

《倚天屠龙记》中不平等的教派现象十分明显，武当派、少林派、嵩山派、青城派、峨眉派等都是当时的武林正派，而"明教"被称为邪派，一直以来武林各派都想铲除明教。自从张无忌担任明教教主之后，他一心想把明教这个"魔教"的称呼给去掉，但一直受到江湖中各大门派的误解和阻挠。其实对于善恶、正邪，不能停留在表面上，要从真实的层面进行分析。自张无忌担任教主以来，他带领明教弟子为江湖和社会做过很多好事。从根本上说，武林正派、魔教都具有正、邪的两面性。正像《倚天屠龙记》中张三丰所说：正和邪的界限并不是明确的，二者的转化完全在于一念之间，心性奸恶，即使正派中人，也会变成十恶不赦的魔鬼；心存善心，即或是邪教子弟，也会芳名留青[1]。所以，要用平等的眼光对待每一个武林帮派，这样才能达到武林大集体的和谐。

《倚天屠龙记》中的女主人公赵敏一直被贴上一个"女魔头"的标签，她生性暴躁、狡猾，不达目的誓不罢休，曾是人见人怕的无礼郡主。当遇到自己喜欢的人之后，她变得温文尔雅、端庄大方，不再任性、刁蛮，为了自己的幸福勇于放下权势，跟随自己的内心去寻找自己想要的生活。从这一点可以看出，金庸在小说中注重人性解放。还有金毛狮王谢逊被成昆和尚欺骗得家庭破碎，从此生性狂躁、乱杀无辜，对生活充满了怨恨。最后通过点化放下杀念，在少林寺出家为僧，皈依佛门。这也是对人性解放的一个表现。这还验证了金庸小说中的佛道思想，这种思想给现代人们创造了一个可以伸展精神自由、保全自然人性的虚幻精神家园，同时也有效地节制了武侠小说满纸的杀伐之声。

---

[1] 金庸. 倚天屠龙记 [M]. 广州：花城出版社，2002：1103.

四、经典少林武侠小说的社会意义

随着社会主义市场经济的不断发展，少林寺作为千年古寺也必须遵循市场经济的一般运行规则，不然必定会被历史淘汰。为适应这一时代的变化，少林寺也在不断谋求本寺的生存和发展，其社会功能也相应地发生了一些变化。在少林文化发展的基础上，经典少林武侠小说对我国政治、经济和外交等都做出了重大贡献，对我国优秀民族传统电影、电视剧、旅游、武侠游戏、文化宣传等少林文化产业的发展也具有重要的现实意义。

（一）经典少林武侠小说的经济功能

改革开放以来，少林经典武侠小说在大陆的热烈反响，再加上经典少林武侠小说改编的电视剧、电影、网络游戏的热播，引起了人们对少林寺的高度重视，特别是1982年《少林寺》电影的热播，使这个具有"千年古刹"之称的少林寺家喻户晓、耳熟能详。再加上少林寺现任方丈释永信大师的精心筹划，他充分利用少林寺的大好资源，采取各种有力措施，实现了少林寺从寺院传统经济向国际商业化运作的巨大转型，"千年古刹"也赢得了国人以及世界的高度关注和认可。在人们了解少林文化的同时，少林武侠小说也慢慢地深入大家的生活，成为外国人了解中国文化、少林功夫必不可少的途径之一。

1. 少林武侠题材小说改编电影的发展

新中国成立以来，经典少林武侠小说对社会经济发展影响很大。金庸、古龙、梁羽生为现代新武侠小说的三大宗师，多个出版社先后出版了他们的经典作品，这些作品得到了社会各界人士的认可。并且这些经典武侠小说多次被改编，拍摄成为电影、电视剧，票房的热卖对当时的电影事业的高速发展起到了很大的促进作用。经典少林武侠小说作为少林功夫电影的创作来源，无论是对武侠界还是少林功夫影视界都起到不可忽视的重要作用，也对当时的国家经济效益的提高起到很大的作用。

金庸多部作品被多次改编，出演影片的演员、导演都是当时风靡一时的影视巨星。通过金庸武侠小说而改编成的电视剧，特别是由香港无线电视台制作改编的武侠电视剧，几乎每一部都风靡一时，获得社会高度的评价。这些大都离不开邵氏集团的支持和强大影视演员的助阵，例如，黄日华版《射雕英雄传》当中有好多演员均是邵氏老将，还有好多是香港影视圈的著名演员，所以才有了轰动整个影视圈的 1983 年版《射雕英雄传》，当时出演 1983 年版《射雕英雄传》的明星阵容有黄日华、翁美玲、苗侨伟、杨盼盼、刘丹等。此外，出演过胡歌版《射雕英雄传》的著名演员有胡歌、林依晨、谢娜、黄秋生等，杨旭文版《射雕英雄传》的著名演员有杨旭文、李一桐、陈星旭、孟子义、赵立新等；出演过《倚天屠龙记》的演员有苏有朋、贾静雯、高圆圆、陶虹、张铁林、邓超等当代重量级影视巨星；出演过《鹿鼎记》的有周星驰、陈小春、黄晓明、张卫健、韩栋等著名演员[1]。这些作品为我国的影视事业做出了重大的贡献。

梁羽生被誉为新派武侠小说的开山祖师，他的作品多次被改编成电影、电视剧。他的《女帝奇英传》《云海玉弓缘》和《萍踪侠影录》等代表作，对当时的影视界影响巨大。

从下表中可以了解到我国三大武侠宗师金庸、古龙、梁羽生所著的武侠作品深受社会的认可，多次被改编为电影、电视剧，同时也培养出很多当代明星，如杨旭文、胡歌、林依晨、谢娜、黄秋生、李亚鹏、周杰、周迅、黄日华、周星驰、陈小春、黄晓明、张卫健、韩栋、苏有朋、贾静雯、高圆圆、陶虹、张铁林、邓超、安以轩、刘竞、吴启华等，为我国的影视、娱乐事业做出了卓越的贡献。从经济收益中可以了解到，武侠小说是我国影视事业不可或缺的一部分，对我国经济的高度发展起到了推动作用。以黄晓明版《鹿鼎记》为例，该片在拍摄过程中共计投入 4000 万元，平均每集为 80 万元。张纪中剧的片酬一贯不高，当记者询问《鹿鼎记》片酬最高是多少时，张纪中说："最高也就 1 万元一集。"黄晓明也说，张纪中的片酬低于正常片酬的三分之一。可是当《鹿鼎记》拍摄完成后在国内发行时，全国几乎每个省都有一个频道进行首播，播放收入高达6000 万元。《鹿鼎记》在海外发行时也非常火爆，随着此前《神雕侠侣》在东南亚地区热播，《鹿鼎记》在海外的发行量也再创新高。张纪中说："日本、美国现在都卖了。使黄晓明版《鹿鼎记》收入也突破 2000 万元。"[2]

———————————

[1]刘昶 . 少林功夫电影的历史考量与未来发展 [D]. 郑州：郑州大学，2016：13–16.
[2]杨斗 . 新武侠文化在美国的传播与影响 [D]. 哈尔滨：黑龙江大学，2010：16–17.

部分武侠作品改编成电影、电视剧收入情况一览表

作者姓名	武侠小说名称	改编电影、电视剧名称	参与演员	经济收益（万元）
金庸	《射雕英雄传》	《射雕英雄传》	杨旭文、胡歌、林依晨、谢娜、黄秋生、孙海英、李亚鹏、周杰、周迅、杨丽萍、黄日华、翁美玲等	9000
	《鹿鼎记》	《鹿鼎记》	周星驰、陈小春、黄晓明、张卫健、韩栋等	8000
	《倚天屠龙记》	《倚天屠龙记》	苏有朋、贾静雯、高圆圆、陶虹、张铁林、邓超、安以轩、刘竞、吴启华等	6000
古龙	《武林外史》	《孔雀王朝》	李修贤、罗烈、余安安、姜大卫、井莉、王钟、陈萍、井淼等	5000
	《流星·蝴蝶·剑》	《莲花争霸》与《剑啸江湖》	刘松仁、徐少强、甄志强等	4800
	《楚留香传奇》	《楚留香》	郑少秋、赵雅芝、汪明荃等	7500
梁羽生	《萍踪侠影录》	《萍踪侠影录》	傅声、恬妞、谢天华、吴毅将、金童、刘松仁、米雪等	8700
	《云海玉弓缘》	《云海玉弓缘》	林峯、叶璇、李彩桦等	6300

2. 少林武侠小说改编成武侠游戏的情况

随着科学技术的发展和网络的普及，一些由经典武侠小说改编的经典武侠游戏和我们的生活紧密地联系在一起，它们不仅是青少年消遣时的业余喜好，也是公司白领释放压力的一种方式，更提高了我国的经济收入。我们根据不同游戏类型对经典武侠游戏进行分类对比分析。

从下表中我们可以看出，以武侠小说改编成的武侠游戏深受大众喜爱，改编的类型多样，不仅网络游戏，还有手机游戏、单机游戏、网页游戏等，都对经典少林武侠小说进行不同层次、不同类型的改编。样式多样、内容丰富。2000 年 9 月 6 日在我国台湾，日本索尼（Sony）娱乐公司（SCEI）发布了第一套全中文

化的游戏站（PlayStation）角色扮演单机游戏《射雕英雄传》受到广大游戏爱好者的认可[1]，经济收入也达到 7.8 亿元。2007 年 4 月 4 日在中国发行的《天龙八部》是由搜狐畅游研发的一款武侠角色扮演网游，该游戏改编自金庸先生的同名小说，并得到了金庸先生的正式授权。它的在线人数高达 80 万人，经济收入也达到 12.4 亿元，再创历史新高，对我国的电子竞技的发展起到了推动作用。2015 年《楚留香新传》是由乐都网独家代理、51 游戏联合运营的，以古龙的《楚留香传奇》武侠小说进行改编，可以多人一起在线玩的网页游戏，受到广大游戏爱好者的喜爱。武侠游戏《天涯明月刀》是通过武侠小说《天涯明月刀》进行改编的，是由腾讯北极光工作室所研发的一款武侠题材的 3D 大型多人在线角色扮演游戏，它于 2016 年 7 月 1 日在大陆正式公测 。

经典武侠小说改编成武侠游戏收入情况

分类	游戏名称	发行公司	在线人数	经济收益（亿元）
网络游戏	剑网 3	金山软件西山居	45 万	7.1
	天涯明月刀	腾讯北极光工作室	60 万	9.6
	天龙八部	搜狐畅游	80 万	12.4
手机游戏	楚留香	完美世界	38 万	10.8
	神雕侠侣	完美世界	56 万	8.9
	天龙八部	北京畅游时代数码技术有限公司	78 万	11.3
单机游戏	射雕英雄传	日本 Sony 娱乐公司	—	7.8
网页游戏	楚留香新传	杭州妙聚科技网络有限公司	48 万	6.9

《天涯明月刀》这款网络游戏的问世对我国武侠游戏来说又是一大突破，是一款 3D 大型多人在线游戏。这款武侠游戏在游玩的过程中真实感比较强，非常受游戏爱好者的认可，在线人数曾达 60 万，所带来的经济收益已到 9.6 亿元。从改编的武侠游戏中我们可以看到，《射雕英雄传》《楚留香传奇》《天龙八部》《天涯明月刀》等几部作品，无论是电影、电视剧还是武侠游戏，都比较受到社会的认可，从而也带来了很大的经济效益。从开发公司上我们可以了解到，都是

---

[1] 马达 . 金庸武侠作品在日本的传播与影响研究 [J]. 吉林广播电视大学学报，2017（3）.

国内外知名游戏公司开发运营的。从在线人数和经济收益上可以看出，这些武侠游戏在社会上非常受欢迎，为公司创造了丰厚的经济收入的同时，也推动了我国高新技术的发展。

3. 少林网络武侠小说的发展

受港台武侠小说的影响，随着科学技术的进步、互联网时代的到来，结合现实社会的时代背景，以前传统的武侠小说根本满足不了小说爱好者的精神需求。于是以传统的武侠小说为基础，加上作者自己的无限创造力，结合互联网时代的发展——网络玄幻武侠小说就呈现在读者面前。它利用互联网的优点，使现代社会小说爱好者能更方便、快捷、随时随地看到自己喜欢的武侠小说，于是网络武侠小说很快发展起来，它伴随着我们的生活，成为我们闲暇时光的娱乐消遣。

下表是 21 世纪比较受读者喜欢的少林网络武侠小说。为什么网络玄幻武侠小说能在这么短的时间内得到这么大的发展？这离不开社会历史发展潮流。金庸小说被称为"成年人的童话"，因为每个人心里都有一个武侠梦。基于此，现代网络玄幻武侠小说作者抓住这种心理，在自己的武侠小说中虚构很多现实生活中的人物形象。在武侠小说里你可以找到在现实生活中找不到的感觉，增添自己的精神需求。网络玄幻武侠小说不像传统的武侠小说那样选择某个历史时期为创作背景，例如，《天龙八部》是在南宋时期的历史背景下进行武侠创作，把小说的故事情节完全放置于历史背景中来演绎当时的侠士怎样对待儿女情长的；《鹿鼎记》《雪山飞狐》是在清朝时期的历史背景下进行演绎而成。而网络玄幻武侠小说的故事情节没有任何历史背景，例如，天魔圣在 2009 年出版的《少林八绝》，以及黑土冒青烟在 2015 年出版的《八零后少林方丈》等全部都是作者根据自己的想象虚构出来的，作者根据自己的喜好进行创作，随意性比较大，不受任何思想的限制。当今社会高速发展，每个人都想成功，向往衣食无忧的生活，可是现实是残酷的，在现实生活中得不到满足就通过网络玄幻武侠小说来得到，想象着小说中有着美好的机遇、无限的超能力等的主人公要是自己那该多好啊！现代网络玄幻武侠小说的作者们大多数都是年轻人，他们了解现在年轻人的真实想法，所以网络玄幻武侠小说特别受广大年轻读者的喜爱，市场空间巨大。

21 世纪比较受读者喜欢的少林网络武侠小说一览表

序号	作者	出版时间（年）	网络武侠小说名称
1	孙晓	2000	《英雄志》
2	九把刀	2005	《少林寺第八铜人》
3	沧月	2006	《七夜雪》
4	天魔圣	2009	《少林八绝》
5	金寻者	2009	《大唐乘风录》
6	鸭蛋孵的鸡	2013	《笑傲江湖之林平之奋斗史》
7	小炸虾	2014	《笑傲江湖之徒手逍遥》
8	影玄	2014	《穿越笑傲江湖》
9	孤雁 1994	2014	《东方不败之红衣飘飘》
10	打神	2014	《天龙八部之四号男主角》
11	天雨寒	2014	《江湖第一高手》
12	墨兮	2015	《唯我笑傲江湖》
13	纯洁的牲口	2015	《网游之风尘江湖》
14	月菲	2015	《异欲天下》
15	狂沙	2015	《长刀无痕》
16	蝶恋花花恋蕊	2015	《桃花劫：绝色天医》
17	武侠赛金庸	2015	《龙隐江湖传》
18	黑土冒青烟	2015	《八零后少林方丈》
19	金寻者	2016	《大唐行镖》
20	八月楼兰	2017	《江湖道士》

（二）经典少林武侠小说的教育功能

1. 少林武侠小说的教育意义

武侠小说在世人眼中大多都是宣扬暴力的，显然这些人不是真正了解武侠小说，对武侠小说的认知存在一定的片面性。新中国成立以来的一些经典少林武侠小说，可以说完全脱离了这些低层次趣味，并不以暴力情节为主流、为写作目标，甚至在很多小说、很多情节中都表现出了对暴力的否定，对传统武侠冤冤相报和任性杀戮的否定。例如，在金庸武侠小说《天龙八部》中主人公萧峰的父亲萧远山，他凶狠暴力、杀人无数，但在大仇得报之后也非常茫然，最后被少林寺扫地僧感化而出家为僧。又如，金庸武侠小说《倚天屠龙记》中原本是暴力分子的谢逊，最终还是遁入空门，放下仇恨。这里用作者金庸老先生自己的话说，"我写小说是想写人性"，而绝非像有的评论者所讲的传播暴力思想。

　　新中国成立以来的武侠小说中的确有很多"教育思想"蕴含其中，十分宝贵。这些小说沿袭了中国武侠文学"拜师学艺"的传统，借鉴中国传统的以及西方叙事文学的"成长模式"，并在其中融入中国传统教育理念和西方现代教育思想，拓展了武侠文学情节构制的视野和空间。因为"成长"主要指的是青少年的"成长"，这也就特别接近今天的中小学教育，接近于"励志"教育的召唤与期待。比如，男孩子看了武侠小说，都希望自己拥有绝世武功，像郭靖那样可以惩恶扬善、匡扶正义；而好多女孩子则希望自己能够巾帼不让须眉，拥有如同黄蓉一般的智慧和灵气等。这些鲜活的人物形象给了他们审美愉悦，也让他们更向往人间的"善"和"美"。新中国成立以来的经典武侠小说的成功之处还在于他们在国际上很有影响力，目前已经有英、法、意、希腊、日、韩、越、泰、印尼等多种语言的官方译本，而有的亚洲国家、地区民间流传的各种非官方译本，可以说多得无法统计。以金庸的《射雕英雄传》为例，它已在英国出版，英国出版商将《射雕英雄传》翻译为 *The Legends of the Condor Heroes*，很多外国人甚至把一些经典的武侠小说作品当作了解中国文化的一个重要窗口。

2. 少林武侠小说对武术教育的影响

　　由于经典少林武侠小说所改编的电影、电视剧的热播，再加上小说里的人物形象个个都是武功了得，练就一身本领来保家卫国、行侠仗义等。例如，金庸经典少林武侠小说《射雕英雄传》中的主人公郭靖本来是一个呆头呆脑的少年，经过习练功夫后成为一代英雄，保家卫国并受江湖众人的爱戴和仰慕。又如，《天龙八部》中的主人公虚竹和尚，本来是少林寺的一个小和尚，没有任何社会地位，但通过习练功夫之后成了一代宗师，同时阴差阳错地成了岛主，有了一定的社会地位和自己喜爱的人。通过习练功夫来改变自己的人生命运的例子很多，大多因为这个缘故，使当今社会青少年选择武术学校，想练就一身本领像武侠小说里的人物一样，武功盖世、天下第一，从而担负起保家卫国的大任。

20 世纪 80 年代后我国政府为了发展经济，开始打开国门对外进行经济、文化等方面的交流。1982 年，电影《少林寺》的热播，让国内外人士开始了解少林寺，开始被中国武术的魅力所感动。因此，不少人开始加入少林寺参观旅游的热潮，来一睹千年古刹的芳华，使登封旅游业快速发展。当游客在少林寺旅游时，不仅带动了登封当地的经济发展，而且推动了登封武术教育的发展。

目前，登封各大武术院校共 75 所，从小学到大学本科学制非常齐全，共有国内外学生 8 万余人，已经成为中国、亚洲甚至世界最大的武术、表演训练基地，有"世界功夫之都"之称。

1982 年《少林寺》电影的热播影响了当时的一大批青少年，他们都想成为一代宗师，身怀少林绝学，惩恶扬善、保家卫国，所以当时出现了习武的热潮。从下图中可以看出，1984 年登封就有 64 所武术院校，当时的武术院校十分火爆。可是大家会有疑惑，为什么 1985 年只有 15 所武校？因为 1985 年之前武校分布比较广泛，多以个人家庭式的方式进行办学，没有经过任何政府部门的审核。从 1985 年以后，政府根据上述问题进行汇总、整理，最后将之前的不合规矩的家庭式武校，采用整改、取缔、合并等方式关掉 49 所，仅留下 15 所允许其继续办学。随着我国改革开放的不断深入、社会主义建设的高速发展，登封的武术院校也开始了良性发展。到 2004 年登封市武术院校数量达到历史最高点，共计有 83 所。紧接着，当地为了规范武校发展市场，多次出台了相关的考核标准，以及武校办学考核制度和若干规范性文件，促使登封武校健康发展。到 2017 年，登封市大小武校共有 75 所，其中还有不少武校走上了正规的集团化道路。少林塔沟、小龙武院、鹅坡武校、嵩山少林寺武术学校为登封四大武术教育集团，表明登封市武术产业发展已初具规模，已成为登封市经济建设新的增长点。依托四大武术教育集团，落实登封市相关政策，推动少林武术事业持续发展，促进登封市经济腾飞和社会和谐发展，进一步把登封市打造成为名副其实的功夫之都、武术圣地、世界武术人才培训基地。

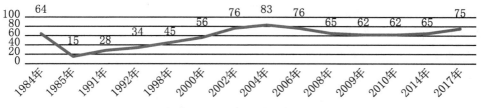

登封市武校数量分布与变化情况（所）

资料来源：登封市体育局

从下表中可以了解到，知名的武术馆校相继成立了集团化的教育集团，他们从武术训练、影视、表演、文化、教育等多层面来培养专业的武术技术人才。

登封四大武术院校基本情况一览表

武术院校	成立时间（年）	武校人数（万）	开设课程	办学宗旨
少林塔沟教育集团	1978	35000	少林足球、套路、散打、跆拳道、拳击、影视艺术表演、太极班、健身养生班、功夫班、武术课学制及专业设置	文武并重，德技双馨，传少林真功，育全新人才
少林寺释小龙武院	1980	12000	少林童子功、少林基本功、少林拳术、少林十八般武艺、散打、少林七十二绝艺、武术套路、武术表演、镖师护卫班	以文为主，突出武术特色，文武兼修，读训并重，崇尚武德，弘扬正气
鹅坡武校	1972	7500	传统套路、散打、跆拳道、摔跤、影视表演、硬气功、少林传统武学	以注重素质，激励潜能为主、一切为了学生
嵩山少林寺武术学校	1980	10000	武术套路、少林拳法、散打、擒拿、搏击、硬气功、少林七十二绝艺、跆拳道、武术表演	培养德才兼备、文武双全的优秀人才

（三）少林武侠小说推动中外学术交流

自从港台武侠小说的创作获得了广大武侠小说读者的认可后，经典武侠小说开始进入人们的视野，从那时开始武侠小说就进入了学术讨论的范围。1966年，梁羽生化名为佟硕之在香港《海光文艺》第1～3期上连载的《金庸梁羽生合论》，是我们查阅资料后发现较早的进行武侠小说理论研究的文章。在这之后，金庸也在第 4 期上发表了文章《一个"讲故事人"的自白》进行回应。后来，新加坡南洋大学研究者开始在《射雕英雄传》《神雕侠侣》研究的基础上，打出"雕学"的旗号。与此同时，香港和台湾地区的研究者则将金庸武侠小说称为"金学"。一直到今天，武侠小说的研究已成为海峡两岸的热点问题，推动了我国在武侠小说史上的学术交流。

1994 年 10 月 12 日，北京大学举行了隆重授予仪式，授予金庸老先生为名誉教授，当时中国现代文学研究会的会长、北京大学中文系的教授严家炎先生进行致辞，题为《一场静悄悄的文学革命》。1994 年 10 月，海南出版社出版了《二十世纪中国文学大师文库》，当时小说卷的主编王一川先生将金庸排在鲁迅、沈从文、巴金之后，取代茅盾坐上第四把交椅，引起文坛和社会各界的轰动，这肯定了金庸武侠小说的社会地位和他在武侠小说史上所做出的卓越贡献。从此以后，有关金庸武侠小说、金庸个人等方面的内容不断在学术报刊、学术论文中出现，形成了金庸研究时代的热潮。

相对于港台的武侠小说的理论研究，大陆的武侠小说研究起步比较晚，但是由于参与的学者众多，研究不仅发展迅速，也做出了极大的成绩。例如，在 20 世纪 80 年代后期，冯其庸的《读金庸》就引起了巨大的轰动。冯其庸是中国红楼梦学会会长，在文学评论界有较高的声誉和成就，他的言论的发表是对金庸武侠小说在国内文学史上的一个极高肯定，具有实质性的突破，自然影响巨大。这一时期，学者们从文化与文学两个维度来研究金庸小说，主要侧重于发掘其精神内涵的现代特征。

如下表所示，1995 年周宁发表在《中国社会科学》上的《从金庸作品看文化语境中的武侠小说》指出金庸小说中传统与现代文化的纠缠，从文化认同的角度肯定了金庸小说的现代意义[1]。严家炎的《金庸小说与传统文化》指出，金庸小说正是兼容儒、墨、释、道、法各家的。在基本道德观念方面，金庸小说从儒、墨两家吸取很多，但在个人与社会相互关系的选择上，其作品又颇多佛、道两家的思想[2]。在纵向论述武侠小说的现代性时，杨春时认为，古典武侠小说的主导方面是"义"，民国武侠小说的主导方面改变为"情"，而到了金庸

[1] 周宁. 从金庸作品看文化语境中的武侠小说 [J]. 中国社会科学，1995 (5)：152-164.
[2] 严家炎. 金庸小说与传统文化 [J]. 中国文化研究，1998 (3)：67-74.

小说，则继承了民初武侠小说写情的传统，在义与情的矛盾中偏重于情。但金庸不限于写情，而是着重刻画"侠"的完整人格，即写"人性"，开始了对侠的现代阐释[1]。韩云波则指出，金庸武侠小说是一次具有质变意义的跨越，其总体创作历程表现了终结性的"反武侠"特征，这使他将"古典中国"传统之侠的群体认同感置换为"现代中国"的个体孤独感，将传统之侠的社会现实拯救功能转换为现代人的灵魂自我救赎功能，表现了武侠小说走向现代的现实可能性[2]。

20 世纪 80 年代以后国内对金庸武侠小说研究成果一览表

时间（年）	姓名	发表期刊	研究成果
1995	周宁	《中国社会科学》	《从金庸作品看文化语境中的武侠小说》
1998	严家炎	《中国文化研究》	《金庸小说与传统文化》
1998	杨春时	《中国文化研究》	《金庸小说与传统文化》
2004	韩云波	《山西大学学报》	《"反武侠"与百年武侠小说的文学史思考》

从下表中可以了解到，中国武侠小说不仅在中国流传广泛，它在国外也被认可和热爱。同时也出现了一大批国外学者对中国武侠小说进行学术研究，并获得一定的成就。例如，窝婉·莱斯立坤在 1980 年《对 1978—1979 年流行于泰国的中国武侠小说之评价》一文中，对中国武侠小说在泰国热播的社会现象结合中国武侠小说里的故事情节、历史背景、社会文化、伦理道德等方面进行研究；娃拉兰·匹里雅娜松在 2000 年的《〈射雕英雄传〉与泰译本之比较》中，对原著本与泰译本进行对比，研究原著与泰译本的表达方法，指出不同的表达方法是由作者跟译者的文化、习惯、思想、信仰背景的区别造成的。

中国武侠小说在国外的研究成果一览表

时间（年）	作者姓名	研究成果
1980	窝婉·莱斯立坤	《对 1978—1979 年流行于泰国的中国武侠小说之评价》

[1]杨春时.侠的现代阐释与武侠小说的终结——金庸小说历史地位评说［J］.琼州大学学报，1998（4）：86-91.
[2]韩云波."反武侠"与百年武侠小说的文学史思考［J］.山西大学学报，2004（1）：18-24.

时间（年）	作者姓名	研究成果
1981	恩吉·振杂杜拉盘	《分析泰译本中国武侠小说》
2000	娃拉兰·匹里雅娜松	《〈射雕英雄传〉与泰译本之比较》
2004	裴恩兰	《鲁迅和金庸在泰国的接受之比较》
2006	昂堪·参猛	《在泰国流传的中国武侠小说》

通过上述的研究历史的回顾来看，武侠小说的研究取得了很多突破。它作为正式的研究对象进入学术史，同时对国外武侠小说的学术研究也起到了一定的推动作用，这是以前不可想象的。武侠小说的一些积极的现代性意义得到挖掘，显著提高了其文学史地位，随着讨论的深入，大家已经认识到武侠小说属于大众文化这一根本属性，是我们闲暇时间、休闲消磨时间不可或缺的一部分。

（四）少林武侠小说推动网络文学的发展

随着互联网的高速发展，网络文学这个新生事物逐渐发展，为了有实力的作家及作品得到推广，同时也对网络文学的创作和健康发展起到推动作用，浙江省网络作家协会、宁波市文联、中共慈溪市委宣传部共同设立"网络文学双年奖"，网络文学双年奖是面向全球华语网络文学界的评选活动，该奖项是华语世界网络文学的最高奖项，每两年颁发一次。

第一届"网络文学双年奖"的评选，于 2015 年 2—8 月每月发布一期推荐作品榜单，它是从 2013—2014 年大量网络文学中选取 99 部经典作品。经过层层资格审查，总共有 80 部作品达到第一届网络文学双年奖的评选要求。经过评委的审核、综合评分，最后 25 部作品脱颖而出，入围的作品包括了悬疑、科幻、武侠、玄幻、青春、都市、言情、军事、历史等网络文学主流门派。

下表中是所有第一届"网络文学双年奖"获奖作品，从中我们可以看到，猫腻的《将夜》获得金奖；海宴的《琅琊榜》等 3 部作品获得银奖；酒徒的《烽烟尽处》等 6 部作品获得铜奖；爱潜水的乌贼的《奥术神座》等 15 部作品获得优秀奖，体现了近几年网络文学创作的主要成就。

第一届"网络文学双年奖"获奖作品一览表

奖项及数量	作者	获奖作品
金奖（1 部）	猫腻	《将夜》
银奖（3 部）	海宴	《琅琊榜》
	沧月	《听雪楼之忘川》
	烽火戏诸侯	《雪中悍刀行》
铜奖（6 部）	酒徒	《烽烟尽处》
	骁骑校	《匹夫的逆袭》
	宝树	《时间之墟》
	周浩晖	《死亡通知单》
	桐华	《长相思》
	孑与2	《唐砖》
优秀奖（15 部）	爱潜水的乌贼	《奥术神座》
	辛夷坞	《应许之日》
	米周	《南下打工记》
	蓝云舒	《大唐明月》
	天下归元	《凤倾天阑》
	唐欣恬	《裸生：生娃这件小事》
	张晓晗	《女王乔安》
	马伯庸	《殷商玛雅征服史》
	打眼	《天才相师》
	赵公明	《茅山传人》
	无罪	《仙魔变》
	永城	《秘密调查师：黄雀》
	秦明	《第十一根手指》
	陈谌	《世界上所有童话都是写给大人看的》
	亮亮	《季警官的无厘头推理事件簿》

第二届"网络文学双年奖"获奖作品一览表

奖项及数量	作者	获奖作品
金奖（1部）	酒徒	《男儿行》
银奖（3部）	愤怒的香蕉	《赘婿1》
	疯丢子	《百年家书》
	郭羽、刘波	《网络英雄传Ⅰ：艾尔斯巨岩之约》
铜奖（6部）	齐橙	《材料帝国》
	Priest	《有匪》
	祈祷君	《木兰无长兄》
	子与2	《大宋的智慧》
	月关	《夜天子》
	紫金陈	《长夜难明》
优秀奖（15部）	风御九秋	《紫阳》
	乱	《联盟之谁与争锋》
	吱吱	《金陵春》
	小狐濡尾	《南方有乔木》
	wanglong	《复兴之路》
	缪娟	《最后的王公》
	七英俊	《有药》
	冰临神下	《拔魔》
	离人望左岸	《唐师》
	李幺傻	《江湖三十年》
	雨楼清歌	《云中卷》
	豆子惹的祸	《升邪》
	施定柔	《结爱》
	清枫聆心	《掌事》
	莲青漪	《狼毫小笔》

　　于2016年11月正式开始启动的第二届"网络文学双年奖"评选，来自影视、出版、网站、作家、评论家、媒体等6个界别、19位评委通过半年的工作，

才从 2015—2016 年大量网络文学中选取出 83 部作品。经过各种审核最后 25 部脱颖而出，入围的作品包括悬疑、言情、武侠、科幻、玄幻、都市、青春、历史、军事等网络文学主流门派。从第二届"网络文学双年奖"获奖作品中我们可以看到，酒徒的《男儿行》获得金奖；愤怒的香蕉的《赘婿1》、疯丢子的《百年家书》、郭羽和刘波的《网络英雄传Ⅰ：艾尔斯巨岩之约》3 部作品获得银奖；齐橙的《材料帝国》等 6 部作品获得铜奖；风御九秋的《紫阳》等 15 部作品获得优秀奖。

从上面的表中我们可以了解到，我国的网络武侠文学正处于健康的、平稳的发展趋势中。"网络文学双年奖"的设置，是对武侠、电影、历史等网络文学的作者们的一个肯定。网络武侠文学的发展离不开传统武侠小说的影响，由于 20 世纪 80 年代港台传统武侠小说的传入，影响了一大批青年人，使他们对武侠小说产生了感情，给现代网络武侠文学的创作打下了基础，出现了不同类别的网络文学作品，所以说经典武侠小说对现代的网络文学的发展具有一定的推动作用。

第三节　少林功夫电影的历史考量与社会贡献

少林功夫电影的出现无疑是中国武侠电影一次巨大飞跃，它是武侠电影发展到一定阶段的成果，同时也是中国电影文化的突出成就，象征着中华民族优秀文化的历史演进。少林功夫电影作为一种存在融入了历史的范畴，而正是这种历史的存在，成为我们研究少林功夫电影发展历程的重点。与此同时，少林功夫电影来源于少林武术文化和电影技术的长期有效结合，它同样经历了一个漫长的历史进步过程。鉴古即可知今，因此，我们对少林功夫的研究应以少林功夫电影的历史发展为起点。

中国最早的电影产生于 1905 年北京丰泰照相馆的露天摄影棚内，自此，它表现出了强大的生命力，在几代电影艺术家的努力下，他们以满足观众的心理追求为根本，书写了中国电影发展史上一页又一页绚丽的篇章，并不断向前推进中国电影的历史边界。其中，武侠电影常处在这个历史边界区域的核心地带。不管是在电影产业化的转型时期、大陆电影的改革复兴时期、港台电影业的鼎盛时期、还是中国电影业的起步阶段，中国的武侠电影始终代表着中国电影行业的历史最前沿[1]，而少林功夫电影又是中国武侠电影的杰出作品，在数次武侠电影的创作中皆有浓墨重彩：《少林小子》《南北少林》《龙在少林》《新少林寺》《少林英雄》和黄飞鸿系列等，这些博大精深的少林禅学和飞檐走壁的少林功夫至今仍经久不衰、历久弥新。

一、"少林功夫电影"概念的界定

阅读相关电影史料不难发现，从 20 世纪初期，武侠电影中就能捕捉到少林的元素。到了 20 世纪中叶，武侠电影开始跌入低谷，经过香港电影人的不断探索和改进，功夫电影逐渐占据武侠电影的主流，其中有关少林的元素随处可见，如多数电影的主要角色或功夫的出处都暗含一定的少林背景。而此类电影仅是研究少林功夫电影的冰山一角。

20 世纪 70 年代，一些学者提出了少林功夫电影来源于武侠电影的概念。本研究则认为，少林功夫电影是中国武侠电影的支流，以少林寺冠名或以少林寺为背景，以及选取少林传人、少林弟子、少林宗师为主演的影视都应纳入少林功夫电影的范畴。

符合上述概念的电影数不胜数，仅 1950 年至 2016 年，就多达 111 部，形成了武侠电影乃至中国电影史的罕见景观。

二、"少林功夫电影"发展的历史回顾

参照少林功夫电影的概念可知，符合上述概念的作品，最早来自 1950 年的《火烧少林寺》，这是影视界无可争议的。少林功夫电影的开篇之作则是 1974 年的张彻《方世玉与洪熙官》和《少林子弟》。

在"后李小龙时代"，出现了功夫电影的后继无人时期，随着张彻《少林子弟》的一举成名，20 世纪 70 年代中期，张彻和倪匡合作出品了《少林五祖》，继《少林寺》和《方世玉与胡惠乾》的出现，一时间"少林风"风靡了港台地区。

"少林风"到达台湾地区后，郭南宏拍摄的《少林十八铜人》《少林兄弟》《少林小子》脱颖而出。

---

[1] 贾磊磊. 武舞神话：中国武侠电影及其文化精神 [D]. 南京：南京师范大学，2007：30.

由于电影市场的异常火热，再加上郭、张两位导演的推动，逐渐形成了具有以下特点的少林功夫电影主流影视。第一，电影中故事发生的时间，多处于清朝末期或民国期间；第二，电影中故事发生的地点，多位于岭南地区；第三，电影中故事借助的题材，多为"反清复明"。

鉴于观众对少林寺的认识局限于此类影视，被迫之下，少林寺由嵩山转移到了位于福建的九连山。

在此期间，港台多数重量级电影演员也加入了少林的浪潮中，如郭南宏、成龙、吴宇森、张彻等。刘家良作为世界级武打动作导演，正是在这次浪潮中开始了他的职业生涯。

刘家良导演可谓是少林功夫电影的先驱，他的代表作品《少林三十六房》，被影视界称作少林功夫电影的一面旗帜，无论是故事情节的安排，还是武术动作的设计，都体现出了大师的风范。

回顾 20 世纪 80 年代，《少林寺》电影一经播出，便引起了影视界极大的轰动，由此少林功夫电影的风格也发生了变化。第一，电影故事中少林寺的地点由福建回归到了河南；第二，电影故事中主演的功夫开始从南派向竞技转变；第三，电影故事中的剧情不再局限于枯燥的讲述，而是增加了大量锦绣河山和名胜古迹的画面。

此时拍摄的少林功夫电影多为香港独立完成或香港和内地合作而成，回想那个时期，影片不仅改变了少林功夫电影逐渐没落的局面，也将少林功夫推向了世界。李连杰以竞技武术运动员的根底出道，其饰演的《少林寺》，令观众赞不绝口。随后几年，少林功夫电影在数量上飙升，先后有"中原""邵氏"两家公司与内地合作，台湾著名导演郭南宏也积极参与。

正所谓回潮不敌大势。1985 年，邵氏公司下令对武侠电影停拍，之后，少林功夫电影在影视界将近消亡。

沉寂并不代表消亡。上述也阐明了，描述少林人物的影视也归属于少林功夫电影的范畴，包括少林传人、少林弟子、少林宗师等。由此即可发现，20 世纪 90 年代李连杰、徐克合拍的《黄飞鸿》是少林功夫电影回归的一个标志[1]。

步入 21 世纪以后，由 2008 年至今，少林功夫电影《叶问》三部曲和《新少林寺》再度活跃影视界。据叶问所述，咏春的创始人是少林五枚师，毋庸置疑叶

[1]飞鸿黄.万片归宗一少林 [M].北京：北京联合出版公司，2011：16.

问归属于少林传人。基于《少林寺》的"经典光环"效应，《新少林寺》虽未在表演艺术上有新的提高，但在商业上有所突破。

三、"少林功夫电影"发展历史阶段的划分

世界万物发展都遵循一定的规律，这种特定的规律发掘于无数次历史沉淀的过程中[1]。少林功夫电影作为历史沉淀的一部分，必然存在其客观的规律。基于少林功夫电影是武侠电影的支流，其几乎贯穿于武侠电影发展的所有时段，因此本节在研究少林功夫电影的发展历程时，必将把武侠电影的历史背景作为考量的范畴。

电影史学家贾磊磊在《中国武侠电影史》中指出，中国的武侠电影史划分为五次创作时期。电影史学家李少白为此书作序，其间，他提到贾先生的划分具有独特见解，也与客观历史实际相吻合[2]。1928年至1931年，出现武侠电影第一次创作时期；1950年至1980年，出现武侠电影第二次创作时期；1982年至1989年，出现武侠电影第三次创作时期；1993年间，出现武侠电影第四次创作时期；2000年间，出现武侠电影第五次创作时期。

贾磊磊指出，武侠电影的第一次创作时期开始于1928年的《火烧红莲寺》，其后由于战乱而停歇。到了1958年，第二次创作时期出现于港台地区，该时期的主要代表包括张鑫炎、张彻所创的"新派武侠片"，楚源所创的"悬疑武侠片"，以及由成龙、刘家良对李小龙所开创功夫电影的继承和发展。第三次创作时期的重点转向了大陆（内地），始于《少林寺》的开播，在20世纪80年代末趋于结束。20世纪90年代初，以徐克的《黄飞鸿》为标志，掀起了第四次创作时期的浪潮。步入21世纪，李安、张艺谋分别导演的《卧虎藏龙》和《英雄》，推动武侠电影迈进了新的时代[3]。

从下表中可以清晰地观察到这70余年少林功夫电影的变化情况，同时结合贾磊磊划分的武侠电影经历的五个时期，武侠电影和少林功夫电影的关系便跃然纸上。

---

[1] 李龙. 历史学视野下的中国武术教育 [D]. 上海：上海体育学院，2007.
[2] 贾磊磊. 中国武侠电影史 [M]. 北京：文化艺术出版社，2005：55.
[3] 飞鸿黄. 万片归宗一少林 [M]. 北京：北京联合出版公司，2011：12.

1939 年至 2015 年少林功夫电影的产量统计情况表

时间（年）	数量	时间（年）	数量	时间（年）	数量	时间（年）	数量	时间（年）	数量
1939	1	1977	9	1984	5	1992	4	2001	1
1951	2	1978	3	1985	4	1993	9	2004	1
1952	1	1979	2	1986	2	1994	7	2008	3
1974	7	1980	3	1987	1	1995	2	2010	1
1975	2	1982	4	1990	2	1996	1	2011	1
1976	12	1983	11	1991	1	2000	1	2014	1

19 世纪初，少林功夫电影迎来了武侠电影的第一次创作时期，并随这次浪潮昙花一现，之后的很长一段时间都处于空白期，即便在 1939 年也是稍纵即逝。直到武侠电影第二次创作时期来临之时才有些许波纹，之后又销声匿迹。厚积才能薄发，经过一段时间的养精蓄锐，终于在武侠电影第二次创作时期后一鸣惊人，年产量达 10 余部。在武侠电影的时代背景下，少林功夫电影仿佛找到了自己的道路，从此一路飙升。到了 1982 年，以李连杰主演的《少林寺》为支点，把武侠电影的第三次创作时期推向了顶峰。少林功夫电影在武侠电影的第三次及第四次创作时期间最为平稳，并未出现太大的波动。在武侠电影第五次创作时期来临之际，少林功夫电影《叶问》和《新少林寺》的成功拍摄，使武侠电影达到了前所未有的高度，出现了罕见的辉煌。纵览少林功夫电影发展历程，虽然其间曲折离奇，但大趋势是蓬勃发展的。

基于以上所述的武侠电影发展历程，以时间作为轴线，可以把少林功夫电影发展史划分为五个不同阶段。

1. 第一阶段：孕育初创阶段（20 世纪初期、中期）

经历了第一次创作时期，武侠电影逐渐向着特定的方向迈进，在形成一定特色的同时，也拥有了一批观众，此时，少林功夫电影在不知不觉中度过了市场经济的预热期。

少林寺作为中国传统文化的精髓，从武侠电影诞生起便一直是电影中不可或缺的元素，如 1982 年拍摄的《火烧红莲寺》，随后少林寺多以功夫发源地的形式出现在武侠电影中。1939 年，洪金宝的祖父洪仲豪导演了一部电影《火烧少林寺》。20 世纪中叶，香港电影界出品了《少林七侠五探峨嵋山》《少林五大奇侠》等少林功夫电影，其中主演者多是当时赫赫有名的影星。继而，民间广泛流传的英雄形象也相继成为荧屏的焦点，如方世玉、霍元甲、洪熙官等，由于古装戏曲电影和时装文艺电影占据着市场的主导地位，所以主打功夫的少林功夫电影还不多见。

以此而得，武侠电影的发展经历了一个崎岖的过程，而非某部影片能够象征它的形成。少林功夫电影作为武侠电影的重要元素，不能依据其成熟化作为少林功夫电影形成的标志，而应观察起初少林功夫电影是否具有武侠电影的显著特征。马克思曾认为猿到人的进化过程犹如一条河，并非一条线。虽然少林功夫电影的形成没有猿进化成人一样漫长，但也是由最初的创作一步步发展而来的。因此，对少林功夫电影最初作品的研究，应以武侠电影第一次创作时期为起点，而洪仲豪的《火烧少林寺》可谓是少林功夫电影的鼻祖。而这个阶段也为少林功夫电影的创作提供了良好的氛围，营造了好的环境，为日后少林功夫电影走向成熟奠定了基础。

2. 第二阶段：探索形成阶段（20 世纪 70 年代）

20 世纪 70 年代以后，张彻实现了创作重心的重大转变——由武侠电影向功夫电影转变，武术动作设计也由北腿转向了南拳，这个时期的洪拳和咏春拳频频出现在荧屏上，最擅长南拳的刘家良成了重要的武术指导。1974 年，张彻导演的《方世玉与洪熙官》使少林功夫电影走向了南少林的电影时代。这部电影主要描述的是方、洪二人号召民间志士协力反对清政府的故事。虽然其中画面多取自少林寺之外，但影片的整个过程仍是以少林寺为背景。此部电影形成了张彻导演的叙事风格，再现了方、洪二人带领人民反对清政府的全过程。随后，张彻团队拍摄了《少林子弟》，这部影片虽没有实质性的创新，但依据着之前少林功夫电影带来的效应，仍卖出了较高的票房。张彻使用武侠电影的演员，却拍摄出了正宗的少林功夫电影，使得"后李小龙"时代功夫电影的断层现象得到了有效改善。

1978 年后，中国的电影界发生了重大变化，销匿已久的武侠电影重新回到了观众的视野。1980 年，内地影视界也开始了其新的征程。这一年内地共创作80 余部电影，其中 3 部是少林功夫电影。到了 1981 年，内地创作影片百余部，虽未出现少林功夫电影，甚至未找到武侠电影的影子，但随着传统艺术创作的束缚被打破，中国电影文艺创作的整体态势呈上升趋势。

大体而言，经过张彻、刘家良、刘家辉等一批电影人的共同努力，最终以年产 12 部少林电影的骄人成绩迎来了少林功夫电影的第一次创作高潮，创作的《少林搭棚大师》《少林三十六房》等作品，代表着第一次创作时期的最高水平。

3. 第三阶段：盛极转衰阶段（20 世纪 80 年代）

《少林三十六房》《少林搭棚大师》的赞许声还未平静，一部《少林寺》再次轰动影坛，成为少林功夫电影创作的先声，到了 20 世纪 80 年代中期，迎来了少林功夫电影的第二次创作时期。

1982 年，中国创作电影 114 部，包含 4 部少林功夫电影，其中《少林寺》是最具代表性作品。它被称为武侠电影的经典之作，也是港内两地改革开放以后首次合作拍摄的武侠电影，更使得少林寺这座禅宗圣地名扬四海。

1980 年，香港著名导演张鑫焱启用全国武术冠军李连杰担任《少林寺》中的主演。这部电影在武侠电影的创作史上具有里程碑式的意义，改变了功夫电影里的花拳绣腿，全凭功夫演员的真枪打斗，让世界见识到了中国的真功夫。1982 年，《少林寺》一经上映，票房竟破亿元，在当时顶着巨大的压力下仍刷新了香港功夫电影的票房纪录。借此影片也使初出茅庐的李连杰进入世界功夫影星的行列，而现实中的嵩山少林寺也成为观众游览的重要景区。1983 年，内地创作电影 130 余部，其中包含 11 部少林功夫电影，在数量上创造了新的纪录。1984 年，第五代导演以反传统的面貌登上了影坛，倡导了新电影运动，一年间生产出了 140 余部影片，其中包括 5 部少林功夫电影，著名导演张艺谋及影片《一个和八个》都是这一时期的杰出代表。新锐导演的创作对功夫电影进行了变革，使得以观众的兴趣为宗旨、以娱乐性为目的的功夫电影过渡到了艺术电影的行列，纵观武侠电影的此次创作时期，1984 年应属低谷时期，整体呈现下滑的势头。20 世纪 80 年代中期，成龙、洪金宝借助《警察故事》及福星系列电影，被观众所熟悉，随后的功夫电影市场因缺少观众而逐渐走向隐没。

1985 年初，中国大陆（内地）创作了 127 部电影，其中包含 4 部少林功夫电影。当时大陆电影市场风生水起，电影的娱乐性逐渐被重视，动作电影的创作数量日益上升。

1985 年末，邵氏公司的一道"停拍令"结束了武侠电影的辉煌，随后代之的是时装动作电影。

1986 年，大陆创作 151 部电影，其中武侠电影 6 部，少林功夫电影 2 部。这一年电影产量之多在新中国成立以来前所未有，当中娱乐电影占据重要位置，中国的电影创作呈现百家争鸣的局势，此时的武侠电影如同杂耍的小丑，与主流电影格格不入，到了 20 世纪后期，大陆武侠电影才回到了逐渐增长的道路。

1987 年，大陆创作 144 部电影，其中包含 5 部武侠电影，而仅有 1 部少林电影。

1988 年，大陆创作 153 部电影，其中包含 8 部武侠电影，达到了中国电影发展史上的新高，这是娱乐电影飞速发展的一年，美中不足的是这一年没有少林功夫电影出现。

1989 年，大陆创作 129 部电影，其中包含 11 部武侠电影。这些电影以内地导演为主，极少出现合作拍摄的作品，这一年依旧未诞生少林功夫电影。

毫无疑问，通过时代的考验，娱乐电影已经确立了自己的地位。电影制造商结束了靠天吃饭的时代，电影商品的属性开始发挥重要作用。

总体而言，这一时期创作了一批以《少林寺》为代表的优秀作品，直至 20 世纪 80 年代中期，迎来了少林功夫电影的第二次创作时期。而到了 1984 年，新锐导演的新艺术电影登录影坛后，以观众的兴趣为宗旨、以娱乐性为目的的功夫电影逐渐淡出观众的视野。与此同时，在时代考验的背景下，娱乐电影确立了自己的地位。少林功夫电影面临着娱乐电影和功夫电影的双重压力，迫切需要探求一条新的出路。

4. 第四阶段：复兴分流阶段（20 世纪 90 年代）

20 世纪 90 年代初，在改革开放浪潮的推动下，少林功夫电影的发展迎来了新的机遇。同时，大陆电影的格局发生巨变，兴起了以消费娱乐等方式为主的大众文化对电影市场的争夺，经济效益成了电影生存的关键。电影导演开始对电影创作进行创新，由此出现了中国电影在创作上分化与汇流的新局面。

刘家良和李连杰的《南北少林》上映后，出现了少林功夫电影的复兴阶段，其中显著的成就是 20 世纪 90 年代徐克的黄飞鸿系列。自此经过了十余年，少林功夫电影又一次沉寂，2008 年《叶问》的播出，少林功夫再次进入大众的视野。

1990 年，大陆创作 133 部电影，其中 2 部是少林功夫电影，这一年武侠电影仍延续以前的传统，无论是动作设计还是美学属性都无创新。

1991 年，大陆创作 122 部电影，其中武侠电影 4 部，少林功夫电影 1 部，这部影片是《黄飞鸿》，虽然仅有一部少林功夫电影，但是它的价值不可轻视，它为日后功夫电影指明了新的发展方向。

1992 年，大陆创作 167 部影片，其中 4 部少林功夫电影，而 2 部都是黄飞鸿电影。

1993 年，大陆创作 114 部影片，其中 23 部武侠电影，9 部少林功夫电影，4 部黄飞鸿系列电影，民间也形成了黄飞鸿热潮，此时，少林功夫电影也凭借黄飞鸿系列电影的效应，迎来了它的第三次创作时期。

针对少林功夫电影中的黄飞鸿的出身，有必要进行说明，黄飞鸿是广东人氏，据史料记载，他实属少林传人。其在广东精武体育会成立之时所演飞砣及铁线拳，乃授之于梁坤的徒弟林福成，而梁坤乃少林俗家弟子，功夫自然出自少林。抛开黄飞鸿的师承不谈，他所练的洪拳是无可争议的，洪拳是洪门的内门拳，而洪门有"历来洪拳出少林寺"之称，洪拳理应归属少林，黄飞鸿称为少林弟子也无可厚非。

最初塑造黄飞鸿形象的电影是 20 世纪 50 年代胡鹏的《黄飞鸿》，由于距今年代久远，我们很难找到其完整的拷贝，但近几十年间多数导演热衷于黄飞鸿角色的宣扬，他们留下的作品成为我们研究少林功夫电影的宝库。

纵观影片中黄飞鸿形象演变的过程可以清晰地发现，在 50 年间，黄飞鸿创作者讲述了黄飞鸿人生各个阶段的不同特色，如刘家辉、成龙讲述了 20 世纪 70 年代的黄飞鸿：处于青春期，天真无邪，无忧无虑；李连杰讲述了 20 世纪 90 年代的黄飞鸿：处于人生的巅峰期，承担着沉重的压力，有使命感；关德兴讲述的黄飞鸿：处于不惑至花甲之年，为人谦虚稳重。

1994 年，大陆（内地）创作 148 部影片，其中包含少林功夫电影 7 部，均是由大陆（内地）和香港合作，此时的少林功夫电影多展现香港电影导演的历史传统和艺术风格。

1995 年，大陆（内地）创作 146 部影片，其中武侠电影 7 部，少林功夫电影 2 部（均为港内合拍）。鉴于以民国为历史背景的动作电影层出不穷，古装武侠电影日益衰落。

与其说在此期间，少林功夫电影促进了地域界限的破除和文化隔阂的消失，倒不如说少林功夫电影发挥了历史性的功能，把它当作那个时期香港和大陆（内地）交流的润滑剂也不为过。

1996 年，大陆（内地）创作 110 部影片，其中武侠电影 3 部（均为港内合拍），仅 1 部少林功夫电影。

1997 年，大陆（内地）电影市场出现下滑态势，1 年仅创作 3 部武侠电影，并未创作少林功夫电影，整体局势不乐观。

1998 年，大陆（内地）创作了 82 部电影，港内合创武侠电影 1 部，少林功夫电影又一次从观众的视野中消失。1998 年末，进口的好莱坞大片对中国的电影市场产生了巨大冲击，主流的电影市场快速下跌，而武侠电影进入回温期。

1999 年，大陆（内地）创作 99 部影片，其中 5 部武侠电影［海内外合拍 4 部、大陆（内地）独拍 1 部］，少林功夫电影仍旧无人问津。萎靡的电影市场限制了武侠电影的发展，在动作的创作方面，海外影视组明显领先于内陆。

总体来看，在改革开放的推动下，为少林功夫电影的交流提供了良好的环境。在此期间，海峡两岸合作拍摄的黄飞鸿系列电影笼罩了整个中国电影市场，而后迎来了少林功夫电影的第三次创作时期。相比其他中国电影，少林功夫电影更凸显了文化的整体性，加上少林电影具有悠久的历史渊源，从而加快了海峡两岸电影人的合作速度。少林功夫电影走过了艰难、辉煌的历程之后，终于找到了属于自己的创作方向，在中国电影史上占据了一席之地。

5. 第五阶段：蓬勃发展阶段（21 世纪初期）

本研究在"少林功夫电影"的历史回顾中提到，少林功夫电影在黄飞鸿系列后十余年，出现了短暂的停歇，再次走进大众的视野已是《叶问》的上映。2008 年《叶问》一经上映，电影市场的赞许声不绝于耳，一年后叶伟信的《叶问 2：宗师传奇》走进了观众的视野，2016 年《叶问 3》上映。2011 年推出的《新少林寺》，虽然不能与前辈的少林经典之作相媲美，但在经典光环的效应下，也赢得了商业上的称赞。通过新旧少林寺两部电影的对比不难发现，21 世纪的少林功夫电影创作更加注重商业化发展。

少林功夫电影经过艰辛的历史前行，在形成自己风格的同时，也形成了比较固定的市场运作模式。伴随着 21 世纪经济全球化快速发展的步伐，少林功夫电影的单渠道融资模式已经改变，不仅开始借助海峡两岸的人力、物力、财力，还逐渐向国际通行的融资模式靠拢，为少林功夫电影提供更多的经济来源，以期能够成为未来电影市场的领头羊。其中叶问系列、《新少林寺》都是具有划时代意义的作品。

在 3D 技术来临之际，少林功夫电影也不甘落后，《黄飞鸿之英雄有梦》首次运用 3D 技术，打开了少林功夫电影的 3D 化思路，同时也赢得了很高的票房。面对未来新技术带来的机遇和挑战，中国电影人将会继续探索创新，尝试运用更多的 3D 技术，最终形成自己固有的 3D 少林功夫电影创作模式。

步入 21 世纪，经济全球化的趋势日益突出，成了 21 世纪的显著标志，电影创作艺术作为新时期的文化产品，位居经济全球化的中心。而少林功夫电影又是电影创作的重要元素，加之无与伦比的禅宗文化和博大精深的少林功夫，越来越多的电影人投身于少林功夫电影的创作。当今，在影视国际化和资本全球化的时代背景下，世界各国的传统文化、传奇人物及故事都成了电影创作的源泉，不断在影视创作中被挖掘、整理。纵观少林功夫电影发展，其源于少林功夫电影深厚的文化底蕴和巨大的商业潜力，未来几年间，其可能成为中国电影国际化发展的一个增长点。

四、电影《少林寺》社会价值缔造历史传奇

《少林寺》是少林功夫电影创作的先声，是一部把"十三棍僧救唐王"的历史传奇与一个为报父仇、出家学武的惊险故事掺杂在一起的优秀功夫片。

影片的故事在中国民间已传了几百年，其大意是隋唐年间，著名武术家"神腿张"抗暴助义，遭到了王仁则陷杀，其子小虎逃亡至少林寺为少林武僧昙宗所救。小虎为报父仇，拜昙宗为师，习武少林，并落发为沙弥，法号觉远。一日，李世民偷渡黄河被王仁则兵马围困，觉远等施计解救。王仁则诬陷少林寺内有人通敌谋反，准备灭掉少林。众僧浴血奋战，昙宗战死。此时李世民率兵返回攻陷洛阳，王兵哗变，王仁则被觉远手刃。为继承昙宗遗志，觉远受戒为僧，兼负武林统领。唐太宗谕立僧兵，并立碑表彰众僧义勇。自此，少林习武风盛，名传四海、威震四方。随着电影《少林寺》的轰动，带来了一系列社会效应。

（一）《少林寺》是武打电影的经典传奇

影片由香港中原电影制片公司推出，由张鑫炎执导，1980 年开拍，1982 年公映。在内地公映时，当时的票价是 1 角钱，但累计票房竟高达 1 亿元以上。在香港公映时，作为第一部在香港上映的内地功夫片，创下了 1616 万港币的超高纪录，一举打破香港功夫片历史最高卖座纪录。

这是一部在武侠电影史上具有划时代意义的作品，影片一反旧式武打片中那

种纯表演的花架与镜头技巧的卖弄，剧中的主要演员都由我国武术界的精英出任，全部真人真戏，不用弹床、不用替身，拍摄都是一镜到底，不靠特技剪接，给人以真实遒劲之感，为功夫片开创了一个新的时期。通过李连杰和他的一班武术队员们朴素真实的功夫，让观众真正欣赏到了中国武术的真功夫。各界人士纷纷赞誉：中国武术开创了真功夫电影的先河，真功夫仍在中国。

（二）《少林寺》改变了中国武术人的命运

出演《少林寺》的演员，都是第一次上镜。影片上映后，其中一些人继续在影视圈打拼，一些人则借着《少林寺》的东风，将中国武术带到了世界各地。

李连杰被导演张鑫炎相中，出演影片中的主角觉远和尚时，不到二十岁。虽是第一次上镜，李连杰却成功地塑造出了觉远这样一位武功高强、匡扶正义的武僧形象，表达了反对暴政、反对分裂、渴望统一的主题。现在人们到少林寺去参观，都会看到少林寺前竖立的那尊李连杰在影片中练武的雕像，这是少林寺为纪念影片《少林寺》和李连杰为少林寺带来的巨大知名度和影响力而塑的。

饰演"秃鹰"的计春华之后便踏上了表演之路，"色空"孙建魁则带起了武术团，参加国际表演，弘扬中华武术精神。在后来张鑫炎执导的电视剧版《七剑》中，除了计春华和11年没有拍戏的孙建魁之外，在《少林寺》中饰演"大反派王仁则"的于承惠也加入了这部电视剧的拍摄。

除了演员的人生命运被改变，通过《少林寺》这部电影，许多年轻人开始喜爱少林武术、热爱少林武术，从而选择武校，开始学武、习武之路。不得不说，《少林寺》对于许多人来说，影响是重大的，影响范围是极其宽广的。

（三）《少林寺》推动少林武术文化走向国际

《少林寺》是一部经典武打片，它更是中国向世界传播少林文化的重要载体。它宣扬忠、孝、仁、义以及百折不挠的武者精神，这也正是大家所需要的，影片的影响力远及海外，在当时不仅国人纷纷效仿，就连许多外国人在看了电影之后也受到了很大的影响，东南亚等地区的人们对少林的武功推崇备至，欧洲武术热爱者们更是说少林为功夫胜地，可以说《少林寺》让少林寺空前繁荣，是《少林寺》让世界人民知道了"天下功夫出少林、少林武功甲天下"。这部电影让一个原本萧条的古寺重现辉煌，电影《少林寺》成功之后，现实当中的嵩山少林寺也热闹起来了，它修缮一新，成为我们现在所熟悉的样子，直到现在，前往少林寺参观游览的中外游客还络绎不绝，带来少林寺这座古寺近 40 年的繁华。

《少林寺》电影的成功，既是少林功夫、少林文化打开世界大门的钥匙，更是其他各类文化传播与发展的优秀范本。它的成功，既源于少林功夫自身丰富的文化价值，也源于在那个时代，紧跟时代的传播手段。它指导我们，要紧跟时代脚步，坚持创新思想，将优秀传统文化以更鲜活的方式融入人民生活，实现更长远地流传。

本章小结

新中国成立以后，一切都处于一个全新的局面，少林武术文化同样也借着社会主义建设的东风迎来了发展的契机，但是，好景不长，在"文革"时期，少林武术的发展几乎处于停滞状态。十年"文革"结束之后，少林武术得到国家的重视，迅速恢复和发展，少林武术文化也在国内外呈现出欣欣向荣的局面。

首先，结合时代背景总结出中华人民共和国成立以来经典少林武侠小说的时代特征主要为：第一，追求男女平等思想阶段；第二，批判传统大男子主义思想阶段；第三，追求男女自由恋爱阶段；第四，追求民族平等阶段；第五，追求爱国主义阶段；第六，追求人性解放的现代主义阶段。

新中国成立以来经典少林武侠小说的社会意义通过六个方面来体现。

第一，经典少林武侠小说对社会的经济功能方面：少林武侠小说、电影、电视剧的快速发展给我国经济带来了效益；网络武侠小说、网络武侠游戏的发展受到广大爱好者的追捧；随着少林武侠小说、少林武侠电影、电视剧的广泛传播使更多人对少林寺、少林武术充满向往。

第二，经典少林武侠小说的教育功能方面：经典少林武侠小说对教育文化的影响，是通过对小说人物的描写、情节的构思，激发当代青少年积极向上的爱国主义情怀；经典少林武侠小说推动了我国的通俗文学的学术交流和网络文学的快速发展；随着少林经典武侠小说的文化教育功能的彰显，对中华民族传统文化的传播也起到了一定的推动作用。

第三，经典少林武侠小说的政治与外交功能方面：经典少林武侠小说家对我国的政治外交做出了应有贡献。一些著名作家也是外国著名的政治、评论家，受到我国党和国家领导人的亲自接见，并引起外国领导人及知名人士的关注，使少林武术文化出现在全球人民的视野中，为我国的政治外交做出了应有的贡献。

第四，当代少林武术文化的国际化传播彰显出了强大的时代特征，其国际化传播途径主要包括少林武僧团全球巡演、少林武术文化展览、广招海外少林弟子、少林武术影视剧作等传播渠道。

第五，少林武术文化推广与孔子学院的汉语言教学相互结合，不仅丰富了孔子学院文化教育的内容，提高了外籍学员的学习兴趣，而且更有助于外籍学员通过习练少林武术这一方式更深入地理解中国传统文化的博大精深。

第六，少林功夫电影发展研究基于历史发展的脉络，以时间为轴线，将少林功夫电影分为五个阶段：孕育初创阶段（20世纪初期、中期）；探索形成阶段（20世纪70年代）；盛极转衰阶段（20世纪80年代）；复兴分流阶段（20世纪90年代）；蓬勃发展阶段（21世纪初期）。

孕育初创阶段（20世纪初期、中期）：在少林功夫电影出现之前，日渐成熟的武侠电影在中国传统艺术以及传统文化根基上，逐渐形成了独特的艺术样式，创造了特定的观众心理市场。使少林功夫电影的经济市场的预热在不知不觉中已然完成，也为其发展形成了电影艺术创作的良好氛围，培养了观众心理市场，为少林功夫影片走向标准化奠定了基础。

探索形成阶段（20世纪70年代）：经过"百万导演"张彻、少林传人刘家良、"黄飞鸿"陈观泰、"少林和尚"刘家辉等一系列电影人的努力，终于在1976年以年产12部少林功夫电影的成绩迎来了第一次创作浪潮，而随后的《少林三十六房》《少林搭棚大师》等佳作，标志着此次创作浪潮中影视作品的最高水准。

盛极转衰阶段（20世纪80年代）：形成了以《少林寺》为先声的少林功夫电影创作，直至20世纪80年代中期，达到了少林功夫电影史上第二次创作浪潮。而1984年第五代新锐导演携电影艺术作品震撼登场后，使得以娱乐性为主旨、以观众兴趣为导向的少林功夫电影退居大幕两侧。同时，娱乐电影的地位通过时代的考验，在中国影坛上确立无疑。少林功夫电影将在夹缝中寻求新的出路。

复兴分流阶段（20世纪90年代）：经过1978年改革开放以来的洗礼，海峡两岸关系改善，为少林功夫电影这一时期的历史性交流提供了必要条件。其间海峡两岸合拍的黄飞鸿系列电影形成一股强流席卷中国电影，从而迎来了少林功夫电影第三次创作浪潮。在此期间，海峡两岸的电影人的频繁合作、密切交流表现出在当时复杂的历史文化背景下，电影人对同一文化的传承与发扬的心理认同，促使海峡两岸在艺术创作领域达成广泛合作。

蓬勃发展阶段（21 世纪初期）：随着 21 世纪经济全球化加剧，少林功夫电影开始在融资模式上一改原先单向渠道的投资方式，在 3D 技术方面也进行了首次尝试，极大地拓展了少林功夫电影新的叙事时空，为少林功夫电影的 3D 化打开了思路。总的来说，少林功夫电影以其无可比拟的少林功夫和禅文化，在电影产业跨国运作趋势下越来越受到世界电影人的青睐。

第六章

改革开放背景下少林武术文化的国际化传播

20 世纪 90 年代以后，互联网迅速发展，不仅改变了人们的生活和工作方式，也使得社会的网络化成为一种必然趋势。

第一节　互联网时代少林武术文化传播

近年来，少林武术网站建设不断完善，对宣传和发展中华少林武术、搭建少林武术爱好者之间的交流平台起到一定的促进作用，但少林武术网络化相关问题有待解决，当今社会武术网络化相关理论研究有待进一步完善。本部分通过对 2007—2016 年这十年中国武术网站方面的研究成果以及河南省少林网站建设情况进行研究，以期为武术信息网络化传播和发展提供参考依据，从而进一步加快河南武术网络化发展进程，使武术借助现代化互联网平台不断地改进和完善，更好地发挥少林武术网站的优势和特色。

一、综合性武术网站建设情况

（一）网络与网站的发展

我国 2017 年互联网发展统计报告显示，到 2016 年底，中国的网民规模突破 7 亿大关，全年新增网民共计 4299 万人。互联网普及率为 53.2%，较 2015 年底提升了 2.9%。综合近六年中国互联网络信息中心（CNNIC）统计的数据不难发现，我国每年新增的网站数量在 30 万到 110 万不等，每年平均新增的网民数量在 4500 万左右。网民数量也在 2016 年底突破 7 亿大关达到了惊人的高度。

CNNIC 历年中国互联网数据摘要情况表

时间	网站数量	域名总数	CN 域名数	网民数量	全年新增网民数
2016. 12	482 万	4228 万	2061 万	7. 31 亿	4299 万
2015. 12	423 万	3102 万	1636 万	6. 88 亿	3951 万
2014. 12	335 万	2060 万	1109 万	6. 49 亿	3117 万
2013. 12	320 万	1844 万	1083 万	6. 18 亿	5358 万
2012. 12	268 万	1341 万	751 万	5. 64 亿	5090 万
2011. 12	230 万	775 万	353 万	5. 13 亿	5580 万

数据来源于中国产业信息网：www.chyxx.com

（二） 武术网站总体建设情况

网站就是在互联网上一块固定的、面向全世界发布消息的地方。它由域名（也就是网络地址）和网站空间构成[1]。评价一个网站建设的优良程度主要从表象信息、meta 信息、内容与板块结构以及 SEO 优化情况等方面进行。在互联网时代，如果将互联网比作一个现代化的城市，那么网站就是这座现代化城市中林立的建筑，如果将互联网比作一张网，那么网站就是这张网上各个结点。

武术网站就是在互联网上一块固定的、向全世界发布与武术相关消息的地方。武术网站传播的主要是与武术有关的信息，在《辞海》中针对信息做出这样的解释："对信息接收者来说预先不知道的报道就是信息。"[2]也有学者认为这是狭义上的信息，对此这些学者提出了广义的信息："一切存在的都是信息。无论是什么内容，新闻、教育、艺术或是游戏等都可以概括为信息。"[3]对于武术网站而言，网络上所有与武术有关的新闻、教育、艺术或是游戏等都是武术信息。

（三） 河南省武术知名网站建设情况

河南武术网由河南武术运动管理中心运营，其内容主要是关于河南省武术政

[1] 李建. 我国武术网站发展现状及优化研究 [D]. 武汉：武汉体育学院，2007.
[2] 王惠珍. 网络传播对武术发展的作用研究 [D]. 西安：西安体育学院，2014.
[3] 张奇娟. 论网络传播对武术发展的影响及对策研究 [D]. 武汉：武汉体育学院，2006.

策法规的解读、运动员注册流程的布告、相关的比赛时间以及比赛成绩的公示等；而对"武术"的宣传、对武术学术论文在期刊的发表以及武术论坛内容更新等都比较慢，关于武术产业发展问题以及对策在网站上也很难找到相关的内容。

武术魂和天下武林都是河南有名的武术网站，其内容主要是网上武术产品的销售信息以及广告，在这两个网站上买家可以完成网上下单、电子汇款，最后以邮寄、送货的形式完成提货。天下武林网站的历史访问次数达到 3303214 次，但是该网站关于武术文化的内容却不多，对武术文化的宣传力度不大。

北京有武术相关网站 11 个，如博武国际武术网。在"中国武术信息化工程"网站中可以看到博武网的身影："中国武术信息化工程由北大文化集团支持运营，大型著名武术网站——博武网精心打造，应用现代高科技手段——互联网，为中国武术走向世界，为中国武术名家走向世界服务。为武术行业内的政府、企事业单位、俱乐部、馆校、拳种研究会、协会、名家、爱好者等机构、团体或个人充分利用互联网这个信息化工具宣传和开展业务提供便利，是中国武术的网上综合信息交流中心，是各项活动和业务的重要宣传、沟通和交易平台。"该网站的收费栏目，以及优惠活动等一些有偿服务措施，使博武国际武术网这一武术交流平台越办越好，逐渐成为武术信息产业化的领头羊。

在这次现状调查中共搜索到包括英文网站 52 个、日文网站 11 个、韩文网站 3 个在内的 66 个武术外文网站。

二、少林武术及少林寺官方网站建设

（一）少林武术网站

少林武术网站是指在互联网上一块固定的、向全世界发布跟少林武术相关消息的地方，少林武术网站传播的主要是跟少林武术有关的信息[1]。

少林文化源远流长，武术更是博大精深。少林武术以强身健体、护院弘法为目的，加之独具一格的技击性和实战性，使其在国内外均负有盛名。少林武术是人类智慧与大自然融合的结晶。经过几千年的历史沉淀和传统文化滋养，少林武

---

[1] 王俊峰. 浅析我国武术类新闻网站的传播特点 [J]. 新闻战线, 2015 (3): 165-166.

术已经具有完善的禅武理念体系和极强的社会性，形成了一套独特的人文资源文化体系，深深影响着世人并令人神往。

　　众所周知，天下功夫出少林，尤其是伴随着改革开放的时代步伐，少林功夫也渐渐迈出国门走向国际，少林拳也在不断发展，创造着属于自己的辉煌。观察下表可以发现，河南少林武术网站占全国少林武术网站的 66.7%，占据很大的比例，而且主要的大型网站的代表也是"少林寺"和"少林功夫"。"少林寺"开创了"少林新闻""少林网络""BBS"等栏目，划分了"佛""寺""僧""慈""禅""武""艺""刊"八大主体，通过文本、视频等形式向海内外传播少林武术。"少林功夫"开办了"少林功夫""少林新闻""少林寺""友情链接""专题"等栏目，内容多姿多彩，史料记载详细真实，文字流畅，插图精美，通过中、英两种文字传播博大精深的少林功夫，在给人以幽雅清静之感外，也使人的心灵得以净化与升华。

少林武术网站调查情况表

地域	有效网站	非正常	外文网站	非正常外文网站
全国（个）	9	3	1	1
河南（个）	6	1	0	0
占全国（%）	66.7	33	0	0

　　少林武术网站不仅以传播少林武术文化为己任，而且为中原旅游业的发展以及诸多武术院校的壮大贡献了重要的力量，这也间接显示了少林武术网站巨大的经济价值。

（二）中国嵩山少林寺网站

　　嵩山少林寺是中国少林寺文化的代表，中国嵩山少林寺网站是中国少林寺的官方网站，其意义不言而喻。

1. 网站的表象信息

　　中国嵩山少林寺的门户网站（www.shaolin.org.cn），创建于 2014 年 4 月 6 日，2015 年 2 月 11 号通过河南省豫 ICP 备案。据 2017 年 3 月 21 日统计信息，该网站属于公共团体类网站，所属地区为河南郑州。中国嵩山少林寺网站站内链接 159 个、出站链接 5 个、反链数 205，少林寺网站全球综合排名第 576306 位，中文网站排名第 8692 位，公共团体排名第 65 位，河南省网站排名第 169 位。整个网站日均 IP≈2250，也就是说，平均每日有 2250 台电脑访问此网站。

中国嵩山少林寺网站的收录、反链结果情况表

搜索引擎	百度（次）	谷歌（次）	360（次）	搜狗（次）
收录	52138	20300	8080	92300
反链	13400	92000	1050000	—

数据来源于站长工具：http://mtool.chinaz.com

网站收录就是用户在浏览网页时，对应的搜索引擎抓取用户的浏览页面。百度对中国嵩山少林寺网站的收录次数是 52138 次，代表着用户通过百度搜索进入中国嵩山少林寺网站的次数为 52138 次。同样地，由上表可知，互联网用户通过搜狗搜索进入该网站的次数最多，达到 92300 次。而通过 360 搜索进入中国嵩山少林寺网站的次数仅为 8080 次。

网站反链是指从一个网页 X 通过链接到另一个网页 Y，网页 X 就是网页 Y 的反链[1]。就上表的数据来说，百度搜索中反链的次数为 13400 次，意味着互联网用户通过百度搜索间接进入中国嵩山少林寺网站的次数为 13400 次。互联网用户通过 360 搜索间接进入中国嵩山少林寺网站的次数最多，达到 1050000 次。搜狗数据在站长工具 SEO 中没显示查询结果。

国家、地区排名、访问比例情况表

国家、地区名称	国家、地区代码	国家、地区排名	网站访问比例（%）	网页浏览比例（%）
印度	IN	167977	11.1	12.3
美国	US	532655	9.0	11.4
俄罗斯	RU	699833	0.7	1.7
其他	O	—	79.2	74.9

数据来源于站长工具：http://mtool.chinaz.com

Alexa 排名是国际上的一个比较权威的网站流量排名系统，上表中的数据表

---

[1] 张勇. 我国官方武术网站的现状与发展对策 [J]. 西安体育学院学报，2010（6）：700-703.

明，在国外，印度国内互联网用户访问中国嵩山少林寺网站总次数占全球访问总量的 11.1%，美国占 9.0%，俄罗斯占 0.7%。相对而言，印度访问中国嵩山少林寺网站的次数在三个国家中占的比例最大，这可能是因为少林寺的佛教文化起源与印度有一定关系。

2. 网站的 meta 信息

一个网站的 meta 信息代表这个网站的最根本的属性，也就是这个网站的标签，一般网站的 meta 信息只在网站的源代码中能被看到，本研究通过站长工具查到中国嵩山少林寺网站的标题有少林寺、少林文化、少林寺官方网站；关键词有少林寺、少林文化、少林寺官方网站；描述为少林寺官方网站。标题为 16 个字符，关键词为 16 个字符，描述为 7 个字符，均符合网站的基本要求。

PC 指数是指人用电脑搜索的次数，移动指数是指人用手机搜索的次数。在下表中，少林寺对应的 PC 指数 916 就是指人用电脑搜索"少林寺"的次数为 916 次，对应的移动指数 3853 就是指人用手机搜索"少林寺"的次数为 3853 次。关键词"少林文化"和"少林寺官方网站"则很少被人搜索。

有关"少林"关键词排名情况表

关键词	PC 指数	移动指数	360 指数	本地排名
少林寺	916	3853	4740	2
少林文化	0	0	0	1131622
少林寺官方网站	1	0	0	14121314

数据来源于站长工具：http://mtool.chinaz.com

造成这种现象的原因，笔者认为有两方面。第一，现在随着手机 4G 网络的覆盖，手机网速大大提升，相比笔记本电脑，手机小巧更加便于携带，同时，由于网络的便利性，人们可以随时通过手机检索自己感兴趣的信息，因此出现移动搜索指数远高于 PC 搜索指数的现象。第二，关键词"少林寺"的搜索次数远远高于其他两个关键词，这是因为在大家熟知的信息当中接触到"少林寺"这个词的次数要多于"少林文化"和"少林官方网站"，也就是说，现在的传媒信息更多的是与少林寺相关的，跟少林文化以及少林寺官方网站相关的传媒信息很少甚至几乎没有，造成这种现象。

3. 网站内容与板块结构

中国嵩山少林寺网站有中文版和英文版，网站分为寺院介绍、少林僧团、寺院法务、中国禅宗、少林功夫、慈善事业、文化交流、佛教艺术、少林医宗共九个大板块。在主页又分为少林新闻、少林公告、媒体报道，禅宗祖庭、每周一禅、禅修法门，功夫研究、功夫精选、教你练功夫等三个大板块、九个小板块。

中国嵩山少林寺网站作为少林寺的官方网站，更新信息的速度是很快的。据作者研究发现，少林新闻板块昨天的新闻已更新出来，少林新闻资讯显示在 2017 年 3 月 20 日，美国洛杉矶少林文化中心举行美国加州"嵩山少林寺日"庆祝活动，新闻内容有文字有配图，这说明该网站具有专门的新闻工作者。网站首页最引人注目的当属第三大板块的"功夫研究、功夫精选、教你练功夫"。毕竟天下武功出少林，人们浏览少林寺网站更多的是想看到与少林功夫相关的内容。在功夫研究板块，提供了少林寺的经典武功秘籍——少林拳术和少林内功心法。在功夫精选板块，炮拳用文字配图的形式进行了详尽的解释，比如转身炮、豹子翻山、梅鹿卧枕、括边炮、猿猴摘桃、翻身炮等技法要领。在教你练功夫板块，对少林的风火棍和易筋经也做了详细的讲解，内容简要，配图形象、易懂。

4. 网站的 SEO 优化

搜索引擎优化（Search Engine Optimization，SEO）指的是通过站内优化（如网站结构调整、网站内容建设、网站代码优化等）以及站外优化（如网站站外推广、网站品牌建设等）使网站满足搜索引擎的收录排名要求并且提高在搜索引擎中关键词的排名[1]。这些措施将会吸引大批精准用户进入网站并且获得免费的流量，对于品牌的推广和直接销售具有巨大的贡献（百度百科对 SEO 的解释）。SEO 优化是站长工具针对网站建设方面提出的优化工具，该工具针对网站建设的一些具体信息提出了一定的限制性标准。针对页面 URL，SEO 优化建议 URL 长度不超过 255 byte，认为在静态页面上使用动态参数会造成 spider 多次和重复抓取。针对页面内容的分析，SEO 优化认为，meta 及标题信息是搜索引擎优化的关键，搜索引擎抓取不到 frame 的内容；flash 应该有文字描述，flash 描述可以让搜索引擎了解该 flash 的信息；关于图片的 ALT 信息，通过 ALT 可以让搜索

[1] 蒋官勇. 对目前武术网站的调查与分析 [J]. 科技信息，2012（26）：293.

引擎了解该图片的信息。

基于站长工具 SEO 优化建议分析中国嵩山少林寺网站（www.shaolin.org.cn）
得出结果如下：①该网站没有超过建议长度的链接。②该网站的静态页面参数正
常。③页面关于 meta 和标题的信息完整。④页面 frame 信息完整。⑤该网站的
flash 都有相关的文字描述，有利于搜索引擎的搜索。⑥该网站图片的 ALT 信息
不完整，有 20 个图片没有对应的 ALT 信息，不利于搜索引擎的搜索。

三、"互联网+" 与少林武术文化传播

在 2015 年 3 月 5 日第十二届全国人民代表大会第三次会议上，李克强总理
提出"互联网+"概念，并将其写入政府工作报告。同年 7 月，国务院印发了
《关于积极推进"互联网+"行动的指导意见》，提出要坚持开放共享、融合创
新、变革转型、引领跨越、安全有序的基本原则，充分发挥我国互联网的规模优
势和应用优势，坚持改革创新和市场需求导向，大力拓展互联网与经济社会各领
域融合的广度和深度。到 2018 年，互联网与经济社会各领域的融合发展进一步
深化，基于互联网的新业态成为新的经济增长动力，互联网支撑大众创业、万众
创新的作用进一步增强，成为提供公共服务的重要手段，网络经济与实体经济协
同互动的发展格局基本形成。到 2025 年，"互联网+"新经济形态初步形成，成
为我国经济社会创新发展的重要驱动力量。

（一）"互联网+"为少林武术文化传播带来的机遇

"互联网+"概念的提出，为武术文化的多样化、多渠道、全方位传播提供
了崭新的平台。"互联网+"新媒介的强势推进，对文化交流方式和远程教育形
式产生了深刻的影响，互动式的沟通方式和网络化教育应运而生。互联网具备信
息量繁杂、传播速度飞快、覆盖范围广泛、交互功能强势等特点，是信息爆炸时
代的产物，是有效传播信息的重要载体，互联网的发展在促进武术文化国际化传
播方面起着非常重要的作用。二者的结合，促使少林武术文化快速传播并突破空
间的限制，形成线上和线下双渠道的传播模式，从而推动武术传播的国际化、便
捷化与大众化发展。

"互联网+"大数据时代推动了少林武术文化传播的升级和转型。以少林武
术品牌战略化为依托，打造少林武术精品文化，必须加强少林武术在学校和社会

的广泛传播，要以学校教育为主体，以社会传播为途径，二者有机结合，为少林武术文化的发展培养高素质后备人才。要充分利用互联网自媒体如微信、博客、微博、播客、论坛、即时通信等媒体的自主性、个性化、移动性、互动性及智能性扩大和增强少林武术文化在世界的知名度和影响力。

（二） 以互联网思维解放思想摆脱传统观念束缚

传统思想观念对于"互联网+"时代的束缚主要表现在传统与前卫的关系矛盾和中国传统惯性思维方式的转变方面。"互联网+"态势下，少林武术文化的创新驱动力是少林武术文化发展的核心，打破原有传统型发展思维模式，走出一条创新之路，是"互联网+"时代发展的趋势所需。

少林武术承载着博大精深和源远流长的中国传统文化，集儒教、释教、道教三教合一、三位一体的传统思维方式和价值观念，具有其独特完备的道德体系，并由此凝练出阴阳平衡的技击方法，以及多种多样的武术功法功理。隋唐时期的少林棍僧救唐王成功塑造了少林武术的爱国情怀，明朝时期抗倭僧兵视死如归、伸张正义的精神，以及少林寺"十不传"的戒律门规，是少林寺禅武合一、武中有禅、禅中有武的民族文化体现。"互联网+"背景下中国传统武术文化的发展，将会"取其精华、去其糟粕"，打破许多清规戒律和门户限制，拓展传播渠道和方式，扩展传播容量，提升传播质量，扩大传播覆盖面，增强传播力和影响力，为中国武术在信息化时代的发展提供科学推力。

（三） 在政府大力支持下坚持传承少林精神为主导

各级政府的强力支持是少林武术文化发展的重要保障，为少林武术文化的发展营造了良好的社会环境。"互联网 +"背景下中国武术的发展，从传统的"身传口授"的师徒传承转向网络信息化的无界限传播，中国武术正在迈向一片崭新的天地。互联网不仅是一种全新的现代化传播方式，而且改变着中国武术传播的生态环境，包括文化环境、产业环境和受众环境。

少林武僧团是传播、发展少林武术文化的载体之一，成员主要是少林寺出家弟子，其主要任务是出访和巡演，目的在于彰显少林武术的观赏性、娱乐性与表演性，达到弘扬并传播少林武术文化和少林禅宗佛法的目的，以深邃、玄奥的少林功夫名扬海内外，传承《少林精神》中的"南拳北腿少林棍，卫国保寺健自身；崇禅尚武少林人，爱国护教少林魂；不争和合少林心，止恶扬善少林根；以德服人消贪瞋，后发制人少林门"[1]。此外，少林武术文化品牌的建立是促进少林武术推广的有效途径，"少林武术已逐步形成一个以少林武术为核心的产业链群，是中国文化获得世界认可程度最高的文化品牌之一"，对于少林武术的中国形象的建构具有战略性意义。

（四）　互联网背景下少林武术文化传播存在的问题

1. 武术网站有待完善

目前，武术网站的内容呈现一种泛泛而谈、浅尝辄止的状况。国内现有关于武术的网站 100 多家，据可靠文献查证，中国的拳种有 129 个，少林功夫是天下功夫的集大成者，自古就有天下功夫出少林之说，但是究其内容却基本是少林拳、少林刀剑等传统的少林功夫。少林武术体系庞大，文化内涵也博大精深，网站上所展现的内容仅仅是沧海一粟，因此，内容上还有待补充。网站与网页最大的区别就是，网站是由许多网页通过一定的立体结构组合而成，仔细浏览这些网站发现，有的网站只能算是一个网页而不能称其为网站，并且众多网站中的内容也多有抄袭之嫌，大多数内容都是从一些武术教科书或者杂志上照抄而来，导致少林武术网站现有的内容大同小异，缺乏自身的特色。

2. 外文版本内容匮乏，亟须拯救

在信息化社会中，各种信息瞬息万变。据前文对嵩山少林寺官网的数据分析发现，很多国家每年都会有大量人员访问嵩山少林寺官网。少林武术是中华文明的一种象征，在不断的历史演变中，少林武术沉淀着中华武术的精髓。但是在浏览网站时却发现大多数网站都没有对应的英文版本，即使有英文版本的网站也有一部分不能与中文版本完全对应，这对推动少林武术的进步与发展是不利的。因此，为了推动少林武术的发展，加快少林武术走向世界的步伐，网站英文版本的开发与建设亟待解决。

3. 信息更新速度缓慢，有待充实

通过长达数年的跟踪调查发现，有许多少林武术网站的内容迟迟不更新，更

---

[1] 胡江枫. "互联网+"背景下少林武术文化产业众筹发展的 SWOT 探析 [J]. 科技经济导刊，2017（5）：229-230.

有甚者，一些小的个人网站从未更新过，在众多网站中只有为数不多的几个网站更新速度还可以，比如少林塔沟教育集团、嵩山少林寺官网，然而大多数网站信息更新的速度都差强人意。

4. 网络专业人才匮乏

网络专业人才匮乏，特别是具有少林武术文化教育背景的网络专业高层次人力资源匮乏，诸如互联网背景下的武术经纪人、民间的武术家、武术拳师、武术科学研究人员等武术人力资源。由于"互联网+"对传统行业的冲击，新型武术产业结构的替代，对武术人才不仅需求量大，而且需要转变思想观念，积极推动知识能力与管理模式的创新，迎合产业发展需求。

（五）互联网背景下少林武术文化传播的对策

1. 明确自身定位加强网站建设

针对目前我国少林武术网站内容有待补充、特点不突出、信息更新速度缓慢、外文版本亟须完善等问题，首先应该明确网站自身的定位，也就是说，要明确网站的类型，这样才能有目的、有针对性地考虑网站建设的问题。

在这个信息和网络飞速发展的时代，人与人、国与国之间的距离被无限缩小，外文板块已经成为制约少林武术走出国门的一个槛，因此，少林武术网站的外文板块建设应该引起站长们的重视。针对网站信息更新过慢的问题，笔者建议，首先进行市场调查，保证数据更新速度，了解目前同类网站的发展、经营特色，汲取长处，同时明确网站自身的定位（大小、类型、网站风格、目标群众等），在此基础上整理出网站的内容框架图以及逻辑结构图，合理分工，定时更新网站信息。在建设网站时，还应该注意在网站的各个网页力求简练的同时控制每个板块的信息量，将重点内容放在醒目的位置；网站空间逻辑结构要合理，导航也要清晰、易查找。

2. 引入"阳光"下评价监督机制

继续深化少林武术产业的体制改革，坚持少林武术文化的原有生态，秉持"禅武合一、禅武不分、禅中有武、武中有禅"的思想，在武术表演市场中强化武术技击思想和禅武合一思想；发挥市场的资源配置作用，合理挖掘少林武术文化资源，有力回击少林武术文化唯商业化的谬论，实现少林武术文化产业经济效益和文化效益的双丰收；冲开传统思想观念的束缚，利用"互联网+"的发展模式，建立"阳光"下的科学评价和监督机制，推动少林武术文化产业又好又快、可持续发展。

第二节　少林武术文化的国际化传播

少林武术最早在元朝时期就已传播至海外。武术在各类语言中家喻户晓，英文为 Martial Arts，又被叫作"中国功夫"。全世界的武术热，与 20 世纪 80 年代的电影《少林寺》的成功有很大的关系。少林武术文化享誉全球，其传播也走向国际化。自 2005 年以来，少林武术的国际化交流日益密切，总体呈上升趋势，交流手段丰富多样。其中，仅仅外出访问演出，就有大大小小共计上百次的出访记录，出访足迹遍布全球。举办的少林功夫演出也备受好评。在"走出去"的同时，少林寺也接待了许多名人政要和各国校长团的来访，比如美国篮球巨星奥尼尔、俄罗斯总统普京等。2008 年，少林武术出现在北京奥运会和残奥会开闭幕式的现场，通过媒体在国际上的转播，让世界欣赏到了纯正的少林武术。与此同时，越来越多的国际学生登门学艺，对少林武术文化在国际上的传播产生了积极影响。

一、少林武术文化国际化传播简况

（一）少林武术的维权与正名

20 世纪 60 年代，少林武术文化传入世界各地，部分国家开始陆续抢注以"少林""少林寺""少林武术""少林功夫"等为关键词的商标，甚至出现了许多假冒商标和侵权行为。这些商标与真正的少林武术文化并没有什么关系，严重阻碍了少林武术文化的国际化传播。登封市人民政府 2001 年下发了《关于加强少林武术涉外管理的通知》，明确规定了未经少林寺官方授权，任何关于"少林"的活动都是不被允许的，涉及少林寺的涉外活动都要经过严格的审批。

目前，少林寺官方已经在国内拿到了 200 余个商标，在国际上拿到了 40 余个商标，同时也在世界 30 余个国家和地区建立了经过少林寺官方授权认证的少林武术培训机构。少林寺至今依然在打击非法商标与侵权行为，为少林武术文化的国际化传播扫清障碍。

（二）与全球名人政要交流密切

在目前的对外交往中，少林寺与全球的名人政要交流十分密切。从瑞典国王卡尔十六世·古斯塔夫、英国前女王伊丽莎白二世、西班牙前国王胡安·卡洛斯一世、澳大利亚前总理霍华德、南非前总统曼德拉等大批政要对少林寺住持的亲切约见，到俄罗斯总统普京、法国前总统希拉克、黎巴嫩总统拉胡德、日本前首相小泉纯一郎、美国前国务卿基辛格、原国际奥委会主席萨马兰奇，以及世界著名篮球运动员奥尼尔等上百位名人政要先后到嵩山少林寺欣赏少林武术表演，少林武术文化正是借助这些名人政要的知名度和影响力得以在更高的层面上广泛传播。

（三）利用多元化载体宣传

当前，社会科学技术迅速发展，新兴媒体层出不穷，为少林武术文化的国际化创造了很好的条件。从早期的传统传播方式，如书本图册、师徒传授、现场表演等，到后期的电影、电视剧、录像录音、动画片等，再到最新的互联网时代，更是出现了网络直播等新兴的宣传手段。充分利用多元化的多种载体进行多渠道宣传，有利于更加多方位、多角度地诠释少林武术文化的内涵与真谛。

（四）申报联合国非物质文化遗产

当前，少林武术文化申报联合国非物质文化遗产的进程仍需助推力。少林武术文化虽然在国际上受到热捧，但是在之前的国际化进程中，少林武术文化很难得到世界的广泛认可，在世界上也缺少话语权。2006 年，少林功夫被国家批准为第一批国家非物质文化遗产。在联合国教科文组织世界遗产委员会第 34 届大会上，将登封"天地之中"历史建筑群列入《世界遗产名录》。这不仅象征着少林武术文化得到了全世界的肯定，更是推进了少林武术文化国际化传播的进程，同时也继续推进着少林武术文化申报联合国非物质文化遗产的进程。

二、少林武术文化国际化传播时代要求

少林武术诞生于古老的中原大地，受农业文明的影响非常深厚。农业文明发

展方式的家族性、地域性和血缘性等特征，决定了少林武术文化具有神秘性和多样性的特点，同时也使其发展具有了一定的局限性。随着全球工业文明的发展，全球化进程加快，全世界各个国家的交往越来越密切，交往形式也越来越多样化，每个国家和地区所特有的文化自然就成了一张张名片，而少林武术文化就是中国在国际上的一张亮眼的名片。而随着近百年来奥林匹克运动会的蓬勃发展，西方的体育文化与体育观念开始渗透到全世界，导致世界上许多民族的传统体育项目走向衰亡。通过国际化传播进程，中国传统体育项目将会展现出新的生机，少林武术文化的国际化传播道路也将更加宽广。

（一）　国际化传播有助于少林武术文化国际化与现代化

所谓"现代化"，就是指从传统农业文明社会向现代工业社会转变。这种转变不仅体现在物质方面，也体现在社会的制度与结构和人们价值观的变化等各个方面。传统的少林武术文化诞生于农业文明时代，在现代工业文明的大环境下，传统、陈旧的物质制度和指导思想等与现代文明社会格格不入。少林武术文化的现代化，就是指少林武术文化要摆脱传统的血缘、家族、师徒以及寺院等传播方式，结合现代工业文明所倡导的标准化、制度化和统一化的思想，将少林武术文化标准化，将少林武术教学制度化，将少林武术内容标准化。只有这样，才能助推全世界的少林武术文化爱好者更好地学习真正的少林武术文化。所以说，少林武术文化国际化传播有助于少林武术文化现代化。同时，少林武术文化现代化也有利于推动少林武术文化的国际化。

（二）　国际化传播有助于中国国家形象的提升

随着中国的高速崛起，一些发达国家的世界地位受到了冲击，于是提出了一些"中国威胁论""中国崩溃论"等错误理论来扭曲中国在世界上的形象。这显然与中国政府所宣扬的"和平崛起""建立持久和平、共同繁荣的和谐世界"的口号，以及中国传统文化中"和为贵"的思想相悖。中国政府在 2011 年推出了国家形象宣传片来改变被扭曲或丑化的国际形象，少林武术就在其中。作为最美中国形象及中华传统文化的代表，少林武术融合了中国传统文化中的哲学、医学、美学以及伦理学等。另外，少林武术以生动、形象的表现形式，以及不受语言壁垒限制的优势，广泛地受到了国际友人的喜爱。国际友人学习少林武术的过程，也是感悟中华传统文化的过程。

1990—2017 年少林寺代表团外出国际交流汇总表

年份	出访人物和团队	出访国家和地区	受接见人物
1990	少林武术表演团	日本	
1999	少林寺武僧团	英国	英国女王
2000	少林寺武僧团	黎巴嫩	总统
	释永信	瑞典	国王
2002	少林寺武僧团	日本	首相
		西班牙	国际奥林匹克委员会主席
2003	少林寺武僧团	泰国	官员
2004	释永信	美国	官员
	少林寺武僧团	泰国	总理
	释永信、少林寺武僧团	巴西	
2006	少林寺武僧团	德国	前总理
		澳大利亚	前总理
		新加坡	前总统
2007	少林寺武僧团	俄罗斯	总统
		西班牙	国王
2009	少林文化团	美国	官员
	少林寺武僧团	泰国	世界泰拳理事会主席
2010	释永信	奥地利	总理
2011	中国佛教协会	韩国	官员
2012	释永信	德国	德国外交部部长
2013	释永信	美国	
2014	少林文化团	泰国	
2015	少林文化团	美国	
2016	少林寺武僧团	埃及	
2017	释永信率少林禅医队伍	奥地利	

数据来源：少林寺官网 http://www.shaolin.org.cn/

　　少林武术文化的国际化在提升中国国家形象的道路上起着至关重要的作用。从 1982 年至今，到嵩山少林寺朝圣的人数连年增加，达到数百个团体，总人数更是多达 40 万人。少林武术表演团体更是赴全球 80 多个国家和地区奉献了千余场精彩演出。少林武术已然成了中国在国际上的一张响当当的名片，一个亮眼的文化符号，少林武术的国际化必然会提升中国的国家形象，提高中国的国家软实力，推动中国的繁荣与发展。

（三）国际化传播有助于世界体育文化和谐发展

　　近百年来，随着奥林匹克运动的飞速发展，西方"更快、更高、更强"的奥林匹克精神深入人心。人们一方面感受着竞技体育带来的视觉冲击，以及由此带来的体育生活方式的改变，另一方面也因竞技体育"异化"现象产生了较多困惑。首先，奥林匹克运动在 20 世纪一枝独秀，使得许多国家与地区的传统体育项目受到冷落，有的体育项目甚至面临失传的窘境。其次，竞技体育"金牌至上"的思想导致了体育文化的不健康发展，开始出现兴奋剂、黑幕等违背体育精神的行为。这些都不利于世界体育文化的和谐发展。

　　少林武术文化是东方体育文化的一部分，是东方传统思想的产物。东方体育文化强调人与自然和谐共处，强调"天人合一"，而这与西方体育文化恰恰相反。弘扬少林武术文化，可以消除西方体育文化所带来的消极影响，也可以给世界上的其他传统体育项目的发展提供动力。少林武术文化的国际化，有助于东西方体育文化的融合与交流，最终推动人类体育文化的多元化和世界体育文化的和谐发展。

三、少林武术文化国际化传播路径

（一）孔子学院开设少林武术课程

　　孔子学院是中国传统文化面向世界的一个窗口，主要通过推广汉语，使全世界的学子掌握汉语，了解中国文化。随着汉语国际推广少林武术基地的建立，向全世界的孔子学院输送了大批熟练掌握少林武术的汉语教师。越来越多的孔子学院开设少林武术汉语课程，将少林武术文化推向世界各地，周密的课程设计，在帮助学员提高汉语水平的同时也使其熟悉少林武术文化。孔子学院成为少林武术文化国际化的桥头堡。

（二）少林武僧团全球巡演

少林武僧团按照少林寺僧兵体制组建，其主要职能为通过少林武术的全球巡演，完成弘扬中国传统文化、宣传少林武术文化的任务。少林武僧团成员都是通过严格选拔与培训的出色人才，每一名都技艺精湛、精通佛法、热爱少林武术。少林武僧团目前已赴全球 80 多个国家和地区奉献了千余场精彩演出。通过演出，观众可以更直观地感受和体验最正宗的少林武术文化，而少林武术文化的魅力则通过视觉、听觉更直接地传达给每一名观众，激发观众的热爱。

（三）少林武术文化展览

少林武术文化可以通过图片、视频、实物以及讲解等手段巡回全球各地进行展览。随着科技的进步，互联网的飞速发展，少林武术相关网站的建立与完善，少林武术文化通过互联网实现了快速而广泛的传播。但是，通过展览所传播的文化是浅层的，深层的少林武术文化仍需要通过汉语的学习来帮助理解。

（四）少林武术广招海外弟子

《嵩山少林寺面向国内外广招少林弟子》招生简章中指出，嵩山少林寺办学20 余年，培养了超过 2 万余名优秀少林弟子，遍布世界各地。更有来自美国、新加坡、日本等全球各地的海外学员前来学习，有千余名优秀学员先后在全国各级、各类比赛中获得奖项。嵩山地域的少林武校数量繁多，面向全球招生，年龄段不受限制，招生时段不受限制，全球学员随到随学，生源火爆。

（五）影视剧作宣传少林武术文化

目前，关于少林武术文化的影视剧作形式多样，包括电影、电视剧、舞台剧、纪录片以及大型实景演出等。著名的少林武术影视剧作有《少林寺》《龙在少林》《少林四小龙》《少林寺传奇》，舞台剧《风中少林》，以及大型实景演出《禅宗少林》等。其中，电影《少林寺》影响甚广，多次被翻拍。

少林寺"十三棍僧救唐王"被人们熟知并传颂，始于 20 世纪 80 年代电影《少林寺》。在当时的社会经济文化背景下，荧屏艺术的表现形式与功夫、爱情题材的影视作品，迅速深入人心，并形成了一系列"少林题材"的影视剧，由此拉开了少林武术文化传承与发展的序幕。随后，河南省女作家芦雅萍出版了

《十三棍僧》《追杀十三棍僧》两部长篇小说。之后根据她的小说改编的《少林寺传奇》，全面激发了全国人民对少林功夫的文化情结。芦雅萍在《十三棍僧》以及《追杀十三棍僧》中，突出了少林寺僧的英雄情结与秦王李世民的传奇色彩，这种夸张的艺术形式传递了"修身、治国、平天下"的价值取向，其精神价值已远远超出了"少林寺僧助唐"事件本身。

四、少林武术文化国际化传播模式分析

少林武术文化国际化传播形式丰富多样，传播效果参差不齐。一个成功的传播模式值得全社会研究和学习，分析少林武术文化国际化传播模式案例，有助于帮助其他少林武术文化推广机构提升传播效果。"汉语国际推广少林武术基地"以嵩山少林武术职业学院为依托，宗旨是在全世界范围进行武术文化交流，现已成为中国和河南省对外交往的一张名片，是少林武术文化国际化传播的成功案例。

（一）嵩山少林武术职业学院概述

"汉语国际推广少林武术基地"以嵩山少林武术职业学院为依托进行国际化武术文化交流，现已成为中国对外交往的一张名片。

嵩山少林武术职业学院特色文化活动品牌"武林汉韵"，被2013年第八届全球孔子学院大会评为优秀办学案例，成为2013年河南涉外涉侨十件大事之一。"武林汉韵"武术文化巡演团，先后随国家主席习近平等国家领导人和教育部、中外语言交流合作中心等部委领导，从联合国总部到意大利、日本等巡演100多场，足迹遍布全球14个国家和地区，巡演受众多达十万余人。巡演团教练和学员，连续13年参加中央电视台春节联欢晚会，并多次参加奥运会、青奥会、亚运会等开闭幕式表演。

截至2016年，嵩山少林武术职业学院承办国际学生汉语武术夏令营（秋令营）12届、接待外国校长团（代表团）20余批，接待来自英国、澳大利亚等15个国家和地区的3000余名校长和师生进行交流学习，外派汉语及武术教师200余人到美国、泰国等17余个国家从事教学活动。

（二）嵩山少林武术职业学院专业情况

嵩山少林武术职业学院外语系，正式成立于2008年2月，2015年12月更名

为应用外语系。目前，该系开设有商务英语、应用英语和旅游英语 3 个专业。应用外语系每年暑期都会承担原国家汉语推广办公室组织的"汉语桥·国际学生夏令营"活动的组织和领队任务，屡获各国营员的好评。部分教师还参与了国家汉语推广教材的编写和国家公派教师的选派活动。"汉语桥·国际学生夏令营"为嵩山少林武术职业学院应用外语系的发展提供了机遇。

嵩山少林武术职业学院文化传播系，是嵩山少林武术职业学院重点、骨干系部之一，成立于 2007 年。现有文秘（电子速录、现代商务、法律），中文（国际文化交流），行政管理（行政助理），应用英语，商务英语 5 个专业，其中，中文（国际文化交流）专业为河南省品牌专业，拥有中华文化体验中心、秘书实务综合实训室、视听说实训室、计算机实训室、武术实训室共计 14 个；并且汉语国际推广少林武术基地，很好地满足了学生实训实习的需求。文化传播系自创办以来，在郑州同类院校中一直具有比较广泛的影响和声誉。现有专职教师55 人，其中教授、副教授 15 人，讲师 12 人，有国外任教经历者 12 人。共有文秘专业、中文专业、行政管理专业、英语和公共语文 5 个教研室。

（三）嵩山少林武术职业学院对海外学员教学情况

嵩山少林武术职业学院（以下简称"学院"）作为汉语国际推广少林武术基地，至今已成功承办了 12 届国际学生汉语武术夏令营（秋令营），接待来自英国、澳大利亚等 15 个国家和地区的 3000 余名学员进行交流学习。

学院对于海外学员教学内容的选择，由教练安排或学员自己选定，选定之后教练根据学员的学习时间长短、年龄、性别等实际情况进行区别教学。

由下表可知，学院在短期教学中，注重少林武术技法的教学。在长期的课程表中，只有晚上的教学课程涉及汉语和武术理论的教学。

嵩山少林武术职业学院国际教学中心短期培训课程表

培训日程	培训内容
第 1～2 天	五种基本步法、连环式、大洪拳第一式
第 3～4 天	八步连环拳、大洪拳、少林直拳、阴手棍、少林短棍
第 5～7 天	龙拳、大刀对矛、四角梅花大刀、"T"形手杖对矛、梅花形、少林十三枪、螳螂拳、少林大刀、大洪拳第二式、大洪拳第三式、达摩剑、冬螳螂拳、小武僧式、二十四式太极拳

续表

培训日程	培训内容
第8～15天	少林棍、少林刀、大武僧式、少林"T"形棍、少林连环矛、太极拳
一个月	春秋大刀、武僧式、少林矛、少林蛇拳、六式联合、太极拳、太极长拳
一个月后	散打、跆拳道、比武（可选武术种类：象形拳、八卦掌、南拳、气功等）

嵩山少林武术职业学院长期留学生课程表

	周一	周二	周三	周四	周五	周六	周日
早晨	少林拳	太极拳	气功	太极拳	少林拳	气功	—
上午	少林拳	太极拳	少林拳	太极拳	少林拳	其他	
下午	散打	少林拳	其他	散打	太极拳	少林拳	
晚上	中文课	武术理论	中文课	中文课	中文课	武术理论	—

学院在实际教学过程中，采用双语教学——汉语、英语对照教学，结合技术动作示范，进行示范性教学。此外为嵩山少林武术职业学院负责人介绍说，教师每年都会收到国外相关武术组织的邀请，出国进行为期几个月、半年或一年左右的教学活动。

学院注重武术技法教学，但是对于少林武术文化、内涵的阐释存在不足。在对外国学员的问卷调查中发现，外国学员汉语知识水平有限，自身以学武术为目的，对于少林武术文化的相关问题，需要在问过授课教师后才能做出选择。

结合调查问卷和实地调研可知，外国学员大多数通过网络了解少林武术，来到中国学习少林武术是因为非常喜欢少林武术，他们认为中国是少林武术的故乡，在这里能够学习到真正的少林武术。

（四）汉语国际推广少林武术基地的发展情况

2008年，孔子学院总部在河南嵩山少林武术职业学院建立汉语国际推广少林武术基地（以下简称"基地"）。基地是中外语言交流合作中心确定的十大汉语国际推广基地之一，也是中国唯一一个以武术为特色的汉语推广基地。

基地承担着全球孔子学院、孔子课堂和汉语教学机构的武术教学与巡演，主要任务包括承办大批国际学生汉语武术夏令营，培养、培训各国中华武术师资，承办全球孔子学院和汉语教学机构的武术教学巡演任务，研发"汉语与武术"

多媒体系列教材等。

2007—2016 年，学院承办了 9 届"汉语桥·国际学生夏令营"，接待来自美国、澳大利亚、英国、加拿大等 10 余个国家的 3000 余名学生；接待来自美国、加拿大、印度等国的校长团 20 余批；外派汉语及武术志愿者教师 200 余人至美国、俄罗斯、新西兰、泰国、尼泊尔等数十个国家；并组织编写《传统少林武术套路教程》《快乐武术学汉语》《中华武术素养读本》等武术教程。自 2010 年起，基地学员先后随教育部、中外语言交流合作中心及河南省教育厅领导，前往美国、俄罗斯、意大利、西班牙、瑞典等国家开展百场武术文化巡演，武术文化交流反响十分热烈。

（五）汉语国际推广少林武术基地与全球孔子学院的合作

1. 孔子课堂项目

孔子课堂项目是孔子学院总部为加强中国与其他国家在教育领域的合作，促进国外中小学汉语教学的发展所开展的一个项目。嵩山少林武术职业学院是唯一一个以武术为特色的汉语推广基地，致力于建立以武术为特色的孔子课堂，并协助其他孔子课堂开展武术课程。

2. 武术汉语教师派出项目

基地利用自身优势，已经培养出一大批汉语言文化功底深厚且具有武术特长的教师，可满足基地派出武术教师到国外孔子学院和孔子课堂执教，并向国外学生传授中国武术的需求。

2008 年至今，基地先后向泰国、尼泊尔、印度尼西亚、肯尼亚等国家派出汉语教师 175 人次，并向新西兰、俄罗斯、泰国、美国和尼日利亚派出 11 位武术教师教授少林武术。

3. "武林汉韵"武术文化巡演项目

"武林汉韵"巡演项目是基地的一个特色项目，旨在通过演出以和谐的方式传播中国文化，为更多喜爱汉语和中国文化的外国人士提供交流学习的机会。该项目的实施为全球汉语教学机构及武术爱好者进行武术文化交流提供了平台。

"武林汉韵"演出节目以武术表演为主，配以中国民族乐器及民族舞蹈，寓中国文化的丰富内涵于武术表演中，以文、乐、武来展现中国传统文化的厚重底蕴，到全球孔子学院和孔子课堂进行巡回演出。

"武林汉韵"是具有趣味性、观赏性和情节性，集武术教学、表演和文化交流于一体的节目，深受海内外中国文化爱好者的喜爱。主要系列节目有：传统套路类，如《传统武术套路演练》；新编拳类，如《快乐武术学汉语系列》《自然拳系列》；情节武术类，如《武林汉韵》《功夫动物》；艺术性武术类，如《天地人和》《少林十八般兵器》《少林雄风》；气功类，如《气功组合》（包括针穿玻璃、头开钢板、全身开棍等）；民间艺术类，如民族器乐演奏和民族舞蹈。

基地自 2008 年实施"武林汉韵"巡演项目以来，开展了一系列巡演交流活动，并取得了可喜的成果，得到了海内外观众的热烈追捧。

2010 年 1 月，"武林汉韵"交流演出团在美国开展了为期两周的"武林汉韵"武术与中国民乐相结合的推广交流活动，为当地人民打造了一场语言与文化的视听盛宴，让他们更加深刻地领略了汉语语言和中华文化的古老和神奇，取得了传播中华文化和推广汉语的良好效果。

2010 年 3 月，"武林汉韵"交流演出团参加了俄罗斯"汉语年"开幕式演出。基地师生参与演出了武术节目——《东方神韵》，为俄罗斯观众展现了中华武术文化的魅力，深受俄罗斯人民的欢迎和喜爱。

2010 年 4 月，表演团随同教育部副部长郝平同志参加了西班牙"汉语年"开幕式的演出，让西班牙人民近距离地感受到了中国功夫的神秘魅力和中华文化的博大精深。

2010 年 10 月，表演团赴意大利参加了意大利中国文化年——"中意青少年联欢节"开幕式演出及巡展活动，得到了国内外领导的普遍称赞。

2010 年 11 月，表演团前往泰国部分孔子学院及泰国王宫交流演出，受到了当地民众的热烈欢迎。

2011 年 4 月，应美国部分孔子学院的邀请，"武林汉韵"交流演出团再次赴美演出，并在联合中文日上精彩亮相，受到国内外人士的一致认可。

2011 年 7 月、12 月以及 2012 年 1 月，表演团学员三次接受了教育部赴意大利演出的任务，表演一次比一次精彩，给意大利观众留下了深刻印象。

2012 年 2 月，应意大利和瑞典部分孔子学院的邀请，武林汉韵表演团赴两个国家进行了由国家汉办（孔子学院总部）主办的"2012 孔子学院大春晚"三巡活动。本次活动受众人数多达 5000 人，每场演出都赢得了观众阵阵的喝彩声，起到了传播中国传统文化以及汉语国际推广的作用。

2013 年 5 月，应新西兰三所高校的孔子学院邀请，受孔子学院总部委派，武林汉韵交流团走访新西兰 8 个城市的大中小学，进行了 34 场高密度演出，观众超过 16000 人。此次新西兰巡演为推动当地汉语学习热添砖加瓦，吸引了外方媒体的关注。

4. 国际学生夏令营项目

基地为世界各国的大中小学生提供短期或长期的武术体验，并讲授了汉语言文化课程。

2007 年起，基地已经连续 9 年成功组织了"汉语桥·国际中学生夏令营"，接待学生 2000 人次。2010 年，基地组织了澳大利亚高中生秋令营，营员通过练习中国武术，学习中国语言文化，参观游览河南历史文化名迹，亲身感受中国优秀传统文化，收益良多。

国际学生夏令营项目主要活动内容包括武术学习、汉语学习以及文化体验等内容。武术教学包括武术文化与基本知识、武术的基本动作、少林武术传统套路，如连环拳、太极拳、少林棍等，采取集中强化培训模式；汉语学习包括汉语基本知识、日常交际用语等，采取课堂教学与课下实践相结合、讲授与演练相结合的模式；文化体验包括民间技艺学习、旅游景点考察，营员们通过学习中华剪纸、折纸、编织中国结、民歌等感受中国文化，参观的景点主要有少林寺、洛阳龙门石窟、开封清明上河园等名胜古迹。

下表为基地专门为夏令营国际生编制的学习与生活日程表。

"基地" 国际学生夏令营日程表

	时间	活动内容	地点
第一天	07:00—08:00	早餐	鹿鸣山庄
	08:30—11:00	"快乐武术学汉语" 教学	少林寺
	12:00—13:00	午餐	鹿鸣山庄
	15:00—17:30	"快乐武术学汉语" 教学	少林寺
	18:00—19:00	晚餐	鹿鸣山庄
	19:30—21:00	学习中华才艺——民歌	嵩山少林武术职业学院

时间		活动内容	地点
第二天	07:00—08:00	早餐	鹿鸣山庄
	08:30—11:00	"快乐武术学汉语"教学	少林寺
	12:00—13:00	午餐	鹿鸣山庄
	14:00—17:30	学习中华才艺——编织中国结	嵩山少林武术职业学院
	18:00—19:00	晚餐	鹿鸣山庄
	19:30—21:00	观看电影《少林寺》	嵩山少林武术职业学院
第三天	07:00—08:00	早餐	鹿鸣山庄
	09:30—11:00	参观洛阳第一高级中学	洛阳市
	12:00—13:30	午餐	洛阳市
	14:30—16:30	参观洛阳龙门石窟	洛阳市
	17:30	返回登封	
第四天	07:00—08:00	早餐	鹿鸣山庄
	08:30—11:00	"快乐武术学汉语"教学	少林寺
	12:00—13:00	午餐	鹿鸣山庄
	15:00—17:30	"快乐武术学汉语"教学	嵩山少林武术职业学院
	18:00—19:00	晚餐	鹿鸣山庄
	19:30—21:00	学习中华才艺——剪纸	嵩山学院汉语教室
第五天	07:00—08:00	早餐	鹿鸣山庄
	09:30—11:00	参观河南博物院	郑州
	12:00—13:30	午餐	郑州
	14:30—16:30	购物	郑州
	17:00	返回登封	—
第六天	07:00—08:00	早餐	鹿鸣山庄
	08:30—11:00	"快乐武术学汉语"教学	嵩山少林武术职业学院
	12:00—13:00	午餐	鹿鸣山庄
	14:00—17:30	学习手工制作	嵩山学院汉语教室
	18:00—19:00	晚餐	鹿鸣山庄
	19:30—21:00	看电影学汉语	嵩山少林武术职业学院

续表

	时 间	活动内容	地 点
第七天	07:00—08:00	早餐	鹿鸣山庄
	08:30—11:00	复习所学内容	嵩山少林武术职业学院
	12:00—13:00	午餐	鹿鸣山庄
	15:00—17:30	组织测试	嵩山少林武术职业学院
	18:00—19:00	晚餐	鹿鸣山庄
	19:30—21:00	告别晚会	鹿鸣山庄

5. 国际汉语教师武术文化培训项目

嵩山少林武术职业学院广纳具有武术特长、爱好国际文化推广事业的教师和优秀毕业生，对其进行专门培训，储备了一批能胜任国际汉语和武术教学的精英团队，为海外有汉语和武术教师需求的机构提供师资。

国际汉语教师武术文化培训项目，旨在提高教师武术技能，增加汉语教师的武术文化知识。一方面，对国内从事汉语推广事业的汉语教师进行武术培训，帮助其进行武术文化教学；另一方面，对海外各国汉语教师进行武术培训，使其具有武术技能。

以上项目经孔子学院总部（国家汉办）批准实行，并给予了支持与资助。汉语国际推广基地致力于国家汉语国际推广事业的发展，在武术巡演、武术教学与培训以及汉语教学等方面与各孔子学院和孔子课堂建立了友好合作关系。

综上所述，中国少林武术是中国传统文化的一部分，也是汉语言教学内容的一部分。汉语言推广既要渗透中国文化，更要融入中国少林武术文化。中国少林武术与汉语言推广结合，是对外汉语教学向汉语国际推广多样化的一个典型结合，是汉语言推广内容的拓展，是推广形象的扩展。魅力独特的少林武术文化，要想更加国际化，必须要与汉语言相结合，使更多的人去关注中国文化，了解少林武术文化，进而推动少林武术文化的传播和少林武术文化产业的发展。

基地是汉语言推广与少林武术文化典型结合的实证，采用多种形式进行了探索与发展，取得了可喜的成果。加强基地建设，带动示范其他具备条件的学校建设基地，要从以下几个方面着手。

第一，建立更多的国家汉办夏令营基地，增加接收能力，以便接收更多外国青少年来华体验中国文化、学习中国武术。

第二，建立更多向国外孔子学院培养和输送教师的基地，补充海外孔子学院的教师缺口。

第三，建立更多外派教师出国培训和教授武术本领的基地，提高外派教师的自身素质。

第四，建立更多汉语国际推广教师出国志愿者的培训基地，满足全球孔子学院的需求。

第五，建立更多武术教材的出产基地，填补武术教材空缺的现状，并提高武术教材的质量。

同时，要加强培养少林武术与外语的专业人才，加强以少林武术为载体的对外汉语推广教材建设，加强少林武术对外汉语推广基地的建设。加大政策扶持力度，加大资金支持。

孔子学院作为汉语言推广的龙头项目，建立更多孔子学院和孔子课堂要在教学中更加注重与中国传统文化的融合，尝试与国际上知名度较高的传统文化相结合。例如，孔子学院和中国少林武术文化结合，相互促进、相互发展、共同推广，有利于中国文化的可持续传播。

中国少林武术的汉语言推广的功能主要有教育功能、载体功能、文化体验功能、经济功能、政治功能等。中国少林武术的汉语言推广价值主要有：促进学习语言文化背景的价值、激发语言学习动机的价值、商业价值、汉语言推广多样化和使中国文化更加形象化等的独特价值。

第三节　少林武术文化助推孔子学院汉语言推广

一、孔子学院的国际化发展状况

截至 2016 年 12 月 31 日，在全球 140 个国家（地区）建立有 512 所孔子学院和 1073 个孔子课堂。孔子学院 512 所，其中，亚洲 32 国（地区）115 所、非洲 33 国 48 所、欧洲 41 国 170 所、美洲 21 国 161 所、大洋洲 3 国 18 所。孔子课堂 74 国（地区）共 1073 个（科摩罗、缅甸、马里、突尼斯、瓦努阿图、格林纳达、莱索托、库克群岛、安道尔，欧盟只有课堂没有学院），其中，亚洲 20 国 100 个、非洲 15 国 27 个、欧洲 29 国 293 个、美洲 8 国 554 个、大洋洲 4 国 99 个。

孔子学院国际化分布统计表（截至 2016 年底）

洲别	国家（地区）数量（个）	孔子学院数量（个）	占比（%）
亚洲	32	115	22
非洲	33	48	9
欧洲	41	170	33
美洲	21	161	32
大洋洲	3	18	4
合计	130	512	100

数据来源：http://www.hanban.edu.cn/confuciousinstitutes/node_10961.htm

孔子学院占比最大的是欧洲，美洲第二、亚洲第三、非洲第四、大洋洲第五。可见，欧洲和美洲对汉语的需求和对中国文化学校的需求远大于亚洲、非洲和大洋洲。同时，孔子学院的战略布局对于欧洲和美洲更具有偏向性。

根据下表数据可知，近年来，孔子学院总数、孔子课堂总数、教师总数、学员总数都处于增长状态，只有外派教师和志愿者数量在 2015 年有所下降。不难看出，2011 年以来，"孔子学院"靠着自身的"软实力"走向了世界，受到了国际社会的普遍认可。

2011—2015 年孔子学院发展状况

项目	2011 年	2012 年	2013 年	2014 年	2015 年
孔子学院总数（个）	358	400	440	475	500
孔子课堂总数（个）	500	535	646	851	1000
全职和兼职教师总数（万人）	1	2	2.9	3.4	4.4
外派教师和志愿者人数（万人）	0.68	1.1	1.44	1.55	1.3
学员总数（万人）	50	65.5	85	111	139.4

数据来源：孔子学院年度发展报告（2011—2015）

根据下表数据统计可以看出，在 2013 年，各大洲孔子学院就已开展了武术课程。其中欧洲开展的情况最好，开展数量最多，有 10 个。同时，在每个大洲，期望开设的数量都远大于已开设的数量。可见，武术课程深受广大外国学生的喜爱。在欧洲，法国普瓦提埃大学孔子学院、慕尼黑孔子学院、柏林自由大学孔子学院、西班牙孔子学院、华沙武术特色孔子课堂和挪威卑尔根孔子学院的武术课程开设较早，深受学生欢迎。尤其是和北京体育大学有着合作关系的挪威卑尔根孔子学院，是世界上唯一一所具有武术特色的孔子学院。在这里累计的习武人数不下千人，并多次举办了"武林大会"。武术课程十分受欢迎，越来越多的孔子学院把开设武术课程提上日程，但无奈专业人士匮乏和课程设置不完善的问题，导致武术课程开设的进度缓慢[1]。

2013 年孔子学院武术课程开展的情况

单位：门类

课程开展情况	亚洲	非洲	欧洲	美洲	总数
已开设	7	7	10	8	32
期望开设	13	6	26	14	59
合计	20	13	36	22	91

从下表可以看出，除了以武术为特色的挪威卑尔根孔子学院，其他孔子学院的武术课程的课时都相对较少，教师也相对匮乏。挪威卑尔根孔子学院有三名专业的武术教师，课程内容相对丰富，有太极、长拳、养生功法、散打、气功等。而其他孔子学院只能开设长拳和太极的课程。把长拳和太极作为首选的课程，说明国际学生对少林拳和太极拳的认可度很高[2]。

世界各地部分孔子学院武术课程开展情况

支教老师	学院名称	周课时	课时长	内容设置
唐××	挪威卑尔根孔子学院	15	45 分钟	长拳、太极、养生功法
王××	维尔纽斯孔子学院	13	60 分钟	长拳、太极
郑××	挪威卑尔根孔子学院	14	45 分钟	长拳、太极、气功、散打
王×	挪威卑尔根孔子学院	20	45 分钟	咏春、散打、套路、太极

---

[1] 高幕峰. 对全球孔子学院武术课程设置的调查 [J]. 体育科研, 2013 (3):96-100.
[2] 鲁玉杰. 孔子学院武术课程基本功内容与标准体系的研究 [D]. 北京：北京体育大学, 2015.

续表

支教老师	学院名称	周课时	课时长	内容设置
杨×	丹麦孔子学院	15	45 分钟	太极拳、太极扇
韩××	开罗大学	16	60 分钟	长拳、太极

孔子学院在全球范围内培养懂汉语的国际学生，提供进修汉语的渠道，面向社会人士提供非学历教育，进行专门技能的汉语培训以及所在国中文教师的教学培训，致力于培养懂得中国文化的教师。与此同时，孔子学院项目整合和统筹当地现有的汉语教学以及民间的文化活动，建立与所在国文化相结合的汉语教学基地，建立有驻国特色的"孔子学院"，并开设汉语教师专业。目前，学院已培训 20 余万名汉语教师，遍布世界 100 多个国家，并在 9 个国家的 12 所大学开设汉语师范专业。孔子学院在教学的内容和方式上，注重当地特色与中华文化的结合。孔子学院主要教学方式与内容有：汉语教学采用多媒体及互联网；组织汉语水平考试和认证汉语等级；举办不同层次的汉语教师培训；制订汉语教学大纲和教学方案；面向政界、商界、司法界和新闻界等特定客户开展汉语培训；推广传播中华文化和优秀汉语教材；推荐优秀中文教师；开发实用性的汉语学习教材等。

二、孔子学院的教育与传播功能

（一）汉语言教学功能

改革开放以来，中国综合国力高速提升，在世界上的影响力越来越强，世界与中国的交流也越来越频繁，全世界掀起了一股"汉语热"。许多外国人开始学习汉语，了解中国文化。为了拉近中国与世界的距离，给全球的汉语爱好者提供一个学习汉语的有利条件，"孔子学院"应运而生。孔子学院最主要的功能就是为世界各地的汉语学习者提供便利的学习条件。具体包括：提供正确规范的汉语教育；编写和提供权威的汉语教材；输送和培训高水平的对外汉语教师；提供正规的汉语学习渠道等。

相比其他的海外汉语教育机构，孔子学院由于是国家汉办建立的，掌握着丰富资源，在国际上是最正规、最有权威的汉语培训机构。由于汉语学习难度大，汉语在国际上的推广难度也远远大于其他语种。孔子学院师资团队庞大，并且拥有教材编写团队，是其他培训组织不可比拟的，学院遍布世界各地，多设立在各个大学或研究院当中，充分融入当地。孔子学院因地制宜，在不同的文化背景和社会条件下灵活多变，开发新的学习思路。至今，孔子学院先后出版了 45 种语言的汉语教材，累计向 136 个国家和地区销售或配送教材图书超过 1200 万册。孔子学院还注重组织团队将各种汉语言教材本土化，将部分教材动漫化，深受世界各地汉语学习者的喜爱，对汉语言的国际推广起到了巨大的作用。

（二）传统文化传播功能

将语言的推广和传统文化的推广有效地结合起来，是一些发达国家向海外推广自己本土语言采取的基本政策。事实证明，这种政策十分有效。脱离了传统文化的语言，只是一种工具，显得十分枯燥无味；而脱离了语言的文化，更是寸步难行。所以说，汉语和中国传统文化两者是相互依存、密不可分的。

孔子学院当然不能只满足于教授汉语言，其真正的目的是通过文化交流的形式，向世界传播中国传统文化。汉语言推广是一种手段、一把"钥匙"，既可以是举办文化展览的形式，也可以是中外交流夏令营的形式，通过这把"钥匙"就可以打开中国传统文化的大门，从而了解中国，感受华夏五千年文明的魅力。只有充分传播中国传统文化，才能让世界看到最真实的中国，消除文化上的差异和误解，构建一个和谐的文化多元化的世界。

三、汉语推广的内涵、价值与特征

汉语是中国文化的特殊标志，汉语与中国文化密不可分，中国文化深层次地渗透于汉语言中。一方面，推广汉语只是一种手段，真正的目的是要向世界传播中国文化。另一方面，学习汉语必须深刻理解中国文化，否则要学好汉语是不可能的。如何才能把传统文化教育与汉语推广结合起来，已成为越来越多的人关注的问题。在对外汉语推广中，加入少林武术文化可以提高中国民族传统文化在全球的影响力。通过少林武术这个载体，不仅能够更加深入有效地推广汉语，同时两者的结合也可以促进少林武术文化的国际化传播。

（一）汉语言的国际地位

关于汉语言的国际地位，我们可以归纳为以下几点：第一，汉语言是世界上使用人口最多的语言；第二，汉语言是历史最悠久的语言；第三，汉语言是联合国规定的 6 种工作语言之一。

瑞士社会学家 George Weber 提出了一种语言评价体系：①以该语言为母语的人数；②以该语言为第二语言的人数；③使用该语言国家的经济实力；④科学、外交中该语言的重要性；⑤使用该语言的国家数和人口数；⑥该语言的社会、文学地位。依据这 6 条标准进行加权评分[1]。

在 George Weber 的语言评价体系下，汉语排在世界第六位。随着中国在世界上的话语权的加重，中国文化对世界的影响力增强，汉语必将成为连接世界的一座新的桥梁，其交际价值在经济贸易、文化交流过程中将会更加凸显，与中国交往、学习中国文化、说汉语将成为一种趋势。汉语文化在国际文学中的地位得到不断认可，表现为 2012 年中国作家莫言获得诺贝尔文学奖。综上所述，汉语的国际地位正处于一个上升的时期。

（二）汉语言推广定义及特征

汉语言推广是语言传播更是文化输出，是针对母语为非汉语言的人群传播汉语言，狭义上讲，这是汉语言的国际化。中国走向世界的过程中，无论是国人单方面走出国门的需要，还是外部世界迫切与中国建立联系的需要，都在促进汉语的国际传播，其必然带动汉语的国际化。汉语国际推广，是汉语使用者自觉传播汉语的过程，不论在自己国家学习，还是融入中国社会来学习汉语，其都是为了认识中国，了解中国文化。

当前汉语言推广的主要特征：其一，世界范围内对汉语学习的需求巨大；其二，汉语言推广结合中国文化进行传播；其三，调动国内外各种社会力量介入并关注汉语国际教育，充分利用多渠道、多途径传播汉语言。

（三）汉语言推广的主要形式

在汉语言国际推广方面，主要采用以下几种形式：

第一，培养更多的对外汉语教师。提高海外汉语教师的教学能力和教学水平。

第二，实行志愿者计划。2003 年至今，中国国家汉办实行志愿者计划，以满足世界对对外汉语教师的需求。

---

[1] 周有光. 中文在世界上的真实地位 [J]. 金融博览，2011（9）：25.

第三，建立孔子学院。孔子学院总部设在北京，由教育部批准建立。在国内外，孔子学院的建立需要总部授权。孔子学院在世界范围开展汉语教学，服务汉语学习者，并为学员提供方便，创造良好的学习条件。

四、"五维一体"汉语言推广模式

少林武术秉承中华武术之大成，以其浓厚的文化内涵、系统的表现形式传递着中华民族文化之精髓。要想全面深入地了解中华传统文化，汉语言学习是最好的途径之一。少林武术与汉语言推广互动，为汉语言文化与世界文化沟通搭建了平台，其目的在于借助武术运动全球普及的趋势，解决当前汉语言文化推广过程中存在的问题，提高汉语言文化国际推广的速度和质量。

如下图所示，可以把少林武术与汉语言推广互动模式描绘为"听、说、读、写、做"五维一体的开放式动态模式。

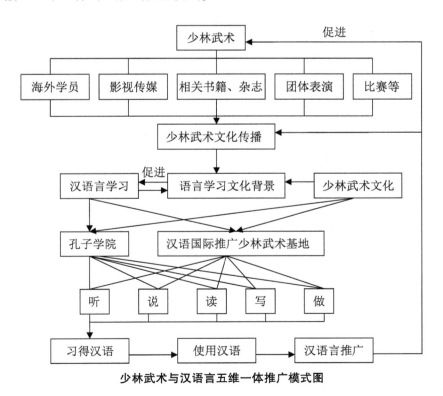

少林武术与汉语言五维一体推广模式图

（一）推广汉语言互动模式的理论依据

少林武术与汉语言推广互动模式是一个较为详细、科学的系统工程。互动的主体、内容、途径、效果等构成该系统工程的基本要素和基本环节。推广互动模式的建立，使人们对少林武术与汉语言各个要素及其关系的认识更加深入，由此建立起的互动概念由原来的模糊变得日益清晰。

提出这一模式的依据：①少林武术受中国传统哲学思想"天人合一"的影响，形成了"形神合一，内外合一，理气合一"的理论基础。②中国少林武术因其独具特色的"人文性"，成为中华传统文化走向世界的首选体育项目。③少林武术与汉语言为了适应彼此环境的变化，不断地与外界环境进行互动与"能量交换"，这种互动使系统内部要素得到改善，系统整体得到优化。④汉语言教学遵循第二语言的一般规律，强调培养"听、说、读、写、做"技能。

（二）汉语言推广互动模式的构成部分

1. 训练"听"的技能

"听"是理解言语的过程，听者把听到的各种声学信号放在一起，从而辨认出每一输入语流中的每一个音素，然后再把它们放在"语音"记忆里。这一策略旨在培养汉语言学生对汉语言词汇的熟悉能力和对"听"的适应能力。

汉语基本词与专业词汇"同形异义"，结合少林武术的专业特点可以积累专业词汇。增加武术相关汉语言基本词汇量的途径有：①通过"少林"故事，增强对武术汉语言基本词汇的掌握，为武术结合汉语学习打下基础。②以"少林武术"为听力材料的题材，通过不同语速、不同语境的读音，提高学生对语言的适应能力，逐步增强对汉语言的理解力。

2. 展开"说"的能力

"说"是用语言口头表达思想的过程。说的"理想的传递"状态，是说话者控制发音器官，运用语言清楚流利地表达想说的内容。

在武术学习的语境下"说"汉语，可以调动学生参与的兴趣，诱导学生主动"张口"表达。巧设语境，诱导"张口"的方法有：①在话题选择方面，以"少林武术"为语境最大限度地展开话题，注重时效性、趣味性、功用性。②开展"少林武术"特色的课外语言实践，设置情景检验语言的综合运用能力，鼓励学生对话"活化"语言，与不同身份、不同语言特征的对象交流。

3. 提高"读"的能力

汉语言学习中的难点是提高阅读能力，除了专业词汇之外，在字、词、句方面，古代汉语与现代汉语存在巨大差异，这也是造成学生"望文生义、南辕北辙"的重要原因。

提高"读"的能力策略，是旨在提高学生的阅读技巧和阅读速度。具体方法为：①要帮助学生解读阅读技巧，结合汉语言句式的特点，指导学生在词汇、句子、段落、修辞等使用方面下功夫。②要将词汇量渗透"少林武术"文化知识，将阅读内容与"少林武术"做好衔接，引导学生克服不良的阅读习惯，提高其自觉学习与阅读的习惯。

4. 提高"写"的能力

"写"是汉语言对外交流学习的一大难点。这一策略旨在发展学生写字表达方面的能力。

海外各国文化背景各异，汉语言对外交流的重点应在文字表达，而不必过分拘泥于汉字书写的形式。提高"写"的能力具体方法有：①写"情境话"为主，抄写"少林武术"文献。②先口头后文字，由短而长，由易渐难，用"听后写""读后写""观后写"的方法，让学生敢于表达。③对学生进行字、词、语法和书面表达技巧的训练，以应用文写作为中心。训练学生书写信函、通知、假条、申请书等应用文。

5. 提高"做"的能力

武术以身体活动、身体练习为基本特征。"做"是少林武术技艺传授的核心，又是少林武术文化传播的载体。把汉语言传授寓于少林功夫的练习中，不仅可以使学员深刻领会中国象形文字的内涵，更有利于加深学员对中华民族上下五千年文化的理解。

因此，传授少林武术技艺，既要注重技术动作、技击要领的传授，又要注意将表达技术动作内涵的汉字的形和意相结合，进行描绘性讲解，要对学员讲述蕴含于文字之中的汉语言文化背景。比如，少林武术习练中的"避实就虚""以退为进"

"四两拨千斤"等文化内涵；又如"推""打""拨"汉字的寓意，是手的动作，因此有一个提手旁等。最终使学员达到会说、会写、会用、能理解的目的。

本章小结

在中华人民共和国成立初期，中国的一切都处于一个全新的局面，少林武术文化同样也借着社会主义东风迎来了发展的契机，但为时不长，便遭遇了"文化大革命"（以下简称"文革"）。"文革"时期，少林武术的发展几乎处于停滞状态。在十年"文革"结束之后，少林武术得到国家重视，迅速恢复发展，少林武术文化发展在国内外都呈现出欣欣向荣的局面。

党的十一届三中全会使少林武术进入了大繁荣、大发展阶段。在这一阶段，少林武术文化的国际化传播充分彰显出了强大的时代特征，其国际化传播途径主要包括孔子学院开设的少林武术课程、少林武僧团全球巡演、少林武术文化展览、广招海外少林弟子、少林武术影视剧作等。当前，少林武术国际化传播工作的主要任务是维护品牌与商标权益，加强同世界各地的参观、访问和交流，利用多元化、现代化媒体传播形式，以及积极申报联合国非物质文化遗产等。

中华人民共和国成立以来经典少林武侠小说的时代特征主要为：①追求男女平等阶段；②追求传统男性主义阶段；③追求恋爱自由阶段；④追求民族平等阶段；⑤追求爱国主义阶段；⑥追求人性解放阶段。

中华人民共和国成立以来经典少林武侠小说的社会意义通过三个部分来体现。

①经典少林武侠小说对社会的经济功能：首先，是少林武侠小说、电影、电视剧的快速发展给我国经济带来了效益；其次，是网络武侠小说、网络武侠游戏的发展不仅受到广大爱好者的喜欢，也拉动了我国经济的增长；最后，是随着少林武侠小说、电影、电视剧的广泛传播，大多数人对少林寺、少林武术充满向往。

②经典少林武侠小说的文化教育功能：首先，是经典少林武侠小说对文化教育的影响，通过人物的描写、情节的构思，激发当代青少年积极向上，激发其爱国主义情怀；其次，经典少林武侠小说推动了我国的通俗文学的学术交流和网络文学的快速发展，特别是港台经典少林武侠小说传入，获得了丰硕的研究成果；最后，少林经典武侠小说的文化功能的发展，对少林寺的文化传播也起到了一定

的推动作用，少林舞台剧、少林功夫演出、少林国际文化交流等，都得到了良性发展。

③经典少林武侠小说的政治与外交功能：首先，是经典少林武侠小说家金庸对我国政治外交做出了杰出贡献。一些著名作家也是国著名的政治、评论家，受到我国党和国家领导人的亲自接见，并引起外国领导人及知名人士的关注，使少林武术文化出现在全球人民的视野中，为我国的政治外交做出了杰出的贡献。

第七章
市场经济条件下少林武术文化产业大繁荣

在 1984 年党的十二届三中全会上，党中央提出发展有计划的商品经济，1992 年党的十四大提出了发展社会主义市场经济。特别是进入 21 世纪以来，随着社会主义市场经济体制的建立和完善，我国的社会经济各行各业发展迅速、充满活力，综合国力不断提升。

第一节　少林武术表演市场发展状况

武术表演市场是武术产业的主题与核心内容之一，因其举办各类武术表演的经营活动来满足消费者的观赏需要，可称为职业体育市场；又因其发展备受观众的关注，购买者是观众，又可称为观众市场。

至今，河南省的武术表演产业已初具规模，部分专门从事武术表演市场运作的公司已经独立存在，并相继开展各种形式的商业武术表演活动，取得了不错的社会效益和经济效益。对大众来说，"武林风"已经耳熟能详，不再新鲜，这说明赛事先期运作的成功，同时"武林风"的品牌价值已经进入全新时期。

目前，武术电影对中国武术表演市场的拉动作用不断扩大，武术表演队伍在各地纷纷成立，各种形式的武术巡回演出在国内外紧锣密鼓地进行。武术舞台剧《少林雄风》的演出获得成功，受到了国外观众一致好评，一期演出就收回全部制作成本 300 多万元。现在演出盈利的势头仍然不减，在北美和欧洲的演出合约不断，并且场场爆满。《风中少林》是大型少林题材武术表演节目，由郑州市文化局在 2003 年投资制作。《风中少林》在国际传统武术节登台表演之后，又进入北京保利剧院演出。随着武术表演商业化运作深入，与之相关的门票、广告、纪念品等收入渠道逐步展开。

本节针对上述商业运作情况进行系统的研究，并提出进一步发展的相应对策，旨在促进少林武术表演市场与社会更好地互动与合作。

一、少林武术文化与电视荧屏成功合作

（一）武术类节目的楷模《武林风》

河南卫视《武林风》是全国唯一一档大型武术综艺娱乐栏目，在 2004 年由河南电视台卫星频道改版后推出。《武林风》以"武术艺术化、娱乐化"为指导，以搏击比赛为主干，由"争霸赛""百姓擂台""武侠梦工厂"三大板块构成。栏目持续十三年收视率一路飙升，截至 2016 年，《武林风 2016 年终功夫盛典》当晚收视率攀升至全国第一。栏目收视群体广泛、不分年龄阶层，其中 15～50 岁观众占总收视人群的 50.3%。

河南卫视《武林风》推出后的十余年里，国内大大小小赛事层出不穷，几起几落，兴起又消逝，而《武林风》则不断发展壮大，成为中国影响最广泛的格斗平台之一。2014 年，随着国家相关政策出台，层出不穷的各类赛事蓬勃再起，中国格斗类节目再次进入波澜壮阔、群雄争霸的时代。

回顾《武林风》十年发展历程，探讨如何把握时代机遇，适应新形势下的市场环境及行业需求，不仅对《武林风》节目本身，更对其他新锐赛事及中国格斗类市场整体的发展有着借鉴意义。

（二）功夫少年在《少林雄风》

《少林雄风》的组建，先有市场后有节目。编剧、舞蹈、音乐、灯光先期制作剧本耗时 4 个月，制作半年多成型，排练 2 个月出成品。《少林雄风》总投资 300 多万元，一期演出便全部收回所有投资。

考虑到少林武术在国外的影响，《少林雄风》选取少林武术的精华精心制作。先定节目版本，后制作剧情、选择演员排练，节目组成员达 40 余人。

加拿大太阳马戏团的运作模式有许多值得借鉴的地方，它所有的节目内容、人员服装、道具一律标准化固定不变，无论哪个马戏团要代表太阳马戏团进行演出，都要先买版权，按照太阳马戏团的要求排练节目，验收合格才允许演出。太阳马戏团创造了国际杂技界的一个神话，每年创收 3 亿多美元。

借鉴中国杂技在国外市场发展失败、收费极低的教训，《少林雄风》节目一开始就申请了国际版权注册，树立品牌进行版权保护。《少林雄风》树立品牌进行商业运作，借鉴太阳马戏团的运作模式——演出内容、风格固定不变，只要能演下去就不改。

（三）少林武术与春晚共同成长

位于河南省登封市的少林塔沟武术学校（以下简称塔沟武校）为宣传少林武术，经常组织各种武术表演，特别是荣登最高级别、拥有最广大受众的央视春晚舞台演出。同时，少林武术自身的美誉无形中也为塔沟武校宣传扬名，塔沟武校的运作模式，可谓互惠双赢、相得益彰的典型例证。

历届央视春晚武术节目表演单位统计表

时间	节目名称	表演学校
2003 年	《十二生肖大拜年》	河南少林塔沟武术学校
2004 年	《金猴闹春》	河南少林塔沟武术学校
2005 年	《壮志凌云》	河南少林塔沟武术学校
2006 年	《百家姓》	河南少林塔沟武术学校
2007 年	《行云流水》	国家集训队、河南少林塔沟武术学校
2008 年	《盛世雄风》	河南少林塔沟武术学校、北京市什刹海体育运动学校
2009 年	《功夫世家》	河南少林塔沟武术学校、嵩山少林武术职业学院
2010 年	《对弈》	河南少林塔沟武术学校、河北艺术职业学院
2011 年	无	无
2012 年	《鼓韵龙腾》	河南少林塔沟武术学校
2013 年	《少年中国》	全国少年武术冠军、河南少林塔沟武术学校
2014 年	《剑心书韵》	山东省莱州中华武校
2015 年	《江山如画》	河南少林塔沟武术学校
2016 年	《天地人和》	山东莱州中华武校
2017 年	《中国骄傲》	国家武术队

续表

时间	节目名称	表演学校
2018 年	《双雄会》	释延淀、清风子、中国嵩山少林寺武僧团、郑州大学体育学院、河南少林塔沟武术学校

数据来源：央视春晚官网：http://chunwan.cctv.com

　　由上表可以看出，从 2003 年开始塔沟武校在春晚亮相的次数是惊人的，在 2003—2018 年的 16 年里，除了 2011 年无武术类节目，在 15 个武术表演节目中，以塔沟武校为表演队伍的节目就有 11 个，占据 73%。这个参演比例在春晚舞台上是没有任何一个表演队伍可以媲美的。2008 年 10 月，在中央电视台《艺术人生》特别节目《武动人生》的现场，塔沟武校总教练刘海科接受著名节目主持人朱军采访时说道："2000 年 9 月我带队到中央电视台参加中央 10 频道开播一周年庆祝表演活动，在节目彩排时遭到导演决然否定。当时我们的心情十分沮丧，但我们在离开时留下一句话，那就是如果这个节目不能上，我们会努力参加中央电视台一套春节联欢晚会。当时话虽然说得有些狂，但我们的精神是，我们不干则已，要干就一定要干成功，而且我们还要当老大、争第一。我们要做最好，决不做第二。"塔沟人骨子中所蕴含的不怕失败、勇于争先、敢为第一的自信与雄心，是塔沟武校能够从办学之初的一间破窑洞，逐步发展成为全国武术馆校的龙头老大、拥有"天下第一武馆"美名的重要原因。

　　2003 年，塔沟武校以《十二生肖大拜年》叩开央视春晚的大门，截至 2009 年已经连续 7 年亮相春晚。春晚武术类节目，不仅是为全国人民准备的视觉盛宴，更是少林武术文化与社会、与大众很好的互动方式，历年央视春晚由塔沟武校参演的武术节目都有其表演意义：

　　2003 年的《十二生肖大拜年》，该节目以武术动作生动形象地演绎出十二生肖的特点，每个生肖都给大家带来不一样的拜年语言，是我国传统武术项目与我国传统文化的完美结合。

　　2004 年《金猴闹春》可谓历年节目中的经典之作，尤其依据我国四大名著中《西游记》的特色，与主演六小龄童的完美配合，使该节目在当年春晚节目中获得了极高的评价。这种传统项目与文学著作相结合的方式，更展现着独有的中国文化魅力，使国人产生强烈的情感共鸣。

　　2005 年的《壮志凌云》，"傲气面对万重浪，热血像那红日光，胆似铁打，骨如精钢"，是演唱表演与武术相结合谱写的新形成，为武术表演的发展道路添加了新的思路。

2006 年的《百家姓》，两届世界武术锦标赛冠军、领衔演出的塔沟武校学生与曾在 2004 年春晚《龙拳》中有上佳表演而为广大观众熟悉的澳门影视歌明星李菲，为大家共同奉上了一台精彩的视觉盛宴。这是中国民族传统项目与中国民族传统文化的又一完美结合，极大地推动了中国优秀传统项目与文化的发展。

2007 年的《行云流水》可谓武术节目的经典之作，以我国优秀传统拳种"太极拳"为核心，分别以扇子舞、太极拳以及南拳三部分内容进行了演出。该节目不但在国内广受欢迎，在海外也引起了很大反响，扩大了中国传统文化的国际影响力。

2009 年的《功夫世家》，是塔沟武校参与央视春晚的第七个年头，连续 7 年，从没有间断。该节目由塔沟武校 70 多名学员参加，总教练刘海科在这一年向媒体透露："我一再给大家鼓劲说，我们不仅要七上春晚，还要八上、九上、十上，甚至一直上下去。不为别的，就为了弘扬真正的少林功夫，就为了让少林功夫进入奥运会成为正式比赛项目，让世界各地的人都认识到它的价值，让真正的中国功夫发扬光大。这也是河南少林塔沟武校上央视春晚的真正意义所在。"

2010 年的《对弈》，塔沟武校 65 名学员参与央视春晚，武术舞蹈《对弈》在所有歌舞类节目中是"重中之重"。《对弈》采用两人下围棋的形式，男女两组队员以武为舞，不再是刀、棍之类的磅礴场面，而是刚柔并济的视觉盛宴，旨在从多方面让中国观众以及世界观众感受少林武术项目。

2011 年虽没有以塔沟武校为核心的武术表演节目，但在 2011 年，来自塔沟武校的 73 名学员，成功参与表演了《咱们工人有力量》《回家过年》《零点击鼓》和《难忘今宵》四个节目，可谓功不可没。同时，《咱们工人有力量》和开场歌舞《回家过年》在"我最喜爱的节目"评选活动中分别获得一等奖和二等奖。这也意味着，无论少林武术以何种形式呈现在观众面前，它都始终存在于中国人民的生活中，与我们的文化生活密不可分。

2012 年的《鼓韵龙腾》，在这次央视龙年春晚上，塔沟武校将武术与山西绛州大鼓巧妙地结合在一起，在晚会中第二个亮相。少林小子们在 50 秒内，手持山西绛鼓完成踩背前空翻、后空翻等各种高难度动作，时而组成两排阵型做侧空翻，时而交叉翻腾并完成击鼓动作，每一次腾空都赢得现场观众热烈的掌声。在整个节目中，学生们完成了四个高难度动作，为全国观众奉上了一个精彩的武术大餐。

2013 年，塔沟武校与功夫明星赵文卓联合演出《少年中国》，节目被修改100 多次。节目总教练刘海科表示，《少年中国》属于励志题材的节目，由央视春晚导演组依据梁启超于清朝末年戊戌变法失败后所作散文《少年中国说》所创，和以往的武术表演截然不同，有八卦拳、少林拳、劈挂等功夫，尤其是塔沟武校 26 名学员表演的快拳，学生们 40 秒内要一气呵成完成近 200 个武术动作，并且需要队形整齐、动作标准。《少年中国》旨在歌颂当代中国少年的朝气蓬勃，希望用武术的阳刚之气让世人看到中国少年的强大。

2015 年的《江山如画》由塔沟武校 48 名学员和功夫明星吴京、张震共同表演，该节目一经播出就赢得了导演和现场观众的好评。能够成为连续十三次参加中央电视台春节联欢晚会的表演团体，塔沟教育集团副董事长兼总教练刘海科表示："很欣慰有这样的舞台将中国传统文化真正地传向世界。"

在 2018 年央视春晚的演出中，塔沟武校 58 名学员上演的武术节目《双雄会》，开历史之先河，首次将少林与武当同台演出，少林与太极一刚一柔，其在节目中的完美结合，使观众在享受运动员高超技艺所带来的视觉盛宴的同时，又充分领略了中华民族浓厚的传统文化韵味。《双雄会》的成功演出，得到了全国观众的高度认可。《人民日报》发文评论称：《双雄会》刚柔并济展现中华文化博大精深！

基于这种执着，塔沟学员夺得全国冠军、世界冠军的头衔无数，塔沟武校还在套路、散打等竞技体育项目的大赛中成绩斐然，特别是武术表演水平在国内居于前列。在这 13 年中，国内外亿万观众不仅在春晚，而且在雅典奥运会、北京奥运会、残奥会、广州亚运会、南京青奥会等大型国际赛事的开、闭幕式上都能看到塔沟武术表演团的身影，并且每次都能成为人们视觉中的亮点。其间在国际上，塔沟武术表演团的足迹更是遍及数十个国家。

（四）世界顶级少林武术交流盛会——中国郑州国际少林武术节

中国郑州国际少林武术节是一项享誉国内外的综合性体育节会，其主要汇集了文化交流、武术表演、旅游推广等相关内容，受到国际武术组织和世界各国武术界的高度关注。1991 年至今，郑州国际少林武术节已走过了二十多个春秋。其间，虽然举办届数达十次之多，但始终坚持"共同进步、以武会友"的理念。慕名而来的有全球 60 多个国家或地区的运动员，他们纷纷加入了这一武术盛会。中国郑州国际少林武术节无论是在国内还是国外都引起了极大的轰动，为中国武术在世界的快速传播做出了巨大的贡献，已成为郑州市对外开放的一张名片。

中国郑州国际少林武术节参赛国家、地区和运动员数量统计表

届次	参赛国家数量（个）	代表团数量（个）	参赛运动员数量（人）
第一届	15	24	317
第二届	22	35	400
第三届	28	47	425
第四届	27	48	620
第五届	26	49	562
第六届	21	46	526
第七届	26	75	661
第八届	56	142	1152
第九届	73	195	1500
第十届	63	207	1870
第十一届	68	196	2300

2006 年，中国公布了首批非物质文化遗产名单，"少林功夫"名列其中，时隔 4 年后，"天地之中"及少林寺等建筑也被纳入了世界文化遗产的行列。这些都凸显了中国武术的特殊地位。少林功夫以体系大、门类多、历史悠久而位于各大武术门派之首，并且禅宗思想和少林武术的紧密结合，又对少林武术提出了新的要求，习练重心逐渐由修身训练开始转向修心训练。

用一句"天下功夫出少林"来体现少林功夫的重要地位一点儿也不为过。少林武术除了具有特点鲜明、风格特异、内容丰富等特色外，更多的是其深厚的文化底蕴。在漫长的历史长河中，少林武术不断地沉淀、不断地融合，如今已经成为中国乃至世界最大的武术派别，练习少林武术的人数逐年递增，现已遍布世界各个地区。

在郑州，武术的发展取得了辉煌的成就，群众性武术活动也开展得如火如荼，仅郑州市区武术培训机构就有 150 余家，太极拳及少林拳也开始频繁出现在大众的视野，成了群众性的晨练方式。此外，自 2006 年起，郑州市开始实行简化太极拳进小学校园活动，在多年努力和大力推广下，开展小学达 942 所之多，参加简化太极拳练习的小学生已超过 42 万人，这极大地促进了郑州市少年儿童

对少林武术的学习和对我国优秀传统文化的传承。

经过一代又一代郑州人的不懈努力，少林功夫就像一颗璀璨的明珠，镶嵌在中原大地之上，而中国郑州国际少林武术节正是向世界展示这颗明珠的舞台，恰如格兰·凯思所说："少林功夫在让世界了解郑州的同时，也将中国优秀的传统文化展现给了世界。"

（五）尚武崇文代表作《功夫少林》

电影《少林寺》播出 30 多年来，人们对千年古刹、少林功夫的记忆犹存。时至今日，少林功夫还存在吗？少林功夫秘籍还流传于江湖吗？在信息瞬息万变、全球一体化时代，又有谁还在潜心研习古老的功夫秘籍？传统功夫如何适应现代社会？

2015 年，中央电视台重点纪录片制作项目组联合河南电视台制作了《功夫少林》，旨在揭示中华少林武术博大精深的文化内涵，展示中国传统功夫人自强不息、尚武崇文的精神。纪录片视角深入现代社会各领域，围绕少林寺与少林功夫展开，是中国纪录片人向全球功夫人的献礼。

百日等待，只为一个镜头，穿越生死之间，只为完成对中外少林功夫人的全面扫描。摄制组用两年的时间，足迹纵横中国南北东西，穿越欧亚大陆八个国家，取景都市山野、庙堂民间，以及中外特警部队、歌剧院、拳击台等地，首度拍摄了不为人知的功夫画面，详细、深入地记录了少林功夫在中国乃至全世界的发展状况。

《功夫少林》共 5 集。第一集《绝学》，讲述古老东方的神秘哲学，通过少林寺三代武僧的不同追求和少林绝学精髓来展现。第二集《秘笈》，通过对几代传统功夫人的描述，体现了中国人对传统价值观，如善良、孝道、忠义、诚信等的坚守。第三集《神兵》，讲述是中国人刚直不阿、坚毅内敛、顺应自然、包容变通等性格，通过各种少林兵器来展示。第四集《江湖》，讲述中国人因地制宜的生存智慧，记录少林功夫人在各行各业中真实的打拼生存生活。第五集《天下》，展现少林功夫人心怀天下、放眼世界的胸怀，展示了少林功夫在全球各国落地生根的发展现状。

《功夫少林》立足当下，揭秘深藏在功夫背后的关于中国人的生存智慧与生命哲学，给全球观众讲述了 21 世纪少林功夫与功夫人的传奇故事。

二、少林武术文化的表演形式丰富多彩

近年来，常有重大武术节目冠名某拳种而开展表演，其中不乏拳种内容丰富、表演形式创新的，尤其是有时会整段、整套地采用竞技武术套路的内容与技术，并且有时也会吸收其他武术项目的形式、表现手法和技巧。当下这种演出也是中国少林武术对外交流的重要形式，常常很受欢迎。

由下表可以看出，2007—2016 年，有关少林武术的对外交流活动越来越多。交流基本集中为三类：一是各国领导人或知名人士参观访问少林寺，了解少林武术文化；二是在国际的交流中，更多的是我们驻扎海外的各个少林文化中心，如美国洛杉矶少林文化中心、意大利少林拳法联盟、美国洛杉矶少林功夫禅学院、英国少林修功夫学校、美国橙县少林文化中心、奥地利少林文化中心、俄罗斯少林功夫学校等，通过与少林寺的合作与沟通，不断地组织各种活动协助我国少林武术项目的发展和少林武术文化的传播；三是在各类交流中，我们以最直接的表演方式，让观众感受到少林武术的魅力。

历年少林武术对外交流访问情况统计表

时间	对外交流次数（次）	表演参与（次）
2007 年	6	3
2008 年	4	3
2009 年	17	6
2010 年	12	6
2011 年	20	5
2012 年	20	12
2013 年	28	14
2014 年	54	11
2015 年	28	8
2016 年	28	17

数据来源：少林寺官网：http：//www. shaolin. org. cn；少林塔沟教育集团官网：http：//www. shaolintagou. com

中国少林武术代表关于"少林武术"的提案始终立于"当地拳种、以校扬拳、以拳名校"的发展理念。少林武术节目每次对外表演宣传，均把节目的文化标签和技艺内核定义为"少林武术"。少林武术拳种刚健、威猛、迅疾、简洁等风格被表演凸显，少林内功、外功、硬功、轻功、气功等功法也被融入，同时加码竞技武术中的高难特技动作，然后把艺术化处理后的武术表演搬上舞台。表演自始至终散发着一股浓浓的"少林功夫"的独特气息和神韵，给人一种与众不同的感觉。表演的与众不同，源于"民间传统武术是中国武术的根基"，而少林武术又是体系庞大、内容丰富的民间传统武术的杰出代表。据统计，少林武术仅拳术就有 300 多种，器械 100 多套，共 500 多个套路。少林寺自古享有"天下功夫出少林"的盛名，是中国武术的发源地之一。

2006 年 3 月，俄罗斯总统普京专程前往嵩山少林寺观看僧人的习武表演，并对少林武术大加赞赏；2006 年 6 月，少林武术成为国务院公布的首批国家级非物质文化遗产项目之一，居"竞技与杂技"类首位；2008 年，少林武术表演成功参与北京奥运会和残奥会；武打电影《少林寺》《南北少林》等对少林武术进行了弘扬和宣传；《自然》《梦想》《弹跃龙》《节日》和《寄望未来》等各档节目赢得了世界亿万观众的好评……这些都使少林武术知名度不断扩大，并真正地从国内迈向了国际。

三、科学开发与拓展少林武术表演市场

武术套路表演市场可持续发展的前提，是以国家发展为基础，以武术套路产业为目的，研究制定竞赛、表演娱乐等多栖的市场体系。

武术文化产业政策的制定同样重要：第一，要有开放的武术套路产业开发政策。第二，建立良性投资机制，确保投资渠道多元化。第三，发展武术套路产业，通过榜样龙头项目带动。第四，权益与利益融合改善，开发竞赛活动的冠名、承办、协办及经营权，开发各类武术组织、团队名称、标志的专有权、特许权和经营权，开发武术广告代理权等，建立完善的法规保障体系。

具体内容应该从以下几个方面做起。

1. 建立擅长武术与经济管理的综合人才队伍

人才是武术套路产业开发的关键，建立武术产业管理人才队伍是当务之急。

人才队伍建设应分两个层次进行：

第一层，懂经济、善管理，熟悉武术与法律的一般管理人才。一般管理人才要具备管理者的知识结构，可以通过充实竞赛法规、学习经济管理知识等方面进行培养。

获得一般管理人才的渠道有两个：第一，对体育经济、体育管理专业的本科毕业生进行培训；第二，对体育教育专业的本科生和退役运动员进行培训。

第二层，具备将武术商机转化为效益的知识结构、素质和能力，熟谙体育经济运作，了解国际体育产业流程的高级管理人才。

2. 对少林武术进行全方位改革

少林武术改革的三个方面为竞赛规则、竞赛内容和竞赛形式。武术套路要融入现代时尚生活，需要对武术套路竞赛进行改革，使其符合现代竞技体育可比性、可操作性、观赏性的要求。

第一，精简竞赛规则。改革要与国际竞技体育接轨，要充分发挥运动员的特长和风格，利于裁判员评判，利于观众鉴赏。

第二，丰富竞赛内容。与各门派各拳种融合；追求高、难、新、美；体现中国传统文化，灯光、音乐、服饰与竞赛内容结合；竞赛内容更具观赏性和不可预见性。

第三，竞赛形式应多样化。武术套路竞赛，要有锦标赛，也要有擂台赛、挑战赛、表演赛，可以借鉴其他项目的竞赛形式，要适应市场和群众的需要。

3. 凝聚消费群体，争取企业加盟少林武术的产业发展

少林武术产业的发展，离不开消费群体和优秀企业的加盟。发展中应注重：

第一，建立多功能武术娱乐场所，引导群众树立武术消费观念，广泛宣传和推广太极拳、木兰拳等，增强群众武术参与意识和健康投资意识。

第二，建立高水平武术套路表演队，成立武术套路学习班，使更多的青少年参加武术锻炼。

第三，鼓励与优秀企业联盟，利用企业资金、人才等优势，开发研制武术运动服饰、器材，开展产销一条龙服务，占领市场。

四、创新少林武术竞赛市场的营销策略

（一）更新管理观念，明确市场定位

经营管理是武术演出企业的核心。企业全局性、长期性和权变性的经营战略制定，需要武术演出经营企业估量外部环境，发挥自身的资源优势，细分目标市场，确定市场定位，增强节目在市场中的竞争力，强化品牌意识，从而产生强大的品牌效应。

（二）丰富文化内涵，开发相关产品

文化在一定的经济基础上生成，经济在一定文化背景上确立，文化中有经济，经济中有文化。发挥自身优势将武术中的民族文化融入节目内容中，可以增强节目的观赏性和情感体验。

少林武术演出产品开发的三个方面为核心产品、有形产品和附加产品。观众购票的精神文化享受是核心产品。核心产品的实现形式为有形产品，武术演出的市场营销，其核心面向市场提供的实体服务。进行演出的产品开发要以观众需要来寻求利益的实现形式，如现场教学培训，音像、图书资料销售等。购买有形产品所获得的全部附加服务和利益就是附加产品。

（三）加强宣传力度，打造强势品牌

传媒、体育和娱乐三位一体化进程的建设，要着力构造传媒、体育和娱乐的融合产业链和互动平台。在传播武术表演及促使武术新闻和专题推广方面，媒体起先导作用。

少林武术演出企业可以采用创新方法，制作符合目标群体需求的节目预告或宣传片。传统宣传方面，以广告、新闻、专题、电视滚动等形式，在节目上演前逐步进行推广报道，加强节目的前期渲染效果，使双方可以实现资源互享，优势互补，借力共赢。

少林武术演出企业要刻意塑造品牌效应，可将其表演团队或主打明星节目，打造成国际知名品牌。"少林功夫"品牌名冠天下，有关少林的两台节目（《武林风》和《少林功夫》）便极好地借用了中国武术品牌的影响力。这两台节目

的成功在于，先于市场竞争热潮树立品牌意识，形成具有品牌文化共识和知识产权保障的节目，以独特的文化视角吸引海内外观众。中国武术品牌效应与认可度是武术演出企业领先于行业内竞争者并保持可持续发展的根本保障。

（四）制定营销战略，扩大市场份额

表演艺术进入市场的薄弱环节，是演出产品的营销推广。改变这种现状需要扩大演出的中介组织，拓展表演艺术的传播渠道，促使武术表演艺术产品在流通领域实现其价值；还需努力拓展商业演出渠道，以满足观众需求为中心，关注地区演出市场的机遇变化，加强企业演出市场营销活动的科学化，结合时代背景进行有效营销与宣传。

武术演出要达到制定营销策略、占领目标市场、提高市场占有率的目标，可采用以下几个方式：同领头企业签订商演合约；组派演员参加外国大型演出，或在游乐场所进行个体品牌演出；发展美国华人演艺公司提供中介实务，借力将节目转卖给美国大中型演艺公司，成为外国品牌下整场演出的组成部分；参加因政治因素组派的巡演团组，如文化部配合国家元首出访、侨办系统慰问侨胞等。

第二节　少林武术文化旅游市场发展状况

河南省位于中国中部，是华夏人文始祖的发祥地，是太极拳和少林拳的发源地，有悠久的人文历史和丰富的自然景观。河南省的地下文物全国第一，地上文物全国第二，自然景观具有"北雄南秀"的特点。河南省政府提出了"努力把旅游业尽快培育成河南省的一个支柱产业"的口号。

就影响力和扩展层面而言，虽然郑州多次举办国际少林武术节和国际太极拳年会，对于加强国际武术交流、提高河南省的国际知名度做出了巨大的贡献，但是对于带动河南省整体的体育旅游行业及相关文化事业的繁荣还是具有一定的局限性：虽然为河南省体育产业的发展提供了成功的经验，也为河南省经济的腾飞注入了新的活力，但还是过于传统和形式化，未能适应新形势下的旅游开发与管理。同时，河南省武术产业的发展也存在很多不足。如何更深入地挖掘河南武术资源，如何保证河南省武术产业快速、持续发展，如何打造好河南武术产业品牌，是本部分的主要内容。

促进武术旅游的健康快速发展，以及体育旅游发展在现阶段过程中已经取得

的宝贵经验，即将推动体育旅游成为河南旅游业新的经济增长点。对此提出针对少林武术旅游业的发展对策，也必将成为河南省武术与体育旅游相结合的最优路线和最佳发展策略。

一、少林武术文化旅游业发展历程概述

体育旅游属于旅游业，是体育与旅游交叉融合产生的新型产业，具有体育和旅游的特点，指以非营利性目的离开家庭所在地，前往某一目的地参与或观摩相关体育活动的主题旅游。目前，世界各国普遍重视体育旅游的发展。中国体育旅游现状为起步晚，但发展快。

"天下功夫出少林"，只有来到少林功夫的发源地河南登封少林寺，才能更好地体验少林功夫的风采。天下第一刹少林寺，武以寺名，寺以武显，位于登封市西北 13 千米，因坐落于少室山北麓的丛林中而得名。北魏创建，禅宗由印度僧人菩提达摩在此首创，故少林寺又被称为禅宗祖庭，主要景观有常住院、塔林、初祖庵、二祖庵和达摩洞等。

2007 年，登封嵩山少林旅游景区经过各部门的共同努力，最终通过了国家旅游部门的审核，被评为国家级旅游景区。近几年，随着旅游产业的快速发展，登封少林武术旅游在全国各地被广泛推广，来自海内外数以万计的游客前来少林寺进行文化旅游观光，登封市经济快速增长离不开少林武术文化旅游产业的发展，少林武术文化旅游已成为登封市第三产业主力军。

根据有关数据调查得知：2011 年港中旅（登封）嵩山少林文化旅游有限公司经济收入高达 2.23 亿元，参观旅游人数达 300 多万。截至 2015 年，少林武术文化旅游所创造的经济收入占登封经济总收入的 26.7%。因此，登封市非常重视旅游产业的发展，其打造少林武术品牌形象，坚持"文化圣山，功夫之都"等文化美誉。在树立绿色旅游理念和发展经济增长的同时，注重保护好、利用好非物质文化遗产。

2011 年 10 月，全国旅游景区质量等级评定委员会对少林寺旅游景区展开走访调查。调查发现，少林景区旅游环境不尽如人意，卫生条件较差、服务设施不完善、管理秩序混乱等现象普遍发生，这些问题的出现严重影响了少林武术旅游产业的发展。在整改过程中，发现少林旅游景区管理混乱的主要原因在于利益分配不均等方面。嵩山旅游景区有很多个管理部门，由少林寺、香港中旅集团有限

公司、地方政府等几个部门共同管理。少林旅游景区的主要控股公司是港中旅有限公司，即香港中旅国际投资有限公司，它拥有少林旅游景区51%的股权，是少林旅游景区最大的股东。第二个控股单位是登封市政府创立的登封嵩山少林文化旅游集团有限公司，简称"登封文旅"。在这种复杂的管理环境下，各种利益冲突随之产生，也给少林武术旅游市场营销带来了严重的阻碍。在2016年五一黄金周到来之际，嵩山少林寺旅游景区迎来旅游高峰，经过整改后，效果显著。实地调查发现，在少林旅游景区多了很多现场指示牌，现场还有管理人员对人流进行疏导，秩序井然。以往景区周边的"黄牛党""假僧人"也被管理部门清除。这是在少林寺景区整改后出现的全新市场局面。

嵩山少林旅游以嵩山少林文化而兴起，登封市经济加快发展的一个主要特点就是旅游业成为一个相对独立的经济产业。这几年，少林武术旅游快速发展，使少林功夫文化扬名海内外，同时促进了河南省相关产业的发展。其发展成果引起海内外广泛关注，熙来攘往的海内外游客慕名而至。河南少林武术文化旅游发展模式，更引发了中国武术文化资源丰富地区群起效仿。

二、河南少林武术文化旅游业发展现状

（一）河南少林武术旅游业景区分析

少林景区包括常住院、三皇寨、达摩洞、塔林等。嵩阳景区包含嵩阳书院、老母洞、峻极峰、法王寺、嵩岳寺塔、会善寺等。中岳景区包含中岳庙、卢崖瀑布、观星台等。

登封市政府强调以武术文化产业拉动其他第三产业，为了发展武术旅游，专门开辟武术旅游路线，把它建设成为集武术教学（培训）、武术旅游、武术影视表演、餐饮、科研为一体的综合文化基地，还开发了《禅宗少林·音乐大典》，为打造出精美的视觉盛宴，在《禅宗少林·音乐大典》的制作团队中，聚集了武术、舞蹈、音乐等各方面顶尖的创作人员。根据少林寺独特的文化背景，将传统的禅宗文化、现代的舞台舞美技术和科技投影技术与少林群山实景融为一体，形成了极其震撼的视觉盛宴。表演展示了中原文化的博大精深和禅宗与少林武学相结合的文化内涵，游客从中深切感受到了少林禅宗文化，这样新颖的演出形式吸引了众多消费者前来一睹少林风采。

（二）河南少林武术旅游业客源分析

以武术文化产业拉动相关产业的发展被登封市政府、市外事局着重强调，少林寺武术城、嵩山少林寺武术馆和中国嵩山少林武术文化博览中心相继修建，并开辟了专门的少林武术旅游观光路线，还开发了《禅宗少林·音乐大典》景点。

《禅宗少林·音乐大典》总投资 1.15 亿元，由国际顶级创作人员组成制作团队，结合少林寺独有的少林武术与佛教禅宗文化进行文化创意开发。音乐大典由《水乐·禅境》《木乐·禅定》《风乐·禅武》《光乐·禅悟》《石乐·禅颂》五个乐章组成。大典重视传统与现代、民族与西洋、文化与旅游的统一，舞台灯光系统与现代舞美技术相结合，运用舞台技术把舞台、音乐、武术和禅宗融入真山真峡谷的实景中，表演与实景虚实相生，观众在观看少林武术表演的同时，可以通过音乐感悟中原文化、禅宗真谛与少林武术相互融合的文化内涵，正是这别具一格的视听盛宴吸引了众多的旅游者慕名而来。

2009 年，《禅宗少林·音乐大典》演出 236 场，接待观众 23 万余人次，年收入 2500 多万元，弘扬少林文化的演出，极大深化了少林禅宗文化，促进了当地经济的发展。2011 年 6 月 18 日，《禅宗少林·音乐大典》在少室山演出第 1000 场，成为全国实景演出的典范[1]。近几年，《禅宗少林，音乐大典》的发展获得登封市政府的大力支持，《禅宗少林，音乐大典》已经成为游客来少林寺旅游必去的景点之一。

2010—2017 年《少林禅宗·音乐大典》游客数量及收入情况表

年份	人数（万人次）	收入（万元）
2010 年	16805	2700
2011 年	190170	3100
2012 年	214272	3400
2013 年	218071	3500
2014 年	206172	3600
2015 年	192128	3700

[1] 马兰. 河南少林武术文化产业市场营销策略研究 [D]. 福州：福建师范大学，2012.

年份	人数（万人次）	收入（万元）
2016 年	224425	3800
2017 年	212461	4165

（三）河南少林武术旅游业社会影响力分析

1982 年，电影《少林寺》上映，揭开了中国武术神秘的面纱，少林寺刷爆了世界人民的认知，并令他们折服于中国武术的独特魅力。少林寺旅游被海内外游客推崇，数以万计的游客蜂拥而至，只为目睹古老皇家寺院的容颜。少林寺旅游业，推动了登封经济、文化的发展，提高了当地人民的生活水平，对发展登封文化产业、完善文化产业结构有着巨大的推动作用，同时也带动了交通、住宿、餐饮等行业的发展。

随着国际政治、经济、文化的交流与发展，国家之间的了解逐步加深，少林文化也逐渐被世界人民认可和喜欢，不断吸引海外友人前来交流，促进了世界人民之间的友谊，提高了中国在世界上的影响力和国际竞争力，发展登封少林武术旅游产业对重构跨国民族认同系统与构建跨国和谐区域具有重大作用。

2010—2016 年少林寺景区游客人数及收入情况表

年份	人数（万人次）	收入（亿元）
2010 年	207. 4	1. 75
2011 年	243. 5	1. 99
2012 年	282. 1	2. 35
2013 年	265. 1	2. 09
2014 年	274. 6	2. 19
2015 年	310. 2	3. 18
2016 年	321. 2	3. 3

三、少林武术文化旅游业发展带来影响

（一）河南少林武术文化旅游业经济效益

1. 创造大量就业机会，促进当地经济发展

2005 年以来，少林寺作为登封市旅游业的龙头景点，其他少林旅游景点在其带动下发展速度极其惊人，整个登封市武术旅游业对登封市经济发展产生巨大影响。2005 年，登封市共接待中外游客 320 万人次，比 2002 年增长 89.4%，旅游的直接收入达 9000 万元，旅游对登封市 GDP 的贡献超过了 20%。登封市 2005 年财政收入则从 2002 年的全省第 5 位跃居第 2 位。2006 年，借助普京总统参观少林寺、第二届世界传统武术节、实景《禅宗少林·音乐大典》等文化盛事，登封市接待中外游客人数首次突破 400 万，达到 413 万人次，旅游直接收入首次超亿元，达到 1.2 亿元，旅游总收入超过 15 亿元，创历史新高[1]。2006 年，登封旅游的回头客也已超过 20%。2007 年，名山、名寺效应持续发酵，前 8 个月登封市各景点门票收入达 1.09 亿元，同比增长 28.4%，接待中外游客 363.23 万人次，同比增长 10.9%，门票收入与游客人数均创历史最高纪录。其中少林景区共接待游客 127.6 万人次，门票收入 886.79 万元。2007 年，登封的目标是确保全市 GDP 增长 20%，达到 170 亿元，财政收入增长 20%，达到 12 亿元，力争旅游接待人数突破 500 万人次，旅游总收入突破 20 亿元。近年来，仅一个少林景区就可以吸引游客 200 万人次，门票的直接收入一年就高达 1.2 亿元，少林景区旺季，游客一天的接待量就过万。少林寺旅游对促进登封当地就业作用明显，包括少林旅游产业本身和相关产业。以《禅宗少林·音乐大典》为例，除部分专业演员之外，少林寺武僧团培训基地学员、登封 70 多家武校的 5 万多名学生和当地群众均被纳入表演。在其知名演职人员中，仅当地农民就有 100 余人。

---

[1] 单建新. 河南少林武术文化旅游发展研究 ［D］. 武汉：华中师范大学，2008.

登封市少林武术旅游业接待游客数量、旅游经济收入情况表

时间	接待中外游客数量（万人次）	旅游经济收入（亿元）	同比增长（%）
2012 年	215	1. 83	4. 9
2013 年	220	1. 90	3. 7
2014 年	232	2. 01	5. 4
2015 年	290	2. 21	9. 08
2016 年	330	2. 46	10

数据来源：港中旅嵩山景区官网：http://www.songshancn.com

2. 带动相关产业发展，成为经济发展的增长点

近年来，每年都有超过 200 万的游客前来少林寺游览，少林旅游为登封市财政收入贡献 1/3，少林旅游相关产业发展势头旺盛，以少林寺为核心的经济生态圈形成。以旅游业为龙头的第三产业增加值占全市生产总值的 31.5%。少林旅游产业对带动登封当地经济社会发展的作用明显，同时促进了交通、通信、酒店、餐饮、购物、娱乐等相关产业的发展。登封市大打"少林牌"，以旅游为龙头的第三产业发展快速，每年的旅游总收入都达 10 亿多元。同时，登封举办国际传统少林武术节和首届世界传统武术节，引进项目 300 多个，引进资金 50 多亿元，一大批新兴产业落户登封，形成具备核心竞争力的新经济增长点。

3. 有利于当地旅游产业结构调整

登封经济发展的前提是少林旅游业的快速可持续发展，登封提出要实现"门票经济"向"产业经济"转变。

随着区域武术文化的产业发展，投资商源源不断涌入登封，如今登封凭借少林武术旅游打开旅游产业大门，已经形成了一个相对比较完善的产业链，与武术相关的各个产业也都得到了发展，带动登封的经济进一步发展。如今，登封已经形成以武术为龙头，由武术培训市场、武术产品市场、武术旅游市场和武术文化演艺市场四大部分组成的产业化格局。

（二）河南少林武术文化旅游业产生的社会效应

1. 增强人们体质、改善生活质量

少林寺名声、少林武术热和民众日益增强的健康意识，推动少林地区武术培训方兴未艾，包括针对境内外中老年人的保健武术培训、针对青少年的假期武术培训、针对女子的防身培训以及针对外国武术爱好者的短期培训等。

少林武术文化旅游，能够锻炼人们的身体，使人们放松紧绷的神经，增进身体健康，加之少林独特的禅文化氛围，有助于人们放松身心，暂时摆脱世俗生活的纷扰。同时，禅武文化还能够提升人们的品位，促进生活质量的改善。

2. 弘扬传统文化

中华民族传统文化源远流长、博大精深，少林武术与中国特色的思想文化融合是现代社会宝贵的财富。少林武术借印度佛教传入中国，佛教思想与中国本土禅宗、道家、儒家思想融合发展，形成具有中华民族传统文化特色的少林武术文化。现阶段少林武术的传播，不仅仅要重视对少林技术功法的发展与传播，更要注重的是传统文化的发展传播，尤其是其在国外的传播与发展。只有把少林武术文化进一步合理地宣传发扬，才能让世界真正地了解少林武术，让中国武术走向世界，让世界了解中国，进而传承中华文化，弘扬民族精神。近年来，河南省委与郑州市委都非常重视文化建设，提出历史任务——"由文化资源大省向文化强省跨越""奋力实现文化发展新跨越"。登封市高度重视文化建设，采取多种有力的发展措施，致力于将登封市的文化事业与文化产业提升到一个全新的阶段。

3. 塑造地区形象

少林武术文化旅游对当地、河南的形象乃至中国形象的宣传作用，得到了有识之士的肯定。少林寺作为河南省的烫金名片，它的一举一动都会引发全球的关注。在少林文化的世界传播方面，释永信方丈表示："少林寺承载着中国几千年的古老文化。中国综合国力的提升，使得中国在世界上扮演着更为重要的角色。世界自然关注中国，而中国依然保持着自己的文化传统和价值观，很多外国人了解中国就是从享誉海外的中国少林功夫开始的。少林寺就是这样一个吸引世界的窗口，吸引着海外少林文化爱好者认识中国文化。"

4. 促进当地社会和谐

少林寺功夫经济的巨大产值，不仅带动了登封市的经济发展，也改变了少林寺周边乡村村民的生活，形成以少林寺为核心的经济生态圈。原来少林寺方圆百里就一个村，改革开放后，分成少林村、塔沟村、郭店村和雷家沟四个村，统称为少林村。近些年，少林武术文化旅游的发展，为当地居民带来了大量的就业机会和巨大的收入。村民说："如果没有少林寺，没有少林功夫的发展，我们的村落都还是贫穷的小村落。"

四、少林武术文化旅游业市场发展策略

（一）争取政府支持，努力建设武术之乡

登封市是远近闻名的历史名都，文化旅游资源丰富。为建设现代旅游产业名城，打造功夫之都，大力发展登封武术文化旅游产业，登封力图通过旅游产业带动其他产业的发展。相关部门出台《嵩山风景名胜区总体规划》《文化产业示范园区发展实施纲要》等系列政策文件，大力支持登封市作为全国典范建设成为武术文化之乡，打造少林武术文化旅游产业，带动登封市经济发展。

（二）整合营销方式，实施立体宣传策略

中央广播电视总台春节联欢晚会，全国收视率在 60% 以上。电视连续剧《少林寺传奇》在全国引起强烈反响[1]。通过影片《少林寺》、电视节目《武林风》、中央广播电视总台春节联欢晚会的武术表演、国际少林武术节、大型实景演出项目《禅宗少林·音乐大典》等大型活动表演，通过网络营销、"事件"营销，对少林武术进行全方位立体宣传，提高了少林武术的知名度，使少林武术快速进入国际的大舞台。

（三）扩大市场产业链，带动地方经济发展

登封少林武术产业是登封市场经济的主要组成部分，由武术旅游市场、武术

---

[1] 李扬．登封武术产业发展对我国武术产业发展的启示［J］．新乡学院学报（自然科学版），2010（5）：72-73．

培训市场、武术文化演出市场、武术产品市场四个产业化市场组成，包括主体产业、相关产业和辅助产业。目前，已经形成游客参观旅游、参加武术培训、观看武术表演、购买武术关联产品的产业链。

少林武术产业链的形成，有利于保护和弘扬少林武术文化，扩大创业就业机会，实现经济增长，树立少林禅武医养生文化的品牌形象，落实"武术搭台，经贸唱戏"的产业发展战略，但是存在产业链发展不均衡、内部结构不稳，各产业市场化程度相差较大等问题。平衡各产业发展，稳定产业链的关系，拓宽创新少林武术文化旅游产业发展新路子，成为少林武术产业今后一段时间内的主要任务。

少林武术文化旅游产业的发展，需要软硬件建设的一致协调发展，城市基础设施建设，公共基础服务的完善，社会环境安定有序，经济环境公平合理是少林武术产业发展的环境保障，同时需要营造城市内在的文化素质等。当前少林武术产业发展的重要任务是加强各类优秀人才的培养和引进，特别是创新型人才。

要想做大做强少林武术文化旅游产业，就要以悠久的历史文化为基础，以少林寺为主体，塑造具有国际吸引力的文化旅游品牌。高品位策划，能够促进旅游文化资源的整合，加快开发"少林禅宗"实景演艺等项目，增强景区吸引力和震撼力，使登封成为海内外具有较高知名度的文化旅游目的地和入境游首选地之一。开发面向国际的重点文化旅游景区和特色文化旅游产品，将武术文化、禅宗文化推向世界，形成具有本地特色的产业优势。

（四）顺应新时代发展，继承与创新相结合

佛教文化和武术文化在长期历史发展中形成少林文化。少林文化是中华民族传统的一个缩影，是社会发展中不可缺少的文化形态，具有较强的独特性。经济全球化时代，少林文化的继承应以少林武术的个性发展为前提，少林武术文化旅游的发展要与时俱进，创新少林武术文化体系，有机结合少林武术的继承、发展与创新。

（五）优化科学管理系统，厘清政企双方职责

发展少林武术文化旅游产业，要坚持科学发展观，要与时俱进创新市场营销战略，更要以科学、合理的管理系统，发挥优势、突出文化特色，整体塑造少林武术的形象。管理混乱等问题会阻碍少林武术产业的发展，因此，发展少林武术

旅游产业，需要厘清政府与企业以及企业内部等相关管理者的关系，做到分工明确、责权分离、科学管理。充分发挥登封市政府的作用，积极规划、合理统筹，为少林武术文化旅游产业的发展创造良好的社会环境和政治环境。

五、少林武术文化旅游业打造优秀地方名片

（一）促进登封市城市建设，塑造优美城市形象

1980 年以前，登封市总人口只有五六千人，登封市城区内道路十路九断，建筑物破烂不堪。1980 年以后，嵩山少林武术文化旅游业的发展，对登封市的城市建设提出了迫切的要求，也为其提供了一定的经济实力。1992 年底，登封市制定了调整规划、拉大框架进行城市建设的战略目标。1996 年，登封市被命名为"省级卫生城市"，先后建设了嵩阳公园、迎仙公园，扩建了嵩山广场，栽树 4 万多株，种植草坪 20 万平方米，建设花坛 300 多个，使市区人均绿地面积达到 8 平方米，人均园林绿化面积达到 35 平方米，成为河南第一个拥有省级绿化达标道路的县级市和河南拥有省级绿化达标路最多的城市。

（二）改善登封市的投资环境，提高对外开放水平

电影《少林寺》在全国的火爆播映，使其很快蜚声海内外。20 世纪 90 年代，郑州市政府制定了"武术搭台，经贸唱戏"的政策[1]。1991 年至今，"郑州国际少林武术节"已成功举办了 11 届；2001 年全国首届少林拳大赛，以武术比赛、表演为媒介，拉动了河南、登封的观光旅游，众多海内外客商不仅前来旅游，更是带来了经贸合作。从第 2 届至第 5 届武术节，登封市的经贸活动总成交额达到 64 亿元，合同协议引进国内外资金 49 亿元。登封市仅通过少林武术这一项，以其为载体，以武为媒介，给少林武术搭建平台，唱经贸大戏，架武术金桥，引外商资金。1991—2009 年，登封相继举办了 7 届郑州国际少林武术节，引进资金 50 亿元，引进项目 200 多个，经贸总成交额 70 亿元。在 2000 年和 2004 年举办的武术比赛更是取得了极好的效果，在世界上引起了不小的轰动与关注。此外，登封市政府、大型企业还多次组织武术团队赴国内港、澳、台，以及国外

---

[1] 吕玉萍，储建新，白震. 我国武术产业集群优劣势分析及发展策略研究——以嵩山少林武术产业集群为例 [J]. 山东体育科技，2013（1）：30-34.

东南亚、日、美、欧等国家和地区招商引资。资金、项目、技术滚滚而来，少林武术引资成为登封吸引外资的强力军和主渠道。

历届少林武术节规模情况统计表

届次	国家和地区（个）	代表团数目（个）	运动员数目（个）	时间
第 1 届	17	24	381	1991 年 9 月 19—15 日
第 2 届	22	36	392	1992 年 9 月 10—15 日
第 3 届	21	37	425	1993 年 9 月 10—15 日
第 4 届	27	38	620	1995 年 9 月 1—5 日
第 5 届	26	49	562	1997 年 9 月 1—5 日
第 6 届	21	46	526	1999 年 9 月 1—5 日
第 7 届	26	73	661	2001 年 9 月 1—5 日
第 8 届	56	142	1152	2010 年 10 月 21—26 日
第 9 届	73	195	1500	2012 年 10 月 21—25 日
第 10 届	63	207	1870	2014 年 10 月 18—22 日
第 11 届	68	196	2300	2016 年 10 月 16—20 日

数据来源：百度搜索：https://www.baidu.com

（三）旅游业的发展提高登封市社会知名度

电影《少林寺》在全国火爆热映，以少林寺为主打的旅游产业，使登封市的嵩山风景区响彻国内外，登封旅游繁荣景象就此打开。五岳之一的嵩山闻名而古老，少林武术文化神秘而令人惊叹，让整个登封都散发着无穷的魅力，吸引着中外游客来到登封，来到嵩山，来到少林寺，俄罗斯总统普京也曾专程访问少林寺。国内旅游行业组建升温，登封市抓住机遇，开启"中国郑州国际少林武术节"，使嵩山少林成为国际、国家政要访问的主要景区，中外知名旅游圣地。

2003 年以后，登封市政府借势而上，加大对少林寺景区的整改力度，嵩阳书院、中岳庙等景区斥巨资对综合环境进行严格整治，国家旅游局直接对三大景区进行评测，三大景区顺利通过了 4A 级旅游景区评测。

2006 年 10 月，重点文化旅游项目《禅宗少林·音乐大典》实景演出正式投入市场运营，单这一项，总投资就高达 1.3 亿元，同时音乐大典的正式投入也填补了登封晚间旅游项目不足的短板，有效地延长了登封嵩山少林武术文化旅游业的链条。

2007 年 3 月 13 日，少林景区被国家旅游局评为首批 5A 级旅游景区。登封旅游进入快速发展期，制定的推动举措，改变了原本一枝独秀的少林旅游，呈现了百花齐放的局面，登封市旅游格局的转变，使得悠久的嵩山文化以新面貌走向世界。

登封市的旅游产业规模，随着旅游环境的优化与加强，得到了极大扩张。登封市每年游客人数从 1978 年的 3.1 万人次增加到 2008 年的 650 万人次，旅游直接收入达 2.3 亿元，总收入 25 亿元，以旅游业为龙头的第三产业增加值占到了全市生产总值的 33%，逐步实现登封由观光旅游向生态旅游、休闲旅游、度假旅游的转变，从文化旅游资源大市向文化旅游强市的跨越。

第三节 少林武术培训市场发展状况

按照联合国教科文组织的定义，培训是指为达到某个目的或完成某一类特定工作，而计划传授所需要的有关知识、机能和态度的训练[1]。培训市场是市场体系的一员，经济学意义上的市场是指人们交换物品的场所，有物品交换的地方就有市场，但是培训市场有教育性质和交换内容无形的特点，导致培训市场从实践层面上升到理论层面变得很困难。

为了满足社会主义建设对人才的需求，适应社会主义市场经济，培训市场应运而生，伴随着信息技术的广泛应用，人力资本体系不断更新，行业准入制度不断完善，各级各类培训市场受欢迎程度逐日增加。就我国的培训市场现状而言，其需求大体有个体需求、企业需求两种。个体需求是为了满足个体对机能、知识的向往，企业需求是为了提高企业员工的能力进而提高员工的工作效率，为企业发展更好地服务。目前由于国内就业形势越来越严峻，迫使越来越多的个体尝试通过培训来提高自己的能力，这种现象在经济发达的沿海地区尤为显著。

---

[1] 张社梅. 中国培训市场研究［D］. 咸阳：西北农林科技大学，2004.

本部分所研究的少林武术培训市场是指在特定的场所进行的以传授少林武术相关知识、技能和态度为目的的训练。

一、国内外武术培训市场总体发展概况

近年来，国内武术产业为当地经济发展做出重大贡献，同时积极推动弘扬中华民族优秀传统文化，普及武术的群众化，提高全民的健康水平。武术技术培训市场是武术产业链中不可或缺的部分，武术培训市场是武术发展到一定程度必然产生的行业，可助力武术产业的可持续发展。武术技术培训市场能够适应社会教育多元化发展的需要，顺应市场经济的需求，有其存在的合理性，具有旺盛的生命力。

"武术培训"通俗讲就是"教拳"。这是武术最古老的谋生手段，如今也是武术创收的主要途径之一。武术培训以武术馆、校为主要经营形式。武术技术培训市场，主要包括各省体育主管部门组织和安排的长短期培训班、境外学员培训班，各级武术馆校、各武术研究会、武术公司举办的技术培训市场和职业培训班、进修班或与有关单位联合举办的各种形式的武术班（包括小学、中学、大学）。

武术技术培训市场以武术馆、校为载体，数量不断增加，可是质量却与数量不对等。在武术培训发展中，隐患和弊端已经逐渐显露出来，如一些不具备办学条件的学校启动教学，有的武术学校未经主管部门审核、审批；有的武术学校疏于管理，导致发生违法现象；有的盲目扩充，教学场地设施严重不足；更有甚者利用虚假广告骗取学生钱财……武术馆、校如何健康持续地发展，已经成为武术培训迫切需要研究和解决的重要课题。

国际上，少林功夫早已走出国门，少林寺在伦敦、柏林买地建房，开办了40余家公司，建立了少林武术培训交流中心，传授少林功夫、禅学以及交流语言。目前，少林功夫走进了美国斯坦福大学的课堂，由少林武僧执教，并在美国各地开设了130多家武馆。少林寺有自己的武僧表演团，从1987年起，少林寺武僧团就不断前往世界各地进行演出，目前已经走访了60多个国家和地区，以此宣扬少林文化。武术表演为少林武术一大特色，也成为少林寺吸引游客的一大亮点。[1]

---

[1]田艳春.南北少林武术产业比较与启示［J］.搏击·武术科学，2014（7）：53-56.

本部分以武术技术培训市场发展较好的山东省和"南北少林"所在地的福建省和河南省为例进行分析，特别是对河南省登封地区的少林武术培训市场进行了深入翔实的调查研究，希望借此以点带面、由局部观全局，从整体上把握我国武术技术培训市场的发展状况。

二、山东省武术技术培训市场发展简况

山东省民办武术学校始建于 20 世纪 80 年代，其中 20 世纪 90 年代是山东省民办武术学校的鼎盛时期。山东省拳种有许多派别，历史悠久，武术学校的成立更是起步早、发展快、反响大。据不完全统计，鼎盛时期，山东省民办武术学校有 300 余所，习武人数达到 10 万余人，并且有 11 个地市先后被评为"全国武术之乡"，8 所民间武术学校被评为"全国名武学校"。山东省民办武术学校为国家培养了大批的优秀武术运动员和教练员，各学校不仅发扬和继承了中华民族传统体育文化，而且为武术事业的大繁荣、大发展做出了重要的贡献。

近年来，随着山东省武校的日益发展，许多潜藏的问题开始渐渐浮出水面，诸如，民办武术学校的办学宗旨不够明确；学校内部的管理方面不够规范，缺乏高素质的管理人员；经营者对学校的办学经费投入不足；学校的场馆设施不够完善，无法满足学生的日常需求；民办武术学校的数量在下降以及在校生的人数在减少；师资队伍素质偏低，变动性大、学历低是山东省民办武术学校教师的显著特征；课程设置不合理，"重技术、轻理论"问题特别严重；学生就业没有保障，就业环境恶劣。这些问题的出现不是偶然的，它离不开社会因素和学校自身因素的制约，以及民办武术学校的办学方针和思路的影响。所暴露出的这些问题极大地影响了山东省武校的生源数量以及质量。武术要想发展，武术学校就是基础，基础性问题得不到解决，那么整体组织结构也就不会有很大起色。如果没有武校作为支撑，武术将很难得到发展，在以西方体育为主导的今天，武术走得将会更加艰难[1]。

三、福建省武术技术培训市场发展简况

福建是"南少林的故乡"，民间自古以来习武成风，各种流派拳种繁多，民

---

[1] 袁安发. 山东省民办武术学校现状调查与对策研究 [D]. 吉首：吉首大学，2014.

间武术家层出不穷，经常参加武术活动的人越来越多，武术渐渐成为人们以"健身、修身、防身"为主要目的最喜爱的运动项目之一，为武术馆校的蓬勃发展奠定了坚实的社会基础。福建省现在纳入规范化管理的武术馆校有110多家，培训教练员近600人，其中2家被评为"全国先进武术学校"，6家被评为"福建省先进武术学校"。

福建省通过颁布《福建省社会力量举办武术学校和武术教育机构管理暂行规定》，依法治校，重抓武术馆校的武德武风教育，并对武术馆校和教练员实行等级评审管理，以推动武术运动的正规化、科学化发展。资料显示，目前福建省武术学校是开展武术运动的主要生力军，武术学校大致都以"培养高素质全面发展的优秀青少年"为办学宗旨，以"一切为了孩子，使每个孩子都能成为社会的有用人才"为办学理念，本着"以文为主、武为特色、注重孩子的个性发展与能力培养"的教育方针，为推动福建省武术事业和教育事业的普及和发展做出了卓越的贡献。

然而，福建省武术学校也存在一些较为突出的问题和薄弱环节。各级政府及有关部门对民办教育的地位和作用缺乏足够的认识，对民办教育的偏见较为普遍；民办学校与公办学校的相互竞争；武术学校自身以及与其他民办学校之间的竞争。从学校内部来看，尚缺乏一支相对稳定的教师队伍；武术学校封闭式寄宿制造成教育自主性素质养成方面存在弊端；教学上偏重于"教师教，学生学"为主的传统教学形式，教学方法较为陈旧，缺乏科学手段，难以落实武术学校"以文为主，武为特色"文武相结合的办学特色。

四、河南省少林武术技术培训市场调查

河南登封武校经过30多年的探索发展，沐浴着国家对文化产业大力扶持的政策春风，已经建立了塔沟、鹅坡、嵩山、少林4个武术教育集团，形成了一个政府主导、武校自主、多元资源开发的现代化管理模式，使得如今的少林武术近乎于一个集聚性的产业园。

河南登封四大武校集团，已经成为国内最大的武术专业人才培训基地，它们在提升登封城市知名度的同时，也极大地带动了该地区第三产业的繁荣发展，在方圆十几公里的辖区内，9万多名武术学校学子的消费能力，使登封每年的餐饮、交通、电信、服装、旅游等产业至少呈现20亿元经济效益增长，武校在创

造众多就业机会的同时，也缓解了当地政府的多重压力，充分证明登封武校的民办教育品牌效益正在形成[1]。

（一） 河南省少林武术技术培训市场运作

作为少林拳的发祥地，河南有着自身的发展优势。据统计，截至 2016 年 12 月，登封市在武管中心登记的武校有 48 所，在校学生 79810 人，包括国家先进技馆、省十佳馆校和省一级馆校等在内的"一级"以上馆校共 47 所，在武术人才培养方面做出了巨大贡献，有力地推动了河南甚至全国武术事业的发展[2]。目前武术学校的主要办学层次是小学和初中，这些学校多是小初一体化的文武兼修全日制学校，纯粹的小学和中学武术学校极少。河南省大多数的武术培训机构都是个体经营，即使是由集资的方式筹建的武术培训机构最终也是交由个体经营。个体经营存在很多缺陷，比如培训机构的名字"馆、校、院"区别不大，经营者分工不明确、管理机构不完善，师资缺乏认证或资质，个体经营缺乏号召力和凝聚力，小规模的培训机构泛滥等问题尤为突出。

1. 培训对象来源、年龄、性别

河南省武术培训机构的生源范围很广，学生来自全国各地，但是来自河南的比重相对较大，超过十分之一。部分培训机构还有来自国外的学生，因其所占比例甚少不做特殊标注。学员的年龄大多在 7～20 岁，7～12 岁年龄段的学员最多，占 51.31%。

河南武术学校学生来源分布情况表

单位：人

年份	登封市内	河南省内	河南省外	武校学生总数
2013 年	207	7045	65268	72520
2014 年	218	7248	67185	74651
2015 年	203	7490	69235	76928
2016 年	210	7960	71829	79999

[1] 张恒波. 我国民办武术教育治理现状困境与进路 [J]. 山东体育科技，2018（3）：71-76.
[2] 张得胜. 我国当前业余武术培训学校存在的问题与研究 [J]. 武术研究，2016（7）：76-78.

河南武术学校年龄分布情况表

年龄	7～12 岁	13～15 岁	16～18 岁	19 岁以上
数目（人）	422	253	106	61
百分比（%）	51.31	30.06	12.59	7.24

2. 培训收费情况

在各类武术培训机构中，学员的学费都是培训机构经费的最主要来源。从收费情况来看：省市一级有名的武术培训机构收费一般在 8500～10000 元或者收费超过 10000 元，该类机构硬件设施优良，培训的学生成绩也很突出，在社会上有较高知名度；收费在 5500～8000 元的培训机构，硬件设施较好，在社会上有一定的名誉；而收费在 3500～5000 元的培训机构硬件设施相对较差，以相对低的收费标准来获取一定量的生源。另外，还有一些培训机构主要针对一些武术爱好者开办一种短期的培训班，收费标准不一，比较灵活，也比较受武术爱好者的欢迎。

武术教学办班类别及收费标准情况表（元）

名称	收费标准		名称	收费标准	
套路	4480		对外就业培训班	4880	
跆拳道			对内就业培训班	4280	
拳击			短训班	3328	
武术艺术表演			寒暑假班	自理	1000
健身养生班				高标准	2200
功夫足球班	4840				
影视班	少儿影视班	19460			
	自理影视班	7350			
少儿班	少儿普通班	13960			
	少儿贵族班	16960			
	少儿特护班	19960			

3. 师资队伍情况

目前河南省武术培训机构的培训多以各个培训机构的教练员和一些武术名家讲授的形式进行，武术培训机构的教练员主要由这些人群组成：一些退休的优秀教师；全日制或非全日制的武术专业的毕业生；停薪留职的一些武术教师。在这三类武术教练员中，前两类居多，根据应聘动机可将这三类教练员归纳为求职型、求事型和求财型，但总体特征表现为稳定性不足、流动性大。稳定性不足会造成教练员对培训机构没有归属感，对待培训机构的工作不能全身心地投入，影响培训效果。资料显示，培训机构中大多数教练员都是这些培训机构毕业的学生，没有经过专门的教练员培训，这些毕业就入职的教练员基本功不够扎实，也会对教练员的教学效果产生不好的影响。另外，在这些教练员中还存在着一些体罚学生的现象，不利于培训机构的进一步发展。师资队伍情况如河南少林塔沟武校，其创始人刘宝山是中国著名的拳师、国家武术九段、中国佛家功夫协会主席、河南省武术协会副主席、郑州少林塔沟教育集团董事长，其旗下有国家武术八段刘海超、国家武术八段刘海钦、国家级教练国家一级武术裁判同时也是武术八段的刘海科等等，少林塔沟武术学校聚集了国内少林武术界的顶尖人才，师资力量雄厚。

（二）河南省少林武术技术培训市场特点

1. 具有独立的法人实体

法人代表是法律意义上的对外依法行使权利和履行义务的人，培训机构具有独立的法人代表在法律意义上该培训机构的责任划分明确，责任与权力有机地统一在一起。[1] 目前河南省的各级各类武术培训机构都有具体的法人代表，包括一些合资开办的武术培训机构，并且武术培训机构的法人代表大多是从事武术培训工作的专家、武术运动员以及资深武术爱好者，也有一些是武术培训机构聘请的在培训工作中经验丰富的老同志。

2. 多渠道、多层次办学培训形式

武术培训市场不断地经受着市场经济变革带来的冲击，在不断地演变中形成

---

[1] 胡军. 中国武术培训离市场主流有多远 [N]. 中国消费者报，2010-08-27 （A05）.

了多渠道、多层次的培训办学方式。其主要的培训形式有长短期培训班、境外学员培训班、少儿培训班、武术专业培训班、职业培训班和进修班等。在时代的潮流下，一些具有实力的培训机构也在政府及社会各界人士的帮助下借助互联网进一步扩展了武术培训的市场范围，通过网络宣传、招生以及在线教育和网上培训班的兴起，推动武术培训机构的办学方式朝着多渠道、多层次行进。少林塔沟教育集团是目前办学比较成功的一个武术培训机构，其根据不同的招生对象设立不同的培训班，敢于进行教学改革，形式灵活多样，值得借鉴。

塔沟武校培训班类别情况表

培训班名称	主要学习内容
套路	传统套路：少林拳、器械等，兼学散打
	国家竞赛套路：国家规定的竞赛套路和自选套路，兼学散打
跆拳道	跆拳道基本技术、实战技击和自卫术，兼学少林传统拳等
拳击	拳击基本拳法、步法及攻防实战技术，兼学少林传统拳等
武术艺术表演	武术与艺术相结合的表演技能、表演手法及舞蹈编排、音乐剪辑等内容
健身养生班	少林八段锦、易筋经、各种软硬气功等传统功法
功夫足球班	足球运动技巧，兼学武术套路和散打
影视班	电影、电视剧拍摄以及影视武打、影视威亚特技和武术指导
少儿班	少林传统套路、国家竞赛套路，兼学散打、拳击、跆拳道等对抗实战技能和理论
对外就业培训班	电影、电视剧拍摄以及影视武打、影视威亚特技和武术指导
对内就业培训班	礼仪、法律、德育、运动学、心理学、教育学、武术专业等方面的知识和技能、武术教学方法及管理方法
短训班	少林传统套路和散打，也可选择学习其他对抗性专业项目
寒暑假班	套路为主，兼学散打
国教中心	少林传统套路、自选套路、散打、拳击、跆拳道、自由搏击、软硬气功及武术理论
全日制武术班	全天练习武术
散打	武术散打基本技术、攻防实战和格斗对抗技术，兼学少林传统套路
功夫班	自由搏击、泰拳、综合格斗等实战对抗

3. 重视提高培训质量

武术一向推崇文武兼修方为上乘，武术培训机构也逐渐认识到文化课的重要性，不断增加文化课教学在整个培训教学课时中所占的比例。在这些培训机构中，有的上午上文化课、下午上训练课；有的采取跟普通学校一样的文化课课时安排，利用清晨、晚上等课余时间进修武术。大部分的武术培训机构都会在寒暑假为学员重点补文化课，以此弥补武术培训机构学生文化知识储备不足的状况。另外，某些武术培训机构会聘请国内外的文化课教学名师来传授经验，提高学院文化课教学质量。

（三）河南省少林武术技术培训市场

1. 严格审批制度，明确隶属关系

"多头审批，多部门管理"是一种很混乱的管理局面，这样混乱的场面却一度出现在我国的武术培训市场中。其原因主要是市县级部门为了获取更多的政治、经济绩效，盲目审批了一些归属不明的武术培训机构，造成了目前管理混乱的局面。为了进一步繁荣我国的武术培训市场，使武术培训行业得以规范发展，首先，政府部门应严格把控武术培训机构的审批制度，取缔目前管理归属不明确的培训机构；其次，强调武术各类培训机构（学校、站、培训班）的定义，严格划分武术培训机构的等级，重点是要明确武术培训机构中的学校、站、培训班等的隶属关系。

2. 规范管理体制，加大管理力度

"未习武，先习德"，武德的培养在习武之人习武过程中至关重要。武术的涉及也越来越广，社会影响力越来越大，越来越多的人开始参与到武术的学习中，武德的培养也越来越受到重视。这就要求武术培训机构在培训过程中加强武德培养，使学生能够将个人的武术行为跟公民的社会责任和义务紧密联系起来，坚决维护正义、维护民族团结、努力报效国家，做一个对社会有用的人，树立新时期的武术人新形象。但是，目前诸如长短期武术培训班、境外武术培训班、各级武校、武馆以及武术研究会和一些职业武术进修班等，把武术技术、技能的培训放在首位，以取得短期的武术技战术效益作为培训班的噱头，却忽略了习武之

人的练武根基——武德，有的培训班直接弃武德教育不顾，重点传授一些"武术绝技"来增加自己的声誉。因此，督促各武术培训机构加强武德教育是目前亟待解决的问题，也是政府主管部门首先应该抓的重点，必须制定规范的武术培训市场管理体制，制定相关的法律法规，以打击武术培训市场的各种欺诈行为，加速武术培训市场的平稳发展。

3. 加强硬件建设，改善办学条件

完善的硬件设施建设是武术培训机构办学的必备条件，也是武术培训市场长久发展的最基本的要求。在硬件设施建设方面，目前只有少数部分的武术培训机构有所重视，大部分武术培训机构对武术场馆建设的达标要求不是那么严格，特别是一些小型的武术培训机构，由于场地、经费的限制，其硬件设施更加简陋，缺乏高标准、高质量的武术培训场地。[1] 一些场馆由于条件限制，将学员学习文化的场地用来培训武术技战术，一个场地两种用途，但是学习文化和学习武术很明显是不能共用一个场地的；还有一些培训机构没有自己的武术培训的专用场地，而是租借一些民舍或者别的场馆来开展武术等培训，这些都在一定程度上影响了学员参与武术学习的积极性。因此，积极落实《中华人民共和国民办教育促进法》，给部分中小型武术培训机构以政策支持，让其有更大的自主权，经费上给予其一定的自主性，加大其资金的引入，增强其办学的硬性条件。

4. 加大招生宣传，发挥自身优势

河南是中原大省，有着浑厚的历史文化底蕴，河南嵩山少林寺是一座千年古刹，少林武术文化在此孕育，并以少林功夫、六合心意拳、查拳、八卦掌、梅花拳的形式向外界传播。嵩山少林寺武术学校举办的暑假短期培训班，以学习少林拳及少林长兵、短兵为主。少林塔沟教育集团以传授少林武术为主，通过互联网、电视、报纸等途径，不断扩大自己的招生范围，扩大自己的影响力，根据不同的社会层次需要设定不同的培训班，充分发挥了地区性的优势，带动了武术培训机构的快速发展。

---

[1] 张振东，刘瑞玲，朱美玲. 河南省武术技术培训市场现状及发展对策研究 [J]. 少林与太极（中州体育），2010（1）：1-4, 21.

5. 加强师资队伍建设，提高服务质量

在培训教学中，教师担任着重要的角色，一定程度上影响着教学的质量。目前，大多数的武术培训机构聘请的武术教师以短期聘请为主，这样虽然能获得较高的经济效益，但是短期聘请的武术教师在事业心和责任心上相对来说较低。因此，加强对培训机构教师的培训，提高教师的个人事业心以及对培训机构的归属感是目前培训机构的重要工作之一。另外，为了进一步提高武术培训机构的师资力量，需要对现任的教师进行再培训，进一步提高教师的个人修养和专业素质，还应加强与国内著名武校的联系，学习科学高效的教学理念和教学方法。

本章小结

党的十一届三中全会以后，特别是社会主义市场经济使少林武术进入了大繁荣、大发展阶段。概括起来具有以下四个方面特点：

第一，少林武术的表演市场是宣传、推广少林武术文化的重要渠道。通过对河南省少林武术表演市场的研究，发现河南省的武术表演产业已初具规模，部分专门从事武术表演市场运作的公司已经独立，并相继开展各种形式的商业武术表演活动，取得了良好的社会效益和经济效益。

第二，"品少林文化，学中国功夫。"少林武术文化旅游业是以禅武少林为主题的高端的富有内涵的中国传统文化旅游项目。少林武术文化旅游是集观光性、娱乐性、知识性、文化性、参与性和体验性于一体的多样化的少林武术产业旅游项目。

第三，少林武术充分利用网络媒体的开放性、共享性和自由性特点，积极扩大对外宣传。近年来，少林武术网站建设数量不断增加，内容不断丰富，对宣传和发展中华少林武术、搭建少林武术与其爱好者之间的交流平台起到积极的促进作用。

第四，武术培训市场是少林武术发展到一定程度必然产生的行业，它有助于少林武术文化的可持续发展。河南省目前无论是少林武术馆、校数量，还是学员在校人数均不断优化，培训机构办学质量也在不断提高。

研究结论

　　文化这一概念的复杂性，对于学术界来说是不争的事实，到目前为止，仍然没有哪一个定义能取得普遍的共识。就文化本身而言，可以肯定的是，它是一个动态的概念，从这一角度出发，我们可以看到，文化和人类的历史一样漫长，从人类创造了属于自己的历史开始，人类就创造了文化，人类的文化和历史就像一对"孪生兄弟"，在漫长的岁月中同患难、共起伏。在少林武术文化的发展过程中，其历史流变与社会互动是相互交织的。一种文化的发展与变迁绝不是脱离其所处社会的"暗自芬芳"，社会的发展与变迁必然会影响到它所孕育出的文化的发展与变迁，这在今天已经得到普遍认同。人们所看到少林武术文化形态是自其产生后不断与社会各个因素相互作用后产生的。同样，在受到社会性因素驱动发展的同时，少林武术文化也在不断影响着社会的发展。

　　本研究以少林武术文化在历史中的流变过程以及在这一过程中少林武术文化与社会的互动情况为研究对象，通过广泛搜集有关资料，结合古碑铭文等文物，以二重证据法对少林武术文化的历史流变与社会互动情况进行考证、梳理，同时结合专家访谈法，走访相关领域的专家学者，对本研究所涉及的文化、宗教等问题进行咨询，以获得客观、全面的学术信息与研究的理论依据，进而从宏观和微观两个层面研讨少林武术文化的历史流变过程。

　　通过对搜集到的资料的整理和分析，结合专家的建议，本研究从少林武术文化的发展史溯源、明代少林武术文化的流传与发展、清代少林武术文化的兴衰与抗争、民国时期少林武术文化的沉沦与进步、经典少林武侠小说与少林功夫电影的社会贡献、改革开放背景下少林武术文化的国际化传播、市场经济条件下少林武术文化的大繁荣共七个方面展开论述，并得出如下结论：

一、少林武术文化发展的历史溯源

从文化信仰的角度来说，将菩提达摩视为少林武术创立者是可以理解的，但是从历史考证的情况来看，达摩传授《易筋经》与客居少林传授佛法等说法皆不足信。

少林寺僧隋末助唐一事应为历史事实，但其中并未有武术、棍僧等记载，"少林十三棍僧救唐王"应为后来历史发展过程中被夸大和演绎了的民间传说，但这一传说因为多少与"武"有关，故成为少林武僧构建信仰体系的方向。

紧那罗王实则元代才在寺中塑像，且为喇嘛教之"秘密佛"，与创立少林武术并无直接关联，但由于文化信仰，同样成为少林武僧构建信仰体系的方向。

二、明代少林武术文化的流传与发展

从当时的政治、经济、文化等方面分析出少林僧兵是确实存在的。此外，僧兵的活动范围除了抗击倭寇、保家卫国之外，还参与了戍边、军队训练、平定边陲的地方叛乱等。通过这些军事活动稳定了明代王朝的统治，保护国家不受外敌侵害，使百姓安居乐业，明代僧兵名声大噪，少林寺也由此名声在外。少林寺在明代的发展呈上升趋势，越来越多的人习练少林武术，从现存的文献来看，明代也是少林武术最为流行的时代。

三、清代少林武术文化的兴衰与抗争

清代是少林武术的发展经历异常严峻考验的历史阶段；清代由于少林"外家"被过分打压，使得武当"内家"逐渐出现。可以说，在清代，"内家"和"外家"是对立存在的。在清代，少林寺和少林武术以世间较为神秘的形式存在，这些神秘的色彩促使少林武术在清代得以发展。

四、民国时期少林武术文化的沉沦与进步

民国时期，少林武术在政局动荡、内战频繁、经济凋敝、民不聊生的混乱中求发展；在几代少林住持的保护下，少林寺及少林武术得以传承；民国时期所提

倡的实用主义体育、军国民教育和民族体育这些思想对近代中国武术产生了深远的影响；民国时期少林武术得到了较好的普及，社会上"武术救国"呼声高起，在社会名流的不懈努力之下，少林武术获得了国民政府的支持，演练少林武术者和少林武术组织数不胜数；该时期少林武术的广泛传播和出版事业的繁荣发展，带来了少林武术专著出版的第一个高潮。

五、经典少林武侠小说、少林功夫电影的社会贡献

在中华人民共和国成立初期，中国的一切都处于一个全新的局面，少林武术文化同样借着社会主义建设东风迎来了发展的契机，少林武术得到国家的重视，迅速恢复和发展，少林武术文化也在国内外呈现出欣欣向荣的局面。

中华人民共和国成立以来，经典少林武侠小说的时代特征主要为：①追求男女平等阶段；②追求传统男性主义阶段；③追求恋爱自由阶段；④追求民族平等阶段；⑤追求爱国主义阶段；⑥追求人性解放阶段。

中华人民共和国成立以来经典少林武侠小说的社会意义通过以下几个方面来体现。

第一，经典少林武侠小说对社会的经济功能方面：少林武侠小说、电影、电视剧的快速发展给我国经济带来了效益；网络武侠小说、网络武侠游戏的发展受到广大爱好者的追捧；随着少林武侠小说、电影、电视剧的广泛传播，使更多人群对少林寺、少林武术充满向往。

第二，经典少林武侠小说的文化教育功能方面：经典少林武侠小说对教育文化的影响，是通过对小说人物的描写、情节的构思，激发当代青少年积极向上的爱国主义情怀；经典少林武侠小说推动了我国通俗文学的学术交流和网络文学的快速发展；随着少林经典武侠小说的文化教育功能的彰显，其对中华民族传统文化的传播也起到了一定的推动作用。

第三，经典少林武侠小说的政治与外交功能方面：经典少林武侠小说家为我国的政治外交做出了应有贡献。一些著名作家也是著名的政治、评论家，受到我国党和国家领导人的亲自接见，并引起外国领导人及知名人士的关注，使少林武术文化出现在全球人民的视野中，为我国的政治外交做出了应有的贡献。

以时间为轴线，将少林功夫电影分为五个阶段：孕育初创阶段（20世纪前中期）；探索形成阶段（20世纪70年代）；盛极转衰阶段（20世纪80年代）；

复兴分流阶段（20 世纪 90 年代）；蓬勃发展阶段（21 世纪初期）。

孕育初创阶段（20 世纪前中期）：在少林功夫电影出现之前，日渐成熟的武侠电影在中国传统艺术以及传统文化的根基上，逐渐形成了独特的艺术样式，创造了特定的观众心理市场，使少林功夫电影的经济市场的预热在不知不觉中完成，也为其发展形成了电影艺术创作的良好氛围，培养了观众市场，为少林功夫影片走向标准化奠定了基础。

探索形成阶段（20 世纪 70 年代）：经过"百万导演"张彻、少林传人刘家良、"黄飞鸿"陈观泰、"少林和尚"刘家辉等一系列电影人的努力，终于在1976 年以年产 12 部少林功夫电影的成绩迎来了第一次创作浪潮，而随后的《少林三十六房》《少林搭棚大师》等佳作，标志着此次创作浪潮中影视作品的最高水准。

盛极转衰阶段（20 世纪 80 年代）：形成了以《少林寺》为先声的少林功夫电影创作，直至 20 世纪 80 年代中期，迎来了少林功夫电影史上第二次创作浪潮，而 1984 年第五代新锐导演携电影艺术作品震撼登场后，使得以娱乐性为主旨、以观众兴趣为导向的少林功夫电影退居大幕两侧。同时，娱乐电影的地位也已通过时代的考验，在中国影坛上确立无疑。少林功夫电影将在夹缝中寻求新的出路。

复兴分流阶段（20 世纪 90 年代）：经过 1978 年改革开放以来的洗礼，海峡两岸政治坚冰逐步融化，为少林功夫电影这一时期的历史性交流提供了必要条件。其间海峡两岸合拍的"黄飞鸿"系列电影形成一股强流，席卷了中国电影，从而迎来了少林功夫电影第三次创作浪潮。

蓬勃发展阶段（21 世纪初期）：随着 21 世纪经济全球化加剧，少林功夫电影开始在融资模式上改变原先单向渠道的投资方式，在 3D 技术方面也进行了首次尝试，极大地拓展了少林功夫电影新的叙事时空，为少林功夫电影的 3D 化打开了思路。总的来说，少林功夫电影以其无可比拟的少林功夫和禅文化，在电影产业跨国运作趋势下越来越受到世界电影人的青睐。

六、改革开放背景下少林武术文化的国际化传播

改革开放政策促进了少林武术文化的国际化传播，特别是在信息化社会时代大潮中，少林武术紧随时代步伐，彰显了其文化传播的强大活力。

第一，少林武术充分利用网络媒体的开放性、共享性和自由性特点，积极扩大对外宣传。近年来，少林武术网站建设数量不断增加，内容不断丰富，对宣传和发展中华少林武术、搭建少林武术与其爱好者之间的交流平台起到积极的促进作用。

第二，少林武术文化的国际化传播彰显了强大的时代特征，其国际化传播途径主要是孔子学院开设的少林武术课程、少林武僧团全球巡演、少林武术文化展览、广招海外少林弟子、少林武术影视剧作等传播渠道。

第三，少林武术文化推广与孔子学院的汉语言教学相互结合，不仅丰富了孔子学院文化教育的内容，提高了外籍学员的学习兴趣，而且有助于外籍学员通过习练少林武术更深入地理解中国传统文化的博大精深。五位一体的少林武术汉语言推广模式，既有助于国外学生掌握汉语言，增强学习效果，更有利于中国民族传统文化的国际化传播。

七、市场经济条件下少林武术文化的大繁荣

党的十一届三中全会以后，特别是社会主义市场经济使少林武术进入了大繁荣、大发展阶段，概括起来具有以下四个方面特点。

第一，少林武术的表演市场是宣传、推广少林武术文化的重要渠道。通过对河南省少林武术表演市场的研究，发现河南省的武术表演产业已初具规模，部分专门从事武术表演市场运作的公司已经独立，并相继开展各种形式的商业武术表演活动，取得了良好的社会效益和经济效益。

第二，"品少林文化，学中国功夫"，少林武术文化旅游业是以禅武少林为主题的高端的富有内涵的中国传统文化旅游项目。少林武术文化旅游是集观光性、娱乐性、知识性、文化性、参与性和体验性于一体的多样化少林武术产业旅游项目。

第三，少林武术充分利用网络媒体的开放性、共享性和自由性特点，积极扩大对外宣传。近年来，少林武术网站建设数量不断增加、内容不断丰富，对于宣传和发展中华少林武术，搭建少林武术与其爱好者之间的交流平台起到积极的促进作用。

第四，武术培训市场是少林武术发展到一定程度必然产生的行业，它有助于少林武术文化的可持续发展。河南省目前无论是少林武术馆、校数量，还是学员

在校人数均在不断优化，培训机构办学质量也在不断提高。

综上所述，本研究针对"少林武术文化的历史流变与社会互动"，梳理少林武术文化的历史发展轨迹，探究其在发展过程中是如何被社会"塑造"成我们今天所看到的文化形态的，以及少林武术文化又通过怎样的方式影响了社会的发展进程，而这一影响带来的结果又是怎样的，并进行详细的研究。通过研究少林武术文化历史流变及发展，在对少林武术文化进行理论化研究和梳理的同时，最终目的是利用其文化价值与功能更好地为社会主义现代化建设服务，从政治、经济和文化等方面最大限度发挥其社会功能。

参考文献

古籍、史料类

[1] 傅梅. 嵩书 [M]. 上海图书馆藏明天启递补本.

[2] 叶封, 焦铁宠. 少林寺志 [M]. 河南图书馆藏清乾隆十三年刻本.

[3] 景日昣. 说嵩 [M]. 郑州市图书馆藏清康熙岳生堂刻本.

[4] 嵩岳文志. [M] 郑州市图书馆藏天津古籍书店影印明隆庆刻本.

[5] 程宗猷. 少林棍法阐宗序 [M]. 民国十八年秋吴兴周氏言言斋据家藏明刻本影印本.

[6] 幻轮. 释氏稽古略续集 [M]. 台湾白马精舍影印大正藏本.

[7] 释殊致. 灵岩记略·内篇下·天际禅师 [M]. 上海: 华东师范大学图书馆藏石印本.

[8] 秦耀曾. 普陀山志: 卷十四仁 [M]. 民国六年刻本.

[9] 工亨彦. 普陀洛迎山志: 卷五 [M]. 1928 年铅印本.

[10] 汪人经. 兴化府莆田县志: 卷四 [M]. 1926 年影印本.

[11] 应宝时, 俞诞. 同治上海县志: 卷三十一 [M]. 清同治十一年刻本. 上海: 华东师范人学图书馆藏.

[12] 曹秉仁, 等. 修宁波府志卷三十一张松溪传 [M]. 清乾隆六年刻本.

[13] 刚林, 等. 人清律集解附例卷四户律. 私创庵院及私度僧道 [M]. 清康熙四十五年刻本.

[14] 总理衙门编御制文集卷一谏谕·谕吏部 [M]. 光绪五年铅印术.

[15] 张廷玉, 等. 钦定人清会典则例卷九二礼部 [M]. 方伎清乾隆二十六年刻本.

[16] 少林寺石刻. 万历九年十一月廿七日.

[17] 王云五. 丛书集成简编 [M]. 台北: 商务印书馆, 1965—1966 年.

图书类

[1] 程大力. 少林武术通考 [M]. 郑州: 少林书局, 2006.

［2］温玉成. 河洛文化与宗教［M］. 郑州：河南人民出版社，2010：43-44.

［3］释永信. 少林功夫［M］. 北京：华龄出版社，2007：167.

［4］徐长青. 少林历史与文化［M］. 郑州：河南人民出版社，2008：174.

［5］谭明玲. 民国时期武术理论对中华武术发展作用的研究［M］. 桂林：广西师范大学出版社，2010：5.

［6］成都体育学院体育史研究所. 中国近代体育史资料［M］. 成都：四川教育出版社，1988.

［7］吴图南. 国术盖论［M］. 成都：四川教育出版社，1984.

［8］无谷，刘志学. 少林寺资料集［M］. 北京：书目文献出版社，1982.

［9］清高宗实录［M］. 北京：中华书局，1985.

［10］于志钧. 传统武术史［M］. 北京：北京人民大学出版社，2006.

［11］金庸. 射雕英雄传［M］. 广州：广州出版社、花城出版社，2002：1066.

［12］金庸. 鹿鼎记［M］. 上海：上海三联书店，1994：473.

［13］金庸. 倚天屠龙记［M］. 广州：广州出版社、花城出版社，2002：1103.

［14］严家炎. 金庸小说与传统文化［M］. 北京：中国文化研究，1998.

［15］刘昫. 旧唐书·方伎传［M］. 北京：中华书局，1975.

［16］唐豪. 少林武当考［M］. 太原：山西科技出版社，2008.

［17］王鸿钧. 少林寺民间故事［M］. 郑州：河南人民出版社，1981.

［18］释德虔. 少林拳谱［M］. 北京：人民体育出版社，2000.

［19］无谷，刘志学. 少林寺资料集续编［M］. 北京：书目文献出版社，1984.

［20］赵翼. 陔余丛考［M］. 石家庄：河北人民出版社，1990.

［21］蔡云龙. 少林寺拳棒禅宗［M］. 杭州：浙江科学技术出版社，1983.

［22］朱九德. 倭变事略［M］. 上海：上海书店，1982.

［23］张廷玉，等. 明史［M］. 北京：中华书局，2013：3962.

［24］黄仁宇. 万历十五年［M］. 北京：中华书局，2006：145.

［25］崔瑞德，牟复礼. 剑桥中国明代史（下卷）［M］. 北京：中国社会科学出版社，2006.

［26］王安石. 王文公集·上仁宗皇帝言事疏［M］. 上海：上海人民出版社，1974.

［27］钱基博. 近百年湖南学风［M］. 北京：中国人民大学出版社，2004.

［28］韩毓海. 五百年来谁著史——1500年以来的中国和世界［M］. 北京：九州出版社，2011.

［29］杜常顺. 明朝宫廷与佛教关系研究［M］. 北京：中国社会科学出版社，2005.

［30］赵翼. 陔余丛考［M］. 北京：中华书局，2013.

［31］佚名. 丛书集成初编第3157册·云间杂志：卷上［M］. 北京：中华书局，1991.

［32］顾炎武. 顾炎武全集［M］. 上海：上海古籍出版社，2011：2462.

［33］四库全书存目丛书编纂委员会. 四库全书存目丛书［M］. 济南：齐鲁书社，1997.

［34］永瑢. 四库全书［M］. 上海：上海古籍出版社，2014.

[35] 吴受. 手臂录·中国古典武学秘籍录上卷 [M]. 北京：人民体育出版社，2006.

[36] 查继佐. 罪惟录卷二十兵志·乡兵苗兵条 [M]. 杭州：浙江古籍出版社，1986.

[37] 赵宝俊. 少林寺 [M]. 上海：上海人民出版社，1982.

[38] 朱国祯. 涌幢小品卷二十八拳棒僧条 [M]. 北京：中华书局，1959.

[39] 小横香室主人. 清朝野史大观卷十一清代述异·僧道不必沙汰 [M]. 上海：上海书店，1981.

[40] 释慧皎. 高僧传卷五释道安 [M]. 北京：中华书局，1992.

[41] 徐珂. 清稗类抄 [M]. 北京：中华书局，1986.

[42] 飞鸿黄. 万片归宗一少林 [M]. 北京：北京联合出版公司，2011.

[43] 贾磊磊. 中国武侠电影史 [M]. 北京：文化艺术出版社，2005.

[44] 朱联保，曹予庭. 近现代上海出版业印象记 [M]. 上海：学林出版社，1993.

论文类

[1] 安汝杰. 虚中融实——清代笔记小说中少林功夫与少林僧徒的文学想象 [J]. 西南交通大学学报（社会科学版），2016（6）：61-67.

[2] 曾维华，严耀中. 从少林寺的几方碑塔铭文看明代僧兵 [J]. 上海师范大学学报（哲社版），1984（2）.

[3] 柴丹丹. 试论河南武术旅游的发展概况 [J]. 传承，2008（16）：112-113.

[4] 陈国阵，等. 温大侠访问记（中篇）[J]. 高手，1998：3.

[5] 陈胜粦. 论孙中山在创建南京临时政府时期的斗争 [J]. 中山大学学报：哲学社会科学版，1979（4）：61-80.

[6] 陈晓梅. 2012年国产动画电影发展报告之发行放映情况分析（上）[J]. 中国电影市场，2013（6）：25-27.

[7] 陈中亮. 现代性视野下的20世纪武侠小说——以梁羽生、金庸、古龙为中心 [D]. 杭州：浙江大学，2012.

[8] 程大力. 清代少林与内家之争是政治舆论之战 [J]. 体育学刊，2014（6）：1-6.

[9] 崔乃伦. 郑州国际少林武术节赛事运作研究 [D]. 郑州：郑州大学，2015.

[10] 单建新. 河南少林武术文化旅游发展研究 [D]. 武汉：华中师范大学，2008.

[11] 邓懿媛，刘梦婵. 当代电影的视听语言研究 [J]. 现代装饰：理论，2014（8）：8.

[12] 邓映霞. 中国电影业能移植好莱坞融资模式吗 [J]. 国际融资，2004（2）：43-44.

[13] 丁晓鹏. 河南省武术旅游产业集群网络构建及其文化生态链的理论设计 [D]. 新乡：河南师范大学，2014.

[14] 杜金安 . 嵩山少林武术文化产业市场发展及营销对策研究 [D]. 郑州：郑州大学，2016.

[15] 高河金 . "大陆新武侠"研究 [D]. 金华：浙江师范大学，2012.

[16] 高幕峰 . 对全球孔子学院武术课程设置的调查 [J]. 体育科研，2013（3）：96-100.

[17] 郭玉成，郭玉亭 . 武术传播对象的理论分析 [J]. 上海体育学院学报，2005（2）：64-
67，82.

[18] 郭玉成，许杰 . 精武体育会与中央国术馆的武术传播研究 [J]. 体育文化导刊，2005
（2）：76-79.

[19] 韩云波 . "反武侠"与百年武侠小说的文学史思考 [J]. 山西大学学报，2004（1）：18-24.

[20] 韩云波 . 论 90 年代"后金庸"新武侠小说文体实验 [J]. 重庆大学学报（社会科学
版），2005（4）：71-75.

[21] 何美 . 冲突融合共赢：新时期内地香港合拍片的历史与趋势 [D]. 北京：清华大学，2006.

[22] 何懿，杜莹 . "孔子学院"创办和发展中存在的问题及对策 [J]. 中国成人教育，2008
（23）：12.

[23] 红鱼 . "合拍"的中国节奏 [J]. 电影世界，2013（6）：16.

[24] 侯俊 . 河南省武术旅游产业开发研究 [J]. 搏击（武术科学），2013（7）：7-8，25.

[25] 胡江枫 . "互联网+"背景下少林武术文化产业众筹发展的 SWOT 探析 [J]. 科技经济
导刊，2017（5）：229-230.

[26] 胡玉玺 . 少林武术发展的历史归因 [J]. 体育文化导刊，2012（5）：116-119，133.

[27] 霍方 . 河南省武术产业可持续发展的对策研究 [J]. 管理工程师，2011（6）：11-13.

[28] 吉灿忠，孙庆祝 . 民国大中小学国术课程标准及其当代启示 [J]. 上海体育学院学报，
2016（2）：46-50.

[29] 吉灿忠 . 河南省武术旅游资源开发现状及优势分析 [J]. 河北体育学院学报，2009
（6）：12-15.

[30] 贾磊磊 . 武舞神话：中国武侠电影及其文化精神 [D]. 南京：南京师范大学，2007.

[31] 蒋官勇 . 对目前武术网站的调查与分析 [J]. 科技信息，2012（26）：293.

[32] 李贺 . 河南少林寺旅游文化资源开发利用 [J]. 市场周刊（理论研究），2016（8）：52-
53.

[33] 李建 . 我国武术网站发展现状及优化研究 [D]. 武汉：武汉体育学院，2007.

[34] 李龙 . 历史学视野下的中国武术教育 [D]. 上海：上海体育学院，2007.

[35] 李世宏 . 武术市场营销策略研究 [D]. 上海：上海体育学院，2012.

[36] 李娅楠 . 中国舞台武术套路表演发展现状的分析与研究 [D]. 武汉：武汉体育学院，2009.

[37] 李扬 . 登封武术产业发展对我国武术产业发展的启示 [J]. 新乡学院学报（自然科学
版），2010（5）：72-73.

[38] 林小美，厉月姣 . 清末民初中国武术社团文化研究 [J]. 中国体育科技，2010（2）：

134-139，144.

[39] 林小美，苏欣，徐曼．关于武术传播的若干问题思考 [J]．浙江体育科学，2005（4）：90-93，97.

[40] 刘航．天龙八部版本校评 [D]．桂林：广西师范大学，2014.

[41] 刘红军．少林武术文化消费分层研究 [D]．上海：上海体育学院，2015.

[42] 刘继武．浅析现代武术表演的发展与价值——以少林武术表演为例 [J]．搏击（武术科学），2015（11）：20-22.

[43] 刘靖．民国武侠小说与武术发展的互动研究 [J]．上海体育学院学报，2013（2）：73.

[44] 刘勇．我国武术文化国际传播现状与发展策略研究 [D]．长沙：湖南师范大学，2012.

[45] 刘园香．我国寺院文化旅游资源开发模式研究——以河南少林寺为例 [J]．商场现代化，2016（21）：130-131.

[46] 鲁玉杰．孔子学院武术课程基本功内容与标准体系的研究 [D]．北京：北京体育大学，2015.

[47] 吕玉萍，储建新，白震．我国武术产业集群优劣势分析及发展策略研究——以嵩山少林武术产业集群为例 [J]．山东体育科技，2013（1）：30-34.

[48] 马兰．河南少林武术文化产业市场营销策略研究 [D]．福州：福建师范大学，2012.

[49] 马镰祯．论现实视角下的近代"土洋体育之争" [J]．体育科学，2011（2）：7-8.

[50] 孟莉娟．河南武术旅游资源的开发研究 [J]．焦作大学学报，2014（3）：80-82.

[51] 明红．"笑书神侠倚碧鸳"——金庸纪事 [J]．党史文苑（纪实版），2005（2）：13-18.

[52] 牛建强．明清时期河南少林武术生存空间之演变 [J]．中州学刊，2007（4）.

[53] 祁建．当影视遭遇众筹，能否开辟新商业模式？[J]．中国电影市场，2015（11）：19-20.

[54] 曲俐俐．金庸、古龙武侠小说比较论 [D]．延吉：延边大学，2012.

[55] 史友宽，陈璐．论"少林武术"与"少林功夫"——从一次国际传播事件说开去 [J]．浙江体育科学，2017，39（1）：82-85.

[56] 史友宽．清稗类钞中的少林武术研究 [J]．南京体育学院学报，2016（1）：34-38.

[57] 释永信．禅武一体的少林功夫 [J]．少林与太极，2015（1）：4.

[58] 舒建国，范晓歌，乔晓歌．孔子学院成长的困境与应对 [J]．长白学刊，2017（1）：149-156.

[59] 宋辰．中国电影"少林寺现象"的历史文化阐释 [D]．重庆：西南大学，2012：6.

[60] 宋莉．功夫情怀——重温电影《少林三十六房》[J]．当代导演，2013（9）：10.

[61] 田艳春．南北少林武术产业比较与启示 [J]．搏击（武术科学），2014（7）：53-56.

[62] 叶蔚萍．听力、口语和语音"三维一体化"的英语教学模式探讨 [J]．长春师范学院学报，2000，19（4）：59.

[63] 万会珍. 中原经济区建设下河南武术文化旅游及可持续发展研究 [J]. 中华武术 (研究), 2016 (12): 59-63.

[64] 王柏利. 禅 "悟" 与武 "悟" [J]. 山东体育学院学报, 2011 (11): 27.

[65] 王海. 河南嵩山少林寺旅游发展模式研究 [D]. 成都: 四川师范大学, 2009.

[66] 王宏军. 从系统论的观点看传统武术的现状及发展趋势 [D]. 武汉: 武汉体育学院, 2007.

[67] 王惠珍. 网络传播对武术发展的作用研究 [D]. 西安: 西安体育学院, 2014.

[68] 王俊峰. 浅析我国武术类新闻网站的传播特点 [J]. 新闻战线, 2015 (3): 165-166.

[69] 王开银. 金庸、古龙武侠小说语言风格比较研究 [D]. 乌鲁木齐: 新疆大学, 2008: 15-16.

[70] 王少华. 试论武术类旅游资源的开发与利用——以河南武术类旅游资源为例 [J]. 河南教育学院学报 (哲学社会科学版), 2011 (4): 68-72.

[71] 王秀红. 宗教文化型景区旅游真实性实证研究——以河南少林寺为例 [J]. 河南农业, 2015 (4): 56-58.

[72] 吴秀明, 陈洁. 论 "后金庸" 时代的武侠小说 [J] 文学评论, 2003 (6): 63-69.

[73] 辛海鹏. 增长极理论下河南省武术旅游产业发展研究 [J]. 体育科技文献通报, 2016 (9): 110-111.

[74] 徐才, 罗焰, 昌沧. 期望中华武术走进孔子学院 [J]. 中华武术, 2006 (3): 3-4.

[75] 薛熠. 少林禅武文化影视传播现状与未来发展 [D]. 上海: 上海体育学院, 2011.

[76] 杨春时. 侠的现代阐释与武侠小说的终结——金庸小说历史地位评说 [J]. 琼州大学学报, 1998 (4): 76-81.

[77] 杨柳青. 汉语国际传播背景下的武术推广研究 [D]. 北京: 中央民族大学, 2016.

[78] 尹海立, 惠艳. 从武术自身特性视角思考武术的推广模式 [J]. 沈阳体育学院学报, 2005 (24): 120.

[79] 虞吉. 原态透视: 早期中国类型电影 [J]. 电影艺术, 2005 (6): 8.

[80] 袁美华. 云南作家汤萍幻想小说的本土化尝试——以 "少林小子" 系列为例 [J]. 语文建设, 2016 (52): 31-32.

[81] 岳贤锋. 河南武术文化旅游资源开发现状及对策研究 [J]. 河南师范大学学报 (哲学社会科学版), 2012 (6): 99-101.

[82] 岳贤锋. 河南武术文化旅游资源评价 [J]. 体育文化导刊, 2008 (7): 41-43.

[83] 张超. 跆拳道发展对传统武术推广的借鉴意义 [J]. (搏击) (武术科学), 2004 (5): 30-32.

[84] 张得胜. 我国当前业余武术培训学校存在的问题与研究 [J]. 武术研究, 2016 (7): 76-78.

[85] 张海鹏. 河南省民办武术学校现状调查研究 [D]. 重庆: 重庆师范大学, 2015.

[86] 张恒波. 我国民办武术教育治理、现状、困境与进路 [J]. 山东体育科技, 2018 (3):

71-76.

[87] 张美玲. 武侠小说中的武术世界——武侠小说迷口述史研究 [D]. 上海：上海体育学院，2013.

[88] 张奇娟. 论网络传播对武术发展的影响及对策研究 [D]. 武汉：武汉体育学院，2006.

[89] 张社梅. 中国培训市场研究 [D]. 西安：西北农林科技大学，2004.

[90] 张文东. 传奇叙事与中国当代小说 [D]. 长春：东北师范大学，2013：9-15.

[91] 张小林. 少林武术文化资源开发与品牌营销研究 [J]. 西安体育学院学报，2008（25）：2.

[92] 张学臣. 谈武术表演的观赏价值与经济价值 [J]. 辽宁体育科技，2008（3）：13-25.

[93] 张勇. 我国官方武术网站的现状与发展对策 [J]. 西安体育学院学报，2010（6）：700-703.

[94] 张振东，黄迎乒，王翔. 河南省武术旅游市场现状调查与发展对策 [J]. 河南教育学院学报（哲学社会科学版），2009（4）：49-53.

[95] 张振东，刘瑞玲，朱美玲. 河南省武术技术培训市场现状及发展对策研究 [J]. 少林与太极（中州体育），2010（1）：1-4，21.

[96] 赵峻艺. 李小龙、成龙、李连杰功夫电影对武术发展的作用研究 [D]. 石家庄：河北师范大学，2011.

[97] 赵勋. 汉语国际推广语境下少林武术文化传播研究 [J]. 中华武术（研究），2017（1）：26-29.

[98] 赵迎辉. 嵩山少林武术文化产业的发展原因探析 [D]. 太原：中北大学，2012.

[99] 赵长贵. 传统社会少林寺与官府的关系探究 [J]. 洛阳师范学院学报，2013（4）：32.

[100] 赵长贵. 明清时期少林寺与少林武术研究 [D]. 开封：河南大学，2008.

[101] 赵长贵. 清代嵩山少林寺的政治生态及其影响 [J]. 史学月刊，2011（6）：32-39.

[102] 赵长贵. 试论嵩山少林寺与清政府关系之演变 [J]. 世界宗教研究，2011（6）：33-41.

[103] 郑保纯. 武侠文化基本叙事语法研究——以"射雕三部曲"为例 [D]. 苏州：苏州大学，2014.

[104] 周宁. 从金庸作品看文化语境中的武侠小说 [J]. 中国社会科学，1995（5）：152-164.

[105] 周伟良. 明清时期少林武术活动的历史流变 [J]. 体育文化导刊，2004（1）：69-73.

[106] 周有光. 中文在世界上的真实地位 [J]. 金融博览，2011（9）：25.

[107] 朱玉芳. 旅游景区核心景点旺季时段旅游容量阈值管理研究——以河南嵩山景区少林寺景点为例 [J]. 林业经济，2011（10）：83-86.

[108] 熊姗姗. 民国时期武术书籍文献研究 [D]. 武汉：武汉体育学院，2015：35.

其他类

[1] 胡军.中国武术培训离市场主流有多远［N］.中国消费者报，2010-08-27（A05）.

[2] 乔申颖，党涤寰.《禅宗少林·音乐大典》和城市一起成长［N］.经济日报，2011-08-07.

[3] 崔建新.孔子学院汉语师资培训模式的构建与实践——以美国马里兰大学孔子学院为例［G］.第二届孔子学院大会交流材料：非洲、美洲、大洋州卷，2007.

[4] 马来西亚全球汉语中心［G］.第二届孔子学院大会交流材料：亚洲卷，2007.